法官讲：医疗机构法律风险防控读本

READINGS OF THE PREVENTION OF MEDICAL INSTITUTION LEGAL RISK

张广 戴蕾·编著

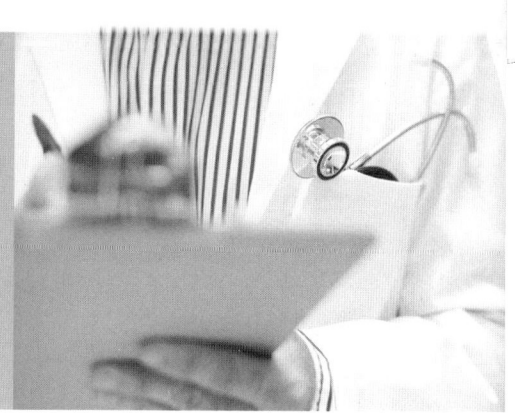

根据最高人民法院
医疗损害责任司法解释编写

人民法院出版社

图书在版编目（CIP）数据

法官讲·医疗机构法律风险防控读本 / 张广, 戴蕾编著.—北京：人民法院出版社，2018.1
ISBN 978-7-5109-2021-9

Ⅰ.①法… Ⅱ.①张…②戴… Ⅲ.①医药卫生管理—法规—研究—中国 Ⅳ.①D922.164

中国版本图书馆CIP数据核字（2018）第002307号

法官讲·医疗机构法律风险防控读本

张广　戴蕾　编著

责任编辑	王　婷　　执行编辑　陈　思
出版发行	人民法院出版社
地　　址	北京市东城区东交民巷27号（100745）
电　　话	（010）67550617（责任编辑）　67550558（发行部查询）
	65223677（读者服务部）
客服QQ	2092078039
网　　址	http://www.courtbook.com.cn
E-mail	courtpress@sohu.com
印　　刷	汉印印刷有限责任公司
经　　销	新华书店
开　　本	787×1092毫米　1/16
字　　数	281千字
印　　张	20.75
版　　次	2018年1月第1版　2018年1月第1次印刷
书　　号	ISBN 978-7-5109-2021-9
定　　价	59.00元

版权所有　侵权必究

总 序

  一直以来医疗行业堪比一个独立王国,自己制定自己的游戏规则。法律很少介入医疗行业事务,法官也自然都很尊敬医师。医师等医务人员都是尊重艺术、科学,拥有重要技能的专业人员。一般来讲,公众十分信任这一学科,医师对患者也怀着老师①般的尊重,所以法官也一直在很大程度上允许医师们设置自己的行业标准,进行集体专业评估,只要标准能被同伴广泛接受。

  而这样的观念,就意味着患者很难去证明医师的过失责任,更为可怕的是,医疗行业高度自治的态度并不总是制定非常高的行业标准。最近看到印度医学协会(IMA)称,75%医生在其职业生涯中会遭受身体或言语暴力②。这个统计数字和中国医师协会发布的《中国医师执业状况白皮书》的59.79%医生遭受身体或言语暴力,可谓出奇的相似。这显然不是巧合,而是社会发展的规律。无论哪个国家,伴随着社会进步和国民受教育水平的提高,国民权利意识的觉醒成为所有进步社会共同的特质,这就必然会对传统医疗行业文化产生质疑、挑战甚至于反抗。例如标志着美国近代文化演进的三大人权运动,即妇女权益保护运动(主要是讨论堕胎合法化问题)、黑人权益保护运动和患者权益保护运动中有两个都是和医学界密切相关的,可见一斑。

  纵观先进国家的发展历史,我们会发现无论是衡量医师告知内容的

---

  ① 《希波克拉底(Hippcrates of Cos)誓言》: To hold my teacher in this art equal to my own parents; to make him partner in my livelihood.

  ② Doctors at Delhi hospital get martial arts training after attacks on staff,[EB/OL]http://www.newsgd.com/livingingd/2017-05/12/content_170643334.htm,2017-5-12

标准，还是判断医师注意义务的标准，都呈现出从传统医学主导的立场向司法主导的立场转变。英国医学界的主流口号已经从"医师最懂你"转变为"医患伙伴关系"，为了确保患者最大利益，普遍接受的原则是：医师应当协商而不是独断。这种伦理观点的转变，最显著地体现在当前行业性和法律性规范中，即要求从有决定能力的患者那里获取知情同意。

显然，从"家父主义"向"患者中心主义"的转变，从医学专家垄断事实认定，向法官介入事实认定，都让医疗行业感觉非常不满和艰难。因为诉讼无疑具有强大的威慑效果，使得在临床工作的人员时刻警惕。但是从法律正义所关注的价值变化，即从以往的"个案正义"为中心，向现今更多以"社会正义"为中心的，这种变化是积极的和进步的。

医疗行业应该如何应对这一变化呢？首先，要回归到"患者至上"的价值初衷上。美国芝加哥 WMA 大会上，在各专业医学权威的见证下，《日内瓦宣言》(Declaration of Geneva) 进行了第 8 次修改。这一宣言中有这样一句："我将重视自己的健康，生活和能力，以提供最高水准的医疗。"我曾经问过医生，假设你是一名外科医生，你突然感觉心脏不舒服，非常疲惫，请问你是否应该做眼前的这台手术？可惜没有人给我一个令我满意的答案。我觉得，这要看什么样的患者。如果是一个急诊患者，而你今天值夜班，那么你就必须冲进手术室，因为你不给患者切开，他可能会错过最佳的抢救时机。你冲进手术室的原因是因为"病人至上"。但是，如果眼前是一台择期手术，你就应该取消今天的手术。你应该向患者解释，不是你不舒服，而是你不能保证这台手术的手术质量。患者一定会理解医生，因为患者与医生在手术质量方面的利益是一致的。一方面，医患关系会更加和谐，另一方面医生不应该频发猝死。这一句，关键在后半句。很多人可能认为重视自己的健康是为自己好，而这一句后半句告诉我们，医生重视自己的健康除了为自己好，更重要的是为患者提供高水平的医疗。

其次，要尽快完成医学模式的转变，从传统以"病"为中心的生物医学转变为以"人"为中心的全人医学。医学不仅是一门自然科学，也要承担着使人恢复身体、心理健康,从而回归社会的社会化功能,无论是作为法律职业者的法官、检察官、律师、教授学者,还是作为医学职业者的医生、护士、医院管理人员、医学科研人员,都不应当割裂法学与医学的社会性联系,不能仅从自己的专业领域去衡量和评价医患关系和具体的医疗纠纷。一个医疗纠纷的处理可能要涉及到法学、医学、伦理学、社会学等相关内容,妥善处理纠纷、化解医患矛盾,是医患之间利益的一次平衡,社会价值的一次引导,也是对于社会公正的一次修复。

2017年12月13日,《最高人民法院关于审理医疗损害责任纠纷案件适用法律若干问题的解释》在大家的殷殷期盼中最终出台,这部司法解释起草于2011年,起草审议讨论修改过程历时了六年之久。我也曾多次参加最高人民法院或国家卫计委组织的专家研讨会,深知司法解释出台的不易与艰难。医疗方面的问题不同于单纯的民商事问题,它涉及老百姓的生命健康安全,更关乎我们每个人的切身利益,各方的利益都要得到均衡保护,我们现在看到的司法解释文本凝结了许多专家学者、立法人士、司法实务工作者以及医务人员的智慧,条文背后的字斟句酌、反复修改实难用简单几句话可以概括。司法解释回应了当前医疗损害责任纠纷中,大家关注的热点难点问题,如举证责任、鉴定程序、知情同意、病历、紧急救治情形等问题,对当前医疗案件的处理有很强的积极意义。

张广和戴蕾撰写的《法官讲:医疗纠纷案件律师代理读本》《法官讲:医疗损害患者维权读本》《法官讲:医疗机构法律风险防控读本》三册系列丛书,根据最高人民法院最新医疗损害责任纠纷司法解释的内容编写,采用一问一答的形式,针对实践中大家普遍关心的热点难点问题做针对性解答,并且分别从"律师""患者"和"医院"三个角度进行分析,将现在医疗纠纷领域内的法律问题进行了梳理,引用了司法实践中的典型和最新的案例,具有很强的现实意义和理论价值,是相关群体开展医疗法律实务工作值得借鉴的一套有益图书。

作者张广和戴蕾是北京法院系统中的年轻法官,在生活中他们是夫妻,在工作上他们是伙伴,这套书籍正是他们二人利用工作之余的闲暇时间，在收集大量资料和案例的基础上撰写的。而张广又是我的学生，当年北京中医药大学邀请我为该校医事法学专业的学生教授医事法课程，他正是该校医事法学专业的优秀学生。我对他的印象很深，不仅是因为他总是坐在前排、认真听讲，更因为我的授课内容大多是开放性的，他则是一个能够跟随老师的授课与引导，积极思考回应老师的学生。毕业之后，他进入北京法院系统工作，在司法实务办案一线，逐渐养成了问题导向的法官思维，常有医事法学方面的文章见诸报端，字里行间，我能够感受到他一直以来对医事法学的热爱从未减少。2015年底张广和戴蕾合写的论文《医疗事故罪刑事责任的规制与完善》获得了最高人民法院第二十六届学术讨论会的一等奖，他们当时也第一时间将这个好消息告诉了我。作为老师，我由衷地为他们高兴。2016年我主编撰写了《中国医疗诉讼与医疗警戒蓝皮书（第二卷）》，当时张广还积极提供了八个典型医疗纠纷案例并撰写了相关案例精析，参与到该书的编委会之中。这些年来，他们一直坚持撰写医事法文章，这些文章凝聚着他们夫妇对医疗审判工作和医事法学的思考，如今，他们二人的系列新书即将出版，邀我为这套丛书作总序言，我自然开心应允，我也为能够见证他们的努力和进步而感到欣喜。我相信这套凝聚了司法实务一线法官智慧的丛书，一定能够给律师、患者和医务工作者们带来有益的借鉴和帮助。此类实务类丛书的编写，往往要争分夺秒，且时间非常仓促，难免有诸多地方欠缺推敲，不足和不成熟之处还希望同道们多多指正。

二〇一七年十二月[*]

---

[*] 王岳：教授、法学博士，北京大学医学人文研究院，北京大学卫生法学研究中心。

序

　　医疗卫生服务与我们每个人的生活息息相关,党中央十八届五中全会就明确提出推进健康中国建设的总体要求,习近平总书记在全国卫生与健康大会上详细阐述了建设健康中国的重大意义。党的十九大报告进一步强调实施健康中国战略,指出"人民健康是民族昌盛和国家富强的重要标志,要完善国民健康政策,为人民群众提供全方位全周期健康服务。"

　　我国正在向小康社会迈进,社会大众在温饱问题得到解决后,更加关注自身健康、养生保健等问题,因此,医疗卫生服务逐步取代温饱问题成为了社会大众关注的焦点。但医疗卫生服务的实际与社会大众的期望间存在着一定的差距,社会矛盾在医疗卫生领域表现得尤为突出。

　　当前医患关系紧张、医疗纠纷频发,医疗纠纷的妥善处理关乎和谐医患关系的构建,关系到整个社会的和谐安定,更是关系到我国健康中国战略的顺利实施。为此,我国相继出台了《医疗事故处理条例》《侵权责任法》等法律法规,对医疗卫生服务中出现的纠纷、争议等处理提供了依据,为医疗纠纷的处理提供了实践依据。但不可避免的是,相关法律法规中对于医疗赔偿、鉴定等具体问题,并没有进行明确规定,也导致实践中存在着不同的理解和认识。2017年12月13日,最高人民法院颁布了《最高人民法院关于审理医疗损害责任纠纷案件适用法律若干问题的解释》,针对多年以来、特别是近年来人民法院在审理医疗纠纷相关案件中的问题进行了较为细化的法律适用规定。医疗损害责任司法解释总结了多年来医疗纠纷案件审理实务中的一些经验做法，对司法实践具有很强的指导意义。

作为中国医院协会医疗法制专业委员会常务副主任委员，曾多次受邀参与《侵权责任法》《基本医疗卫生与健康促进法》《中国民法典·侵权责任法编》以及《医疗纠纷预防与处理条例》等多项立法立规工作，深知医疗卫生领域的利益多元、冲突较大，平衡医患双方的利益，维护医疗机构正常秩序与医务人员的合法权益，构建稳定和谐的医患关系责任重大，也知道这部司法解释历经多年的研讨和修改，实属不易。

几年前，我在南京参加东南大学举办的一次医事法学研讨会上认识了张广法官，他在会上发表了《医疗事故罪刑事责任认定的规制与完善》学术论文，该文章赢得了与会人士的一致好评，后来了解到这篇文章在最高人民法院学术论文研讨会上荣获过一等奖。在之后的接触中，能够感受到这位年轻的法官对医事法学专业的热爱和追求。

张广是北京法院系统中少数医事法学专业科班出身的法官，具有医学知识和法学知识背景的优势，能够在处理具体的医疗纠纷案件中可以更好地理解医生与患者各自的难处，并且从医学专业化的角度理解事实问题，从医事法学的立场看待法律适用问题，这是非常难得的。其妻子戴蕾也是一名法官，他们夫妇积极参与医事法学专业讨论和研讨，对医事法学有自己独到的见解和认识，为医事法学研究带来了一缕新风，是不可多得的人才。我为他们夫妻这些年在医事法学研究方面取得的成绩感到由衷的高兴。

此次张广、戴蕾夫妇编写了这套"法官讲"系列丛书，我很荣幸受邀为他们的新书《法官讲：医疗机构法律风险防控读本》作序。该书第一章对医疗纠纷法律问题进行了概述，划分了医疗损害责任纠纷的边界，并就归责原则、违法行为的认定、因果关系、损害后果的认定进行了介绍；第二章介绍了医疗损害责任纠纷中的举证责任；第三章介绍了医疗纠纷发生后，医疗机构的法定免责事由；第四、五章分

别介绍了病案病历资料管理和使用、医疗损害鉴定的相关法律问题；第六章介绍了诊疗注意义务，内容涉及诊断过失、用药过失、手术过失、检查过失、延误治疗、过度医疗、护理过失八个方面的问题；第七至十一章，分别介绍了院前急救、转诊、医疗伦理损害、医疗机构管理、医疗产品及血液制品的法律问题；第十二章介绍了医疗纠纷的赔偿项目和计算；第十三、十四章分别介绍了医疗纠纷的非诉化解和诉讼程序问题；第十五章则从法官的角度，介绍了作者对构建和谐医患关系的思考和理解。全书采用一问一答的方式，分别面向律师、患者和医务人员三类不同群体，从真实案例出发、以问题为导向，提炼问题、总结答案，提供具体法律指引，同时，该书将《民法总则》和最新医疗纠纷司法解释的内容融入其中，具有很强的实践和指导意义。

这本医疗机构风险防控读本，是他们夫妇多年来坚持不懈研究医事法学的一个总结和回报，我相信这本凝结了他们夫妇二人多年研究成果的书，一定能够为律师、患者、医疗机构和广大医务人员带来帮助，也希望他们将来在医事法学研究方面获得更大的成功。

二〇一七年十二月

---

* 郑雪倩：法学博士，北京市华卫律师事务所主任。

编写说明

本系列读本共分为三册,结合医疗纠纷案件审判的实际情况,将医疗卫生健康领域所涉及的法律问题进行系统梳理、分类归纳,分别面向律师、医疗机构和患者三类不同群体,从律师代理、患者维权、医院风险防控的角度,针对当前医疗损害责任纠纷案件审判实践中带有一定普遍性的问题进行全面系统解读,三册内容各有侧重又相互呼应。

本系列读本采用问答体形式,通过一问一答,集中焦点、简明解答,以期能够为不同读者提供具体的法律指引,而并非单纯的理论分析。本系列读本的特色在于,作者结合司法审判工作经验,以问题为导向,从真实案例出发提炼问题,根据处理和审理结果总结答案,同时,将《民法总则》和最新司法解释的内容融入其中,具有很强的实践意义和指导意义。

本册医疗机构法律风险防控读本主要面向医疗机构和医务人员,旨在以审判实际情况、真实案例为基础,结合医疗活动各环节可能涉及的法律问题、医疗纠纷发生后的解决途径等,详细介绍了医疗机构的法定免责事由以及在病案病例、医疗损害鉴定、诊疗注意义务、院前急救、转诊义务、安全管理等方面的相关法律问题,同时介绍了医疗伦理损害责任、医疗产品及血液制品损害责任,以及纠纷发生后的非诉和诉讼途径,以帮助医疗机构和医务人员了解法律知识,在日常医疗活动中尽可能防范风险,保护自身权益、促进医患关系和谐稳定,同时促进医疗事业的长期发展。

本册读本分为十五章，篇章结构如下：

第一章——医疗纠纷法律问题概述；

第二章——医疗损害责任纠纷中的举证责任；

第三章——医疗机构的法定免责事由

第四章——病案病历资料的法律问题

第五章——医疗损害鉴定的法律问题

第六章——诊疗注意义务相关法律问题

第七章——院前急救的法律问题

第八章——医疗机构转诊义务的法律问题

第九章——医疗伦理损害责任法律问题

第十章——医疗机构管理的法律问题

第十一章——医疗产品及血液制品的法律问题

第十二章——医疗纠纷的赔偿项目和计算问题

第十三章——医疗纠纷的非诉化解问题

第十四章——医疗纠纷的诉讼法律问题

第十五章——医患关系的相关问题

本册读本将每一问题中涉及的法律条文原文、案例情况融入分析之中，便于读者全面掌握、系统了解。

编者水平有限，书中难免有错漏之处，敬请读者不吝赐教指正，以便再版时补正。

编者

2018 年 1 月

目 录

导 言 ………………………………………………………… 1

第一章 医疗纠纷法律问题概述

第一节 医疗损害责任纠纷概述 ………………………… 7

1. 医疗纠纷主要有哪些类型? ………………………………… 7
2. 医疗纠纷与医疗损害责任纠纷有何区别? ………………… 8
3. 医疗事故与医疗损害责任纠纷有何区别? ………………… 8
4. 医疗损害责任纠纷包括哪些内容? ………………………… 9
5. 不构成医疗事故,医院还需要赔偿吗? …………………… 10
6. 患者以发生医疗纠纷为由拒不支付医疗费怎么办? ……… 11
7. 患者长期滞留医院在法律上如何处理? …………………… 12
8. 如何理解医疗损害赔偿与医疗服务合同的竞合? ………… 14
9. 医疗美容是否属于医疗损害赔偿中认定的医疗行为? …… 15
10. 医疗损害责任的承担主体是医院还是医生? ……………… 16

11.多家医疗机构救治患者,发生纠纷时是否会成为共同被告?……17

12.医疗损害赔偿责任的构成要件有哪些?……………………18

第二节 归责原则……………………………………………20

(一)医疗技术损害责任中的过错责任原则………………20

13.诊疗活动是否具有过错是患者还是医疗机构举证?………20

14.医疗机构可从哪些方面抗辩自己没有过错?………………22

15.具有医疗过错就一定需要承担侵权责任吗?………………23

(二)医疗技术损害责任中的过错推定原则………………23

16.哪些特殊情况适用过错推定?………………………………23

17.如何把握违反法律行政法规规章及诊疗护理规范?………25

18.适用过错推定,患者就不需要进行举证了吗?……………26

19.适用过错推定,医疗机构还能否证明自己无过错?………27

(三)医疗产品损害责任中的无过错责任原则……………28

20.医疗产品损害是否适用严格责任原则?……………………28

21.医疗产品损害责任中,医疗机构在最终责任承担时是否适用过错责任?……………………………………………………29

(四)其他医疗损害责任中的归责原则……………………30

22.隐私权、名誉权、知情同意权、安全保障义务等纠纷中,适用什么归责原则?……………………………………………30

23.依据分担损失的原则,医患方均无过错时,医疗机构是否需要承担赔偿责任?……………………………………………31

第三节 违法行为……………………………………………33

24.实践中如何认定诊疗行为?…………………………………33

25.诊疗行为具有违法性是否是构成医疗损害责任的条件?……35

26.诊疗行为具有违法性是否等于一定承担民事侵权责任？……… 36

第四节　因果关系……………………………………… 37

27.医疗损害责任是否必须以具有因果关系为前提？………… 37
28.医疗行为与损害结果之间的因果关系是否还需要由医疗机构证明？……………………………………………………… 38
29.在确定医疗损害中因果关系时能否申请原因力鉴定？…… 39
30.医疗损害中的原因力大小如何确定？……………………… 40
31.医疗损害是由多种原因造成的，医疗机构法律责任如何承担？……………………………………………………… 42
32.仅能证明有诊疗过错而无因果关系的，医疗机构是否承担责任？……………………………………………………… 45

第五节　损害后果……………………………………… 46

33.医疗损害后果包括哪些内容？……………………………… 46
34.司法实践中医疗损害后果如何认定？……………………… 47
35.违反告知义务但未造成人身伤害的，是否需要进行精神损害赔偿？………………………………………………………… 48

第二章　医疗损害责任纠纷中的举证责任

36.医疗损害责任中的过错由谁举证？………………………… 53
37.医疗损害责任中的因果关系由谁举证？…………………… 54
38.医疗机构有哪些事由可以证明自身没有医疗过失？……… 55
39.医疗损害赔偿纠纷中医疗机构什么情况才需要承担

举证责任？……………………………………………………… 56
40.患方在应当举证证明哪些事实？ ……………………………… 57
41.因病历被伪造篡改无法进行鉴定，举证不利的后果
谁来承担？ ……………………………………………………… 59
42.病历材料存在瑕疵，是否应当推定医疗机构存在过错？…… 60
43.医疗机构拒绝提供病历，是否承担举证不能的后果？……… 60
44.患方无正当理由，拒绝以病历作为检材进行鉴定，是否承
担举证不能的后果？…………………………………………… 62
45.医疗机构违反告知义务时，举证责任应当由谁承担？……… 62

第三章　医疗机构的法定免责事由

46.患者及近亲属不配合治疗发生损害的，医疗机构能否免责？ 69
47.患者的哪些行为可以被认定为"不配合医疗机构进行诊疗"？ 69
48.在抢救生命垂危患者等紧急情况下造成患者损害的，医疗
机构能否免责？………………………………………………… 71
49.因现代医学技术水平的限制导致患者损害的，医疗机构能
否免责？ ………………………………………………………… 73
50.衡量"过去"发生的医疗行为时，应该依据什么标准？…… 74
51."当时的医疗水平"应当如何理解与认定？ ………………… 75
52.医疗意外主要有哪些类型？…………………………………… 76
53.因患者的特异体质而发生损害的，医疗机构能否免责？…… 77
54.患者因过敏体质引发药物过敏致害的，医疗机构能否免责？… 78
55.患者出现并发症的，医疗机构能否免责？…………………… 79
56.患者遭受第三人侵害的，医疗机构能否免责？……………… 80
57.不可抗力造成患者损害的，医疗机构能否免责？…………… 81
58.临时停电造成患者损害的，医疗机构能否免责？…………… 81

59.患者同意进行试验性医疗却发生损害的，医疗机构
能否免责？ …………………………………………… 82
60.患者或家属已经签署知情同意书的，医疗机构能否免责？ … 84
61.事先与患者或家属签订的协议，约定对患者的损害概不负
责的，一旦发生患者损害后果，医疗机构能否免责？ …… 85
62.手术进行了公证，医疗机构能否免责？ ………………… 85

第四章　病案病历资料的法律问题

63.医疗机构对病历材料承担哪些法律义务？ …………… 91
64.医疗机构将病历丢失，要承担什么法律后果？ ………… 92
65.诉讼中，病历资料的真实性如何审查？ ………………… 93
66.诉讼中，瑕疵病历一定不能够作为证据吗？ …………… 94
67.电子病历能够作为证据吗？ ……………………………… 95
68.如何保障电子病历的可靠？ ……………………………… 96

第五章　医疗损害鉴定的法律问题

69.医疗鉴定和司法鉴定有什么不同吗？ ………………… 101
70.医学会能否进行医疗过错技术鉴定？ ………………… 102
71.医疗纠纷中哪些问题可以申请专业鉴定？ …………… 103
72.如何认定当事人自行委托的鉴定意见的法律效力？ …… 104
73.患者一方坚持不申请鉴定的，人民法院会如何处理？ … 105
74.如何确定医疗损害鉴定的鉴定人？ …………………… 106
75.如何确定医疗损害鉴定的鉴定人资质？ ……………… 107
76.医学会组织鉴定过程中，医疗机构应当提交哪些材料？ … 108

77.鉴定人出庭作证与鉴定意见的法律效力有直接关系吗？……… 109

78."具有专门知识的人"发表的专业意见如何认定？………… 110

79.为什么要在医疗损害鉴定中针对原因力大小进行鉴定？…… 111

80.为什么医疗损害鉴定的鉴定材料需要先行质证？………… 113

第六章　诊疗注意义务相关法律问题

第一节　注意义务概述…………………………………… 117

81.如何综合考虑、科学认定医务人员在诊疗活动中的过错？… 117

82.医务人员在诊疗活动中应该履行哪些注意义务？………… 119

83.医务人员在诊疗活动中应该如何履行结果预见义务？…… 120

84.医务人员在诊疗活动中应该如何履行结果避免义务？…… 121

85.医疗机构和医务人员所处的地域对判断注意义务
有何影响？……………………………………………… 123

86.医疗机构和医务人员的资质对判断注意义务有何影响？… 124

第二节　诊断过失………………………………………… 125

（一）医疗误诊问题………………………………………… 125

87.哪些误诊容易引发医疗纠纷？………………………… 125

88.诊疗过错中的误诊有什么具体表现？………………… 126

89.医疗损害中误诊产生的主要原因有哪些？…………… 127

90.医务人员责任性误诊的，可能承担何种法律责任？…… 128

91.延误诊断的，法律责任如何承担？…………………… 129

92.未尽到合理诊疗义务而发生的误诊，医疗机构是否需要承
担法律责任？………………………………………… 130

93.尽到合理诊疗义务仍发生的误诊，医疗机构是否需要承担法律责任？……………………………………………………… 131

（二）医疗漏诊问题………………………………………………… 132

94.诊疗过错中的漏诊有什么具体表现？…………………… 132

95.因漏诊导致患者的损害加重的，医疗机构如何承担责任？… 133

96.多家医疗机构均存在漏诊或治疗不当行为的，医疗机构如何承担责任？………………………………………………… 134

97.误诊了难以诊断的疾病，对患者造成损害的，医疗机构是否承担责任？……………………………………………… 135

第三节　用药过失……………………………………………… 136

98.用药错误指的是患者按医嘱用药后出现不良反应吗？…… 136

99.医疗机构不合理用药有什么具体表现？………………… 137

100.医疗行为中，如何分级判断用药错误？………………… 138

101.患者因药物过敏导致损害，医疗机构是否承担责任？…… 140

102.患者因超药品说明书用药导致损害，医疗机构是否承担责任？……………………………………………………… 142

103.未经许可或备案擅自配置、使用"秘方药"，医疗机构是否承担责任？………………………………………………… 143

104.孕妇因被使用禁用药物而自行决定流产的，医疗机构是否承担责任？………………………………………………… 144

第四节　手术过失……………………………………………… 145

（一）术前环节过错………………………………………………… 145

105.手术前检查不充分导致患者损害的，医疗机构是否承担责任？……………………………………………………… 145

106.手术前准备不充分导致患者损害的,医疗机构是否承担责任?……………………………………………………… 146

107.手术时机选择不当导致患者损害的,医疗机构是否承担责任?……………………………………………………… 148

108.手术前的履行告知义务不充分,医疗机构是否承担责任? … 149

(二)手术环节过错……………………………………………… 150

109.手术中操作不当导致患者损害的,医疗机构是否承担责任?……………………………………………………… 150

110.手术中麻醉不当导致患者损害的,医疗机构是否承担责任?……………………………………………………… 151

111.手术中器械使用不当导致患者损害的,医疗机构是否承担责任?……………………………………………………… 152

(三)术后环节过错……………………………………………… 154

112.手术后的观察存在过错导致患者损害的,医疗机构是否承担责任?……………………………………………………… 154

113.手术后的处置存在过错导致患者损害的,医疗机构是否承担责任?……………………………………………………… 156

第五节 检查过失……………………………………………… 158

114.检查环节中的过错有什么具体表现?………………… 158
115.临床检查过错导致患者损害的,医疗机构是否承担责任? … 160
116.如何理解过度检查?…………………………………… 161
117.如何区分过度检查与适度检查?……………………… 162
118.什么是防御性医疗行为?……………………………… 163
119.过度检查的赔偿责任和赔偿范围是怎样的?………… 164

第六节 延误治疗 ·· 165

120.如何理解延误治疗? ·· 165
121.患方拒不配合而导致延误治疗,医疗机构是否承担责任? ··· 166
122.远程会诊导致延误治疗,医疗机构间如何承担责任? ········ 168

第七节 护理过失 ·· 169

123.护理过失有什么具体表现? ····································· 169
124.护理人员准备不足导致患者损害,医疗机构是否承担责任? ·· 170
125.护理人员的行为不符合护理标准导致患者损害,医疗机构
  是否承担责任? ·· 171
126.护理人员不认真执行医嘱导致患者损害,医疗机构是否承
  担责任? ··· 172

第七章 院前急救的法律问题

127.院前急救在哪些环节容易产生纠纷? ·························· 177
128.如何判断急救车是否及时到达? ······························· 178
129.医务人员在急救转运途中措施不当导致患者损害,如何承
  担责任? ··· 179
130.堵车、交通事故导致急救车无法及时返回医疗机构导致患
  者损害,如何承担责任? ······································· 180

第八章　医疗机构转诊义务的法律问题

131. 转诊的法定条件是什么？ ………………………… 185
132. 如何认定转诊中的过错？ ………………………… 186
133. 违反安全转诊义务，医院是否承担责任？ ……… 188
134. 违反转诊说明义务，医院是否承担责任？ ……… 190

第九章　医疗伦理损害责任法律问题

第一节　违反告知义务 ………………………………… 195

135. 医疗机构履行法定告知义务的范围是什么？ …… 195
136. 医疗机构履行告知义务的例外是什么？ ………… 197
137. 什么情况下需要向患者家属告知？ ……………… 198
138. 紧急救治情况下，有哪些不能取得患者近亲属
　　 意见的情形？ ……………………………………… 200
139. "知情同意书"是否具有免责效力？ …………… 200
140. 如何理解紧急救治义务？ ………………………… 202
141. 如何理解保护性医疗措施？ ……………………… 203
142. 违反告知义务但与患者损害无因果关系的，医疗机构是否
　　 承担责任？ ………………………………………… 204
143. 违反告知义务但未造成患者人身损害的，医疗机构是否承
　　 担精神损害赔偿责任？ …………………………… 205

第二节　侵犯患者隐私权……………………………………… 206

144.如何认定医疗机构侵犯患者隐私权的行为？………………… 206

145.如何认定医疗机构故意泄露、公开传播或侵扰患者隐私的
　　行为？……………………………………………………… 208

146.如何认定医疗机构未经患者同意公开其病历资料的行为？… 208

147.如何认定医务人员超出诊疗需要刺探患者隐私的行为？…… 210

148.医务人员直接侵犯患者身体隐私有什么表现？……………… 210

第十章　医疗机构管理的法律问题

第一节　违反安全保障义务造成损害…………………………… 215

149.如何理解医疗机构的安全保障义务？………………………… 215

150.患者住院期间在医疗机构内财物丢失，医疗机构是否承担
　　责任？……………………………………………………… 216

第二节　违反管理规定造成患者损害…………………………… 217

151.如何理解违反药品查对制度的过失？………………………… 217

152.如何理解违反医生值班制度的过失？………………………… 218

153.护士疏忽大意抱错婴儿，医院是否需要承担赔偿责任？…… 219

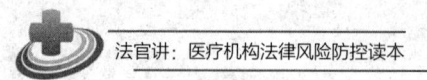

第十一章 医疗产品及血液制品的法律问题

第一节 概 述 …………………………………… 223

154.法律上的医疗产品包括哪些？ …………………… 223

155.医疗产品缺陷与诊疗过错共同导致患者损害的，责任如何承担？ …………………………………… 224

156.医疗机构无法证明医疗产品的合法来源时，是否承担赔偿责任？ ……………………………………… 225

157.医疗机构承担医疗产品的替代责任后，能否对责任人进行追偿？ …………………………………… 225

158.医疗产品责任和输入不合格血液案件的举证证明责任如何承担？ …………………………………… 227

159.医疗产品导致患者损害时，哪些情况属于法定免责事由？ … 228

160.医疗产品是否适用"惩罚性赔偿"？ ……………… 228

第二节 医疗器械 …………………………………… 230

161.不合格医疗产品导致患者损害，医疗机构是否承担责任？ … 230

162.有合格证的医疗产品在患者体内断裂的，该产品能否被认定为缺陷产品？ ……………………………… 231

163.医疗产品在合理使用期间内发生损坏的，医疗机构是否承担责任？ …………………………………… 232

第三节 血液制品 …………………………………… 233

164. 在什么情况下可以紧急采血使用? ………………………… 233
165. 无过错输血造成患者损害，医疗机构是否承担责任? ……… 234
166. 因过错输血导致患者损害的，如何承担责任? ……………… 236

第十二章 医疗纠纷的赔偿项目和计算问题

167. 如果需要承担医疗损害责任，那么赔偿的范围是什么? …… 241
168. 医疗机构承担医疗损害责任的，通常要按照何种
标准赔偿? …………………………………………………… 242
169. 患者受到一般人身伤害的，医疗机构需要赔偿哪些费用? … 243
170. 患者构成残疾的，医疗机构需要赔偿哪些项目? …………… 245
171. 患者死亡的，医疗机构需要赔偿哪些项目? ………………… 247
172. 医疗机构应如何审查患者要求赔偿的医疗费? ……………… 248
173. 患者无收据发票的自购药物，能否算作医疗费? …………… 249
174. 什么情况下才需要赔偿后续治疗费用? ……………………… 251
175. 医疗机构应如何审查患者要求赔偿的误工费? ……………… 252
176. 医疗机构应如何审查患者要求赔偿的护理费? ……………… 253
177. 医疗机构应如何审查患者要求赔偿的营养费? ……………… 255
178. 医疗机构应如何审查患者要求赔偿的交通费? ……………… 256
179. 医疗机构应如何审查患者要求赔偿的残疾辅助器具费? …… 256
180. 医疗机构应该如何审查残疾生活补助费? …………………… 257
181. 生效裁判确定的定期金赔偿，能否根据实际情况
适时调整? …………………………………………………… 258
182. 精神损害抚慰金的通常是如何确定的? ……………………… 259

183.精神损害抚慰金，是否按医患双方责任比例分担？………… 262

第十三章　医疗纠纷的非诉化解问题

184.发生医疗纠纷后，与患者协商解决时应注意哪些问题？…… 267
185.如果与患者协商解决医疗纠纷，双方签订的协议书应该主
　　要包括哪些内容？…………………………………………… 267
186.什么是人民调解？…………………………………………… 268
187.人民调解的程序是什么样的？……………………………… 269
188.发生医疗纠纷时，应该如何向卫生行政部门提出医疗事故
　　处理申请？…………………………………………………… 271

第十四章　医疗纠纷的诉讼法律问题

189.医疗纠纷一般涉及哪些案由？……………………………… 275
190.诉讼时效如何中止、中断？………………………………… 275
191.患者在治疗之后多年才起诉的，是否诉讼时效已过？……… 276
192.参与会诊的医疗机构是否会成为共同被告？……………… 278
193.医生护士等医务人员能否会成为共同被告？……………… 278
194.外聘医师发生诊疗过错，责任由谁来承担？……………… 279
195.科室承包、项目合作的情况下，谁应当成被告？………… 279
196.医疗纠纷是否可以申请不公开审理？……………………… 280
197.医疗诉讼举证期限有无时限要求？………………………… 280
198.医疗纠纷审理时限一般如何规定？………………………… 282
199.人民法院能否依职权委托医疗鉴定？……………………… 282
200.医疗机构不服一审判决应如何上诉？……………………… 283

201. 上诉人在二审期间能否撤回上诉？ …… 284
202. 二审的审理结果有哪些？ …… 284
203. 医疗机构对终审判决不服，如何申请再审？ …… 285
204. 人民法院启动再审程序的条件是？ …… 286
205. 除了申请再审，还有其他审判监督的手段吗？ …… 287
206. 申请鉴定人员出庭接受质询，是否需要交纳费用？ …… 287
207. 申请证人出庭作证是否需要支付费用？ …… 288
208. 医务人员的专家意见或证人证言，能否作为证据予以采信？ …… 289
209. 法院送达诉讼文书的方式主要有哪些？ …… 290

第十五章　医患关系的相关问题

210. 医疗机构如何理解和维护医患关系？ …… 295
211. 从医患关系来看，医疗纠纷发生的原因有哪些？ …… 296
212. 如何用法律武器打击医闹行为？ …… 297
213. 如何预防暴力伤医事件的发生？ …… 299
214. 换位思考：医疗机构和医务人员应当为优化医患关系做哪些努力？ …… 301

参考书目 …… 304

后　记 …… 306

导 言

最高人民法院出台的《最高人民法院关于审理医疗损害责任纠纷案件适用法律若干问题的解释》，为医疗机构进行法律风险防控提供了有力帮助和良好思路，那么，医疗机构应该如何用足用好司法解释，提升防控风险、处理纠纷的能力呢？

1. 明确医疗机构仅在法定情况下才承担举证责任，减轻医院一方的举证负担

根据司法解释的最新规定，患者主张医疗损害赔偿、以侵犯知情同意权要求进行赔偿的，需要提交到医疗机构就诊、受到损害、医疗机构或医务人员存在过错、诊疗活动与受到的损害之间存在因果关系的四方面证据，但是对于过错和因果关系可以申请鉴定辅助举证；患者以医疗产品责任和输入不合格血液要求承担赔偿责任的，需要提交使用医疗产品或者输入血液、受到损害、使用医疗产品或者输入血液与损害之间具有因果关系的三方面证据。诉讼过程中，由患者一方先行提出上述证据，医疗机构只需要针对患者一方提出的证据进行相反证据的举证，或者就《侵权责任法》第58条规定的过错推定的免责事由等特殊法定事项进行举证，这就进一步明确了医疗机构在诉讼过程中的举证责任。

2. 明确了法律上病历资料的范围，在风险防控中要加强对病历资料的管理

司法解释规定了"侵权责任法第五十八条规定的病历资料包括医疗机构保管的门诊病历、住院志、体温单、医嘱单、检验报告、医学影像检查资料、特殊检查(治疗)同意书、手术同意书、手术及麻醉记录、病理资料、护理记录、医疗费用、出院记录以及国务院卫生行政主管部门规定的其他病历资料。患者依法向人民法院申请医疗机构提交由其保管的与纠纷有关的病历资料等,医疗机构未在人民法院指定期限内提交的,人民法院可以依照侵权责任法第五十八条第二项规定推定医疗机构有过错,但是因不可抗力等客观原因无法提交的除外。"这一条款明确了病历资料的法定范围,同时,规定在适用《侵权责任法》第58条过错推定条款时,患者具有申请医院提交病历资料的权利。但同时考虑到可能发生的实际情况,还规定在适用过错推定条款认定医疗机构存在过错时,需排除不可抗力等客观无法提交的原因,不能一概而论。在风险防控中,要严格按照病历资料管理的相关要求,加强对病历资料的存档、保管等管理工作。

3. 认定医师注意义务更加客观谨慎,标准更为全面,不苛责医师的诊疗行为

司法解释规定了根据个案实际情况和诊疗条件进行综合判断的原则和方式。同时,没有造成患者损害则不承担责任,在风险防控中要强化对医师的执业技能培训、职业道德塑造。根据司法解释的规定,对医疗机构和医务人员的过错进行认定时,将会综合考虑患者病情的紧急程度、患者个体差异、当地的医疗水平、医疗机构与医务人员资质等因素,更加符合客观实际情况。医务人员违反告知义务,但是没有对患者造成人身损害的,医疗机构不因此承担损害赔偿责任。也就是说,造成人身损害,是承担责任的前提和基础,即便被患者起诉,但如果诊疗行为没有过错、与患者的损害不存在因果关系,也无需承担责任。但是,在风险防控中除了按照临床医学的规律多渠道提升医师的执业技能外,也要注重良好医风、和谐医患关系的形成,尽可能地降低纠纷发生的概率。

4. 医务人员进行紧急救治的行使条件更加明确,有了具体标准和法律依据

根据司法解释的规定,抢救生命垂危的患者等紧急情况下,如果近亲属不明、不能及时联系到近亲属、近亲属拒绝发表意见、近亲属达不成

一致意见或者存在法律法规规定的其他情形时,医务人员经过医疗机构负责人或者授权的负责人批准,可以立即实施相应的医疗措施。紧急救治与患者或家属的知情同意权相冲突,司法解释明确了什么何种情况下能够行使紧急救治权,并且规定了前款情形下,"医务人员经医疗机构负责人或者授权的负责人批准立即实施相应医疗措施,患者因此请求医疗机构承担赔偿责任的,不予支持;医疗机构及其医务人员怠于实施相应医疗措施造成损害,患者请求医疗机构承担赔偿责任的,应予支持。"实际上明确了紧急救治的免责效力,鼓励在遇到紧急情况时,医疗机构能够按照法律规定保护患者的权益,同时也增强自我保护的能力。

5. 医务人员外出会诊的责任得到明确,由邀请医疗机构承担

根据司法解释的规定,医疗机构邀请外单位医务人员进行会诊,受邀医务人员的过错造成了患者损害,赔偿责任由邀请医疗机构承担。因此,风险防控的角度而言,除了医务人员自身在外出会诊时更加谨慎外,医疗机构邀请外单位医务人员参与会诊时,也可以设置更为严格的审批程序,以增加医疗保险等风险责任分担机制。

6. 注重有效利用鉴定手段,维护医疗机构合法权益

司法解释对鉴定的启动、鉴定人的确定、鉴定的内容、对鉴定材料的质证、鉴定人出庭、"具有专门知识的人出庭"等进行了具体规定,鉴定手段能够有效确定案件事实,帮助法官查明案件,促进纠纷解决。医疗机构在应诉过程中,也要注重合法合理运用鉴定手段,有效行使诉讼权利,维护自身合法权益。

总之,司法解释的出台为医疗机构进行法律风险防控提供了新的思路、明确了具体操作规范,本书的后续内容将结合司法解释的具体条文和司法审判中的真实情况,对医疗活动各环节可能涉及的法律问题进行解答,介绍医务人员的注意义务、医疗机构的免责事由、医疗纠纷发生后的非诉和诉讼途径等内容,以帮助医疗机构和医务人员了解法律知识,在日常医疗活动中尽可能防范风险,维护医务人员的执业安全,促进医患关系和谐发展。

第一章 医疗纠纷法律问题概述

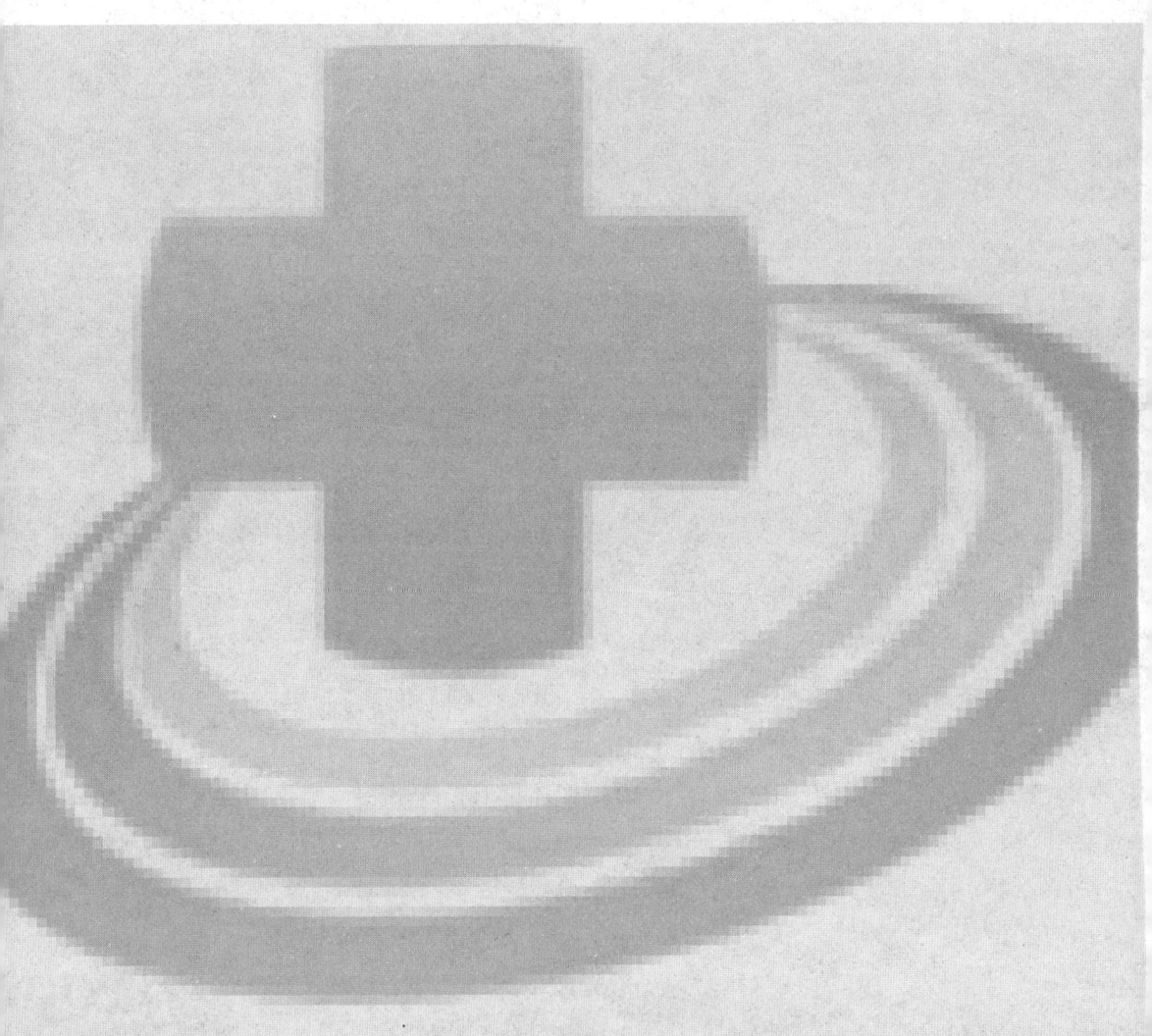

第一节　医疗损害责任纠纷概述

 1. 医疗纠纷主要有哪些类型？

医疗纠纷通常是由医疗过错和医疗过失引起的。

所谓"医疗过失"，是指医务人员在诊疗护理过程中所存在的失误，"医疗过错"，则是指医务人员在医疗护理过程中所存在的过错，这些过错往往导致病人的不满意或对病人造成伤害，从而引起医疗纠纷。

医疗纠纷一般包括以下类型：

一是因为医疗过失、医疗差错导致的纠纷，一般情况下是由于医务人员缺乏责任心，违反诊疗注意义务，导致临床误诊、误治、漏诊。

二是因为医务人员不认真执行规章制度和操作规范，导致医疗差错或者医疗事故。

三是因为医务人员技术水平较低或缺乏经验，在具体的操作过程中导致医疗过错的发生导致患者损害。

四是因为医务人员不愿承担风险、推诿患者、延误治疗等，导致不良后果的发生。

五是因为医疗服务质量、服务态度等问题引发的纠纷，这一部分医疗纠纷并非是由于医疗过失的原因产生，属于非医疗过失纠纷。

2. 医疗纠纷与医疗损害责任纠纷有何区别?

"医疗纠纷"一般是指患者和医疗机构或医务人员在形成医疗法律关系的基础上,就医疗法律行为的需求、采取的手段、期望的结果及双方权利义务的认识上产生分歧,并以损害赔偿为主要救济方式的行为。医疗纠纷的争议是多方面的,既包括医疗技术,也包括与医疗服务相关的诸多环节,如就医的环境、医护人员的态度、治疗质量、收费、安保等。

而"医疗损害责任纠纷"是指医疗机构在诊疗护理工作中,因医务人员诊疗过失、护理过失,直接造成患者死亡、残疾、组织器官损伤导致功能障碍事故而引起的赔偿纠纷。其主要是医疗机构的诊疗行为所导致,包括医疗技术损害赔偿、医疗伦理损害赔偿和医疗产品损害赔偿。

通常,狭义上来讲,医疗纠纷就是医疗损害责任纠纷。但从广义上来看,医疗纠纷不仅包括医疗损害责任纠纷,还有其他发生在医患之间的非医疗行为和医疗产品之外的纠纷,但医疗损害责任纠纷则是医疗纠纷中最为常见的一种类型。

 3. 医疗事故与医疗损害责任纠纷有何区别?

通过上面的问题我们可以看出,医疗纠纷不等于医疗损害责任纠纷,那么医疗损害责任纠纷与大家常说的医疗事故之间又是什么关系呢?

简而言之,"医疗事故"是一个行政法律责任的概念,而医疗损害责任纠纷则是民事侵权法律的概念,是否构成医疗事故并不影响医疗损害责任的成立,而医疗损害责任纠纷的处理也与医疗事故的认定和责任没有必然联系。

医疗事故是指医疗机构及其医务人员在医疗活动中，违反医疗卫生管理法律、行政法规、部门规章和诊疗护理规范、常规，过失造成患者人身损害的事故。构成医疗事故需具备以下几个要件：一是医疗事故的医方当事人，必须是具有合法行医资格的医疗机构及其医务人员；二是患者必须有确实的人身损害后果；三是患者的人身损害后果要发生在医务人员的医疗活动中；四是医务人员在医疗活动中，有违反医疗卫生管理法律、行政法规、部门规章和诊疗护理规范、常规的事实；五是医疗事故的法律性质是过失，即医务人员上述违反规定的行为不是故意的行为；六是医务人员的上述违反规定的行为与患者的人身损害之间具有因果关系。由此可见构成医疗事故的要求较高，需要满足以上各方面的条件方能认定医疗事故。

而医疗损害赔偿责任是指医疗机构在诊疗护理工作中，因医务人员的诊疗过失、护理过失，直接造成患者死亡、残疾、组织器官损伤导致功能障碍事故而引起的赔偿纠纷，其属于侵权责任法的概念，完全适用侵权责任"过错""违法行为""损害结果""因果关系"四要件的认定标准。

 4. 医疗损害责任纠纷包括哪些内容？

医疗损害责任，是指患者在医疗机构就医时，由于医疗机构及其医务人员的过错，在诊疗护理活动中受到损害的，医疗机构应当承担侵权损害赔偿责任。根据《中华人民共和国侵权责任法》（以下简称《侵权责任法》）的规定，医疗损害责任适用过错责任归责原则。

同时，《最高人民法院关于审理医疗损害责任纠纷案件适用法律若干问题的解释》（以下简称《医疗损害责任解释》）第4条规定："患者依据侵权责任法第五十四条规定主张医疗机构承担赔偿责任的，应当提交到该医疗机构就诊、受到损害的证据。患者无法提交医疗机构及其医务人员有过错、诊疗行为与损害之间具有因果关系的证据,依法提出医疗损害鉴定申请的,人民法院应予准许。医疗机构主张不承担责任的,应当就侵权责任法第六十条第一款规定情形等抗辩事由承担举证证明责任。"根据此条的规定,我们可以得知,医疗机构及其医务人员有过错、医疗行为与损害结果之间的因果关系也应当由患者进行举证,只是因为过错和因果关系举证具有专业性,为了平衡患者的举证能力,如果患者在上述两个要件内容出现举证困难,可以申请医疗损害鉴定辅助举证。

在责任性质上,医疗损害责任是一种替代责任,由医疗机构对其医务人员给患者造成的损害承担赔偿责任。

从内容上看,根据《中华人民共和国侵权责任法》的规定,医疗损害责任纠纷主要包括三种类型:

一是医疗技术损害责任纠纷,如诊断过失损害责任、治疗过失损害责任、护理过失损害责任、感染传染损害责任、孕检生产损害责任等。

二是医疗伦理损害责任纠纷,如侵犯患者知情同意权、隐私权、名誉权等。

三是医疗产品损害责任纠纷,如药品、医疗器械导致患者损害等。

5. 不构成医疗事故,医院还需要赔偿吗?

"医疗损害责任"属于侵权法律责任,适用民事法律领域关于侵权损害赔偿的构成要件、行为要素、责任要素等。

"医疗事故"则是一个行政管理法上的概念,根据《医疗事故处理条例》第2条的规定,医疗事故是指医疗机构及其医务人员在医疗活动中,违反医疗卫生管理法律、行政法规、部门规章和诊疗护理规范、常规,过失造成患者人身损害的事故。国务院及卫生计生行政管理部门为规范医疗市场秩序,保障公民的就医安全,规定只要诊疗过程中出现违法违规情况，就会对责任医疗机构和医务人员进行行政处理和制裁，因此，医疗事故的认定标准和处理程序都具有很强的行政性。

此外，《侵权责任法》的出台结束了医疗领域内一个"二元化"概念的分歧，即"医疗损害责任"成为了民事法律领域统一称谓，在民事诉讼中已经不再使用"医疗事故"这一名词，"医疗事故"仅仅存在于行政管理法和刑法之中。

需要注意的是，不构成医疗事故，并不等于不承担侵权法上的损害赔偿责任。因为承担民事侵权责任的条件，比行政管理上"事故"的认定要低，只有较为严重的医疗过失才有可能构成医疗事故，从而被处罚；但只要符合侵权法上的损害赔偿要件，并且给患者实际造成了相应的损失，即便不构成医疗事故，也仍然有可能构成民事侵权，承担侵权损害赔偿责任。

6.患者以发生医疗纠纷为由拒不支付医疗费怎么办？

患者经挂号或办理住院手续，入院检查或治疗，医患双方之间即形成医疗服务合同关系。依法成立的合同对当事人具有约束力，当事人应当按照约定履行自己的义务。患方享有接受治疗的权利，同时也有给付医疗费的义务。

依据合同法的规定，当事人一方不履行合同义务或者履行合同义务不符合约定的，应当承担继续履行、采取补救措施或者赔偿损失等违约责任。因此，通常情况下，即便存在医疗纠纷，患方也应当给付医方医疗费用，至于医疗纠纷带给患者一方的损失，则通过协商、行政或者司法途径另行解决。

医疗服务合同，是指双方当事人约定的由一方提供医疗服务，另一方接受医疗服务并支付医疗费用的合同。该合同具有人道主义性质，医方的行医宗旨是一切以病人的健康为使命。因此，医疗服务合同的订立、履行和解除均应以是否符合人道主义精神作为首要判定标准。只有对符合出院条件的病人,即住院治疗已无必要,即使解除合同也不会损害患者健康,医院才可以以其长期拖欠医疗费为由解除医疗服务合同。而对于患病未愈,尤其是一旦出院即面临生命危险的危重病人,医院不得以其拖欠医疗费为由而随意解除合同。

由于医疗机构的执业活动情况、医疗服务的质量与医疗经费的充足程度密切联系,医疗服务合同的履行情况与医疗机构的财产权益、医疗资源的公平分配息息相关,如果由于医院存在诊疗过错,即认定由医院自行承担全部医疗费用,并不利于医疗事业的长期正常有序发展,也会影响到患者的整体利益。

医疗费用和赔偿金是两笔不同的款项。患者既然在医院进行了治疗,相关的医疗费用就应该支付给医院。而医院有过错时向患者的赔偿金,则是另外一层法律关系。退一步讲,即使医院有过错,患者也应先支付其医疗费用。至于赔偿问题,可以自行协商,也可以到法院起诉,由人民法院最终作出处理。

7.患者长期滞留医院在法律上如何处理?

实践中,经常发生患者因各种原因拒不出院、长期滞留医院的现象,那么这种行为在法律上应该如何界定并依法处理呢?

医疗服务合同法律关系,是指医务人员受患者的委托或其他原因,对患者实施诊断、治疗等行为所形成的法律关系。医疗服务合同的主要义务是医疗机构提供规范、合法、合约的医疗服务,患者配合治疗并支付相关医疗费用。

医疗服务合同终结一般主要有以下三种方式:

一是由双方协商自愿终结,即患者按照医院的要求办理出院手续、结清医疗费用,医疗服务合同的主要权利义务内容均履行完毕,患者出院的意思表示到达之时（即办理出院手续时），医疗服务合同结束。患者搬离医院的行为属于合同履行完毕之后的后合同义务，医院可依据合同的附随义务（后合同义务）请求患者搬离。

二是患者拒不办理出院手续、不与医院协商终止合同，此时医疗服务合同尚存，医院可依据合同请求对方及时办理出院手续、并腾退病房。

三是患者已经符合出院标准、医院诊疗义务履行完毕且患方没有合法的抗辩事由时，医院可通过出院通知单方终止医疗服务合同，并依据合同的附随义务请求患者搬离病房。

对于滞留患者同时拒不缴纳或长期拖欠医疗费、护理费、病床使用费的情况，医院可以依据《中华人民共和国合同法》（以下简称《合同法》）第94条的规定，单方解除与患者间的医疗服务合同。患者长期拖欠医疗费或者明确表示拒不缴纳，属于不履行医疗服务合同的主要债务致合同目的不能实现，医院可以依据单方解除权解除合同。同时，依据合同法的规定，合同解除时可以要求恢复原状、采取补救措施，并有权要求赔偿损失，医院可以据此要求滞留患者搬出医院。

对已经办理出院手续或者医院单方面通过出院通知终止医疗合同后，医院可以依据"后合同义务"请求患者协助搬离病房。

合同的附随义务，是指为使债权能够圆满实现，保护债权人的权益，基于诚实信用原则，债务人除给付义务外，尚应履行其他行为的义务（从给付义务）。在我国，合同的附随义务包括缔约过失责任的"前合同义务"，及合同履行完毕后的"后合同义务"。医疗服务合同的主合同义务是患方缴纳医疗费用，医方提供合法、合规、合约的医疗服务，合同履行完毕后，医疗机构的后合同义务主要有：协助办理出院手续、提供各类发票单据、按照规定保存患者住院病历等，而患方的后合同义务主要有按规定及时办理出院手续、及时腾退病房出院、妥善维护医疗秩序等。《合同法》第92条规定，"合同的权利义务终止后，当事人应当遵循诚实信用原则，根据交易习惯履行通知、协助、保密等义务"，后合同义务作为合同给付义务的一部分，对其的违反同样会产生违约责任。

依据合同法的规定，违约责任承担方式有继续履行、采取补救措施或者赔偿损失等，医院可据此要求患者搬离医院（继续履行后合同义务）并可以向患者索要占用床位而造成的利益损失。

当然，在实践中，医疗机构也要根据实际情况办理患者出院手续，如患者虽然不具备在本院继续治疗的情形，但是仍有部分疾病或慢性病需要进一步治疗，可以根据实际情况转院到社区卫生医院或者医养结合的养老医疗机构中进行救治。

 8. 如何理解医疗损害赔偿与医疗服务合同的竞合？

《医疗损害责任解释》第1条规定："患者以在诊疗活动中受到人身或者财产损害为由请求医疗机构，医疗产品的生产者、销售者或者血液提供机构承担侵权责任的案件，适用本解释。患者以在美容医疗机构或者开设医疗美容科室的医疗机构实施的医疗美容活动中受到人身或者财产损害为由提起的侵权纠纷案件，适用本解释。当事人提起的医疗服务合同纠纷案件，不适用本解释。"此条司法解释规定了医疗损害赔偿与医疗服务合同的竞合问题。

《合同法》第122条规定："因当事人一方的违约行为，侵害对方人身、财产权益的，受损害方有权选择依照本法要求其承担违约责任或者依照其他法律要求其承担侵权责任。"

由此可见，如果医疗纠纷中医疗机构既构成违约，又对患者造成了侵权伤害，患者有权利在医疗损害责任纠纷与医疗服务合同纠纷中选择任一案由进行起诉，但是仅能选择其一，如果选择医疗服务合同纠纷案由则不能适用《侵权责任法》和《医疗损害责任解释》等侵权类法律和司法解释，只能适用《合同法》及其相关司法解释。

在司法实践中应当注意以下几个问题：

第一，提起医疗侵权之诉还是医疗违约之诉，由患方自行决定。

如果患方以医疗侵权为由提起诉讼,人民法院将以医疗损害责任纠纷为案由,按照侵权之诉来审理。如果患方以医方违约为由提起诉讼,法院则将以医疗服务合同纠纷为案由,按照违约之诉进行审理。

第二,医疗损害责任纠纷案件中,在原告的诉请不明的情况之下,法院会要求其明确所提起的诉讼是医疗侵权之诉还是医疗违约之诉。在原告的诉请与法院根据案件事实作出的认定不一致的情况下,法院会告知其变更诉讼请求。

第三,医疗违约损害赔偿责任与医疗侵权损害赔偿责任之间并不存在本质的不同。审理医疗损害责任纠纷案件时,不论患方以何种案由起诉,相应的审判结果一般没有本质上的区别。

 9. 医疗美容是否属于医疗损害赔偿中认定的医疗行为?

《医疗损害责任解释》第1条第2款规定:"患者以在美容医疗机构或者开设医疗美容科室的医疗机构实施的医疗美容活动中受到人身或者财产损害为由提起的侵权纠纷案件,适用本解释。"《医疗机构管理条例实施细则》第88条规定:"医疗美容;是指使用药物以及手术、物理和其他损伤性或者侵入性手段进行的美容。"另外,《医疗美容服务管理办法》第2条规定:"本办法所称医疗美容,是指运用手术、药物、医疗器械以及其他具有创伤性或者侵入性的医学技术方法对人的容貌和人体各部位形态进行的修复与再塑;本办法所称美容医疗机构,是指以开展医疗美容诊疗业务为主的医疗机构。"通过上述内容可以看出,医疗美容属于"诊疗活动",故因医疗美容行为引发的纠纷应当属于医疗损害责任的范围,适用医疗损害责任的规定。

日常生活中所说的美容可以分为医疗美容与生活美容,虽然都是美容,但却有很大区别。

医疗美容,是指运用手术、药物、医疗器械以及其他具有创伤性或者侵入性的医学技术方法对人的容貌和人体各部位形态进行的修复与再塑，如纹眉、做双眼皮、光子嫩肤、瘦脸针、抽脂、祛斑等。从事医疗美容服务的机构，应有卫生行政部门的审批，有符合医疗手术标准的消毒隔离条件，从业人员都具备相应的医学美容资质。外科、口腔科、眼科、皮肤科、中医科等相关临床学科在疾病治疗过程中涉及的相关医疗美容活动，不属于这里所称的医疗美容范畴。

生活美容，是运用手法技术、器械设备并借助化妆、美容护肤等产品，为消费者提供人体表面、无创伤性、非侵入性的皮肤清洁、皮肤保养、化妆修饰等服务的经营行为，如洗面、敷膜、精油按摩、修眉等。生活美容，不会实施侵入人体皮下组织的创伤性行为，服务机构仅需工商注册登记，从业人员无需医学美容资质要求。

美容医疗机构，是指以开展医疗美容诊疗业务为主的医疗机构。医疗美容科为一级诊疗科目，美容外科、美容牙科、美容皮肤科和美容中医科为二级诊疗科目。医疗美容项目由卫生部委托中华医学会制定并发布。

 10. 医疗损害责任的承担主体是医院还是医生？

医疗损害责任是一种替代责任，根据《侵权责任法》第34条的规定，用人单位的工作人员因工作造成他人损害，由用人单位承担侵权责任。医疗损害责任的实际侵权人是医疗机构中的医务人员，但一般情况下由医疗机构承担"替代责任"。同时根据《侵权责任法》第54条的规定，患者在诊疗活动中受到损害，医疗机构及其医务人员有过错的，由医疗机构承担赔偿责任。由此可见，法律规定医疗机构及其医务人员存在医疗过错的，也有医疗机构承担替代责任。

在医疗侵权案件中，直接加害人往往是医务人员，而承担赔偿责任的主体则是该医务人员所属的医疗机构，一般私人诊所才由医疗人员本人对自己的侵害行为所造成的损害承担赔偿责任。这是因为，医疗机构与医务人员之间存在劳动关系，医务人员为患者实施的诊疗行为属于职务行为，相应的，医务人员的诊疗行为是医疗机构行为的延伸，医疗机构就应当为医务人员的执行职务的行为承担责任，包括执行职务行为所带来的利益和不利的法律后果。其中所带来的利益，医疗机构当然承受；而不利的法律后果，即医务人员执行职务行为所造成的损害，也应由医疗机构承担侵权赔偿责任。

另外，如果造成患者人身损害的行为人不属于医务人员，则属于"非法行医"，而非正常的诊疗活动。医务人员专指具有专业技术知识、提供专业服务的人员。但是，不具有相应资格的人员也可能成为医疗行为的实施者，如不具有专业技术资格的技术人员、不具有相应资格的医务人员、实习人员。此类人员实施医疗行为，严格来说属于非法行医的范畴，由其个人承担相应责任。

11. 多家医疗机构救治患者，发生纠纷时是否会成为共同被告？

根据《医疗损害责任解释》第 2 条的规定，患者因同一伤病在多个医疗机构接受诊疗受到损害，起诉部分或者全部就诊的医疗机构的，应予受理。患者起诉部分就诊的医疗机构后，当事人依法申请追加其他就诊的医疗机构为共同被告或者第三人的，应予准许。必要时，人民法院可以依法追加相关当事人参加诉讼。

由此可见，司法解释回应了司法实践中医患双方普遍关注的多家医院共同被告的问题。实践中，由于疾病复杂、医疗资源分布不均等因素，患者常常会先后到多家医疗机构就诊。如果患者认为其就诊的多家医疗机构均存在医疗过错并导致同一损害后果，将多家医疗机构一起诉至法院，则这些医疗机构就成为医疗侵权之诉的共同被告。

司法实践中，人民法院审理这类案件的关键是如何确定各医疗机构的责任。根据侵权责任法的传统理论，一般分为两个步骤：一是确定各医疗机构的医疗行为与患者的损害后果之间是否存在因果关系，以及责任程度；二是评价各医疗机构的侵权是共同侵权还是无意思联络的数人侵权，进一步确定多家医疗机构应承担连带责任还是按份责任。

《侵权责任法》第12条规定，二人以上分别实施侵权行为造成同一损害，能够确定责任大小的，各自承担相应的责任；难以确定责任大小的，平均承担赔偿责任。在一般的医疗纠纷中，多家医疗机构分别实施医疗行为，虽然共同造成同一损害后果，但如果各医疗机构不存在共同的意思联络，则根据查明的责任大小，由各医疗机构按份承担责任。

《侵权责任法》第8条规定，二人以上共同实施侵权行为，造成他人损害的，应当承担连带责任。这里的"共同"，是指有共同的意思联络。如果多家医疗机构在主观上有意思联络，共同与患者建立了医患关系，则可根据该条的规定，在损害赔偿的责任范围内由各家医疗机构共同承担连带责任。

 12. 医疗损害赔偿责任的构成要件有哪些?

根据《侵权责任法》第54条规定，患者在诊疗活动中受到损害，医疗机构及其医务人员有过错的，由医疗机构承担赔偿责任。

医疗损害责任应具备以下四个构成要件：

（1）医疗机构及其医务人员在诊疗活动中存在违法诊疗行为。违法诊疗行为，是指医疗机构及其医务人员在诊疗行为中违反了不得侵害患者的生命权、健康权、身体权、自我决定权以及隐私权、所有权等民事权利的法定义务而构成的形式违法。

①"不作为"的违法诊疗行为。医疗机构及其医务人员作为民事主体，对患者权利负有不侵犯的义务，即不得侵害患者的权利。违反了这个不作为义务，行为也就具有了违法性。不作为的违法行为亦可构成医疗损害侵权的行为方式，如应当救治而未予救治、应告知而未告知、应保密而未保密等。

②"作为"的违法诊疗行为。这是医疗损害行为的主要行为方式，是指医务人员的实施的诊疗行为违法。

（2）存在患者遭受损害的事实。患者遭受损害的事实包括人身损害事实、精神损害事实和财产损害事实。

①患者的人身损害事实现为：患者的身体、健康损伤和生命的丧失；患者为医治伤害、丧葬死者所支出的费用；其他财产上的损失，如伤残误工的工资损失，护理伤残的误工损失，丧失劳动能力或死亡所造成其扶养人的扶养费损失等。

②患者的精神损害表现为：一是财产利益的损失，包括人格权本身包含的财产利益的损失和为恢复受到侵害的人格而支出的必要费用；二是人格的精神利益遭受的损失，即隐私被泄露、自由被限制等；三是受害人的精神创伤和精神痛苦。

③患者的财产损害事实：基本表现形式是不必要的检查或者过度医疗等造成的患者的财产损失。

（3）诊疗行为与损害结果之间有因果关系。医疗损害责任构成的因果关系，指的是违法诊疗行为作为原因，患者所受损害事实作为结果，在它们之间存在的前者引起后者，后者被前者所引起的客观联系。包括直接、间接因果关系，一果多因。

（4）医疗机构及其医务人员存在过错。医疗损害责任的过错主要表现为医疗机构及其医务人员在诊疗活动中的过失，但也包括故意。

医疗损害责任中的"故意"，是医疗机构及其医务人员已经预见违法诊疗行为的结果，仍然希望或者听任它发生。故意泄露患者隐私、故意实施不必要检查、故意实行过度医疗，都是故意的侵权行为。

医疗过错主要表现在负有诊疗护理职责的医务人员的主观状态中。医疗机构及其医务人员负有的注意义务，都必须是善良管理人的注意义务、甚至是以高于该注意义务的"高度注意义务"为标准，违反即有过失。医务人员在诊疗活动中应当尽到的义务诸如告知义务、救助义务、与当时的诊疗水平相应的诊疗义务、为患者保密义务、填写和保管病历资料义务，等等。这些义务都属于高度注意义务，要求医疗机构及其医务人员在实施诊疗行为时极尽谨慎、勤勉义务，尽力避免损害发生，违反这一注意义务就构成过失。是否尽到了善良管理人的注意义务即是否有过失，应当依客观标准判断，这个客观标准，就是医疗卫生管理法律、行政法规、部门规章和诊疗护理规范，特别是医疗卫生管理的部门规章、诊疗护理规范。只要违反了这些规章和规范的规定，就可以认为其有过失。

第二节　归责原则

（一）医疗技术损害责任中的过错责任原则

13. 诊疗活动是否具有过错是患者还是医疗机构举证？

归责原则，则是指确定行为人承担侵权责任的基本准则或基本规则，决定着责任构成要件、举证责任的承担、免责条件等。

《侵权责任法》第54条规定："患者在诊疗活动中受到损害，医疗机构及其医务人员有过错的，由医疗机构承担赔偿责任。"明确了医疗损

第一章 医疗纠纷法律问题概述

害责任中采用过错责任原则，患者如主张医疗机构对其诊疗活动中的损害承担侵权责任，应就医疗机构或医务人员在诊疗活动中存在过错进行举证证明，如举证不能，医务机构则不承担侵权责任。

过错责任原则有效地平衡了患者和医疗机构的举证能力，可以理解为以下三点：一是没有医疗过失，医疗机构就没有责任，有效地减轻医疗机构在实施诊疗活动中的顾虑；二是医疗机构仅就自己的医疗过失所造成的损害承担赔偿责任，对于他人的过失，医疗机构不承担责任；三是证明有则易、证明无则难，要求医疗机构证明诊疗活动无过错或与损害后果无因果关系，确实过于苛刻，在过错的认定上，让患者证明其存在过错具有可行性。

诊疗活动的过失在一定程度上就表现为医疗机构或医务人员行为的违法性或违反了注意义务，诊疗活动是否存在过错可以通过其行为是否违反法律行政法规卫生管理规范等或是否具有过错推定的其他情况、或进行专业性的司法鉴定等进行证明。

另外，医疗技术损害责任适用过错责任原则确定侵权责任，具备侵权责任的一般构成要件，即违法行为、损害事实、因果关系和医疗过失。在证明责任上，实行一般的举证责任规则，即"谁主张，谁举证"，四个要件均须由受害患者承担举证责任。《医疗损害责任解释》第4条规定："患者依据侵权责任法第五十四条规定主张医疗机构承担赔偿责任的，应当提交到该医疗机构就诊、受到损害的证据。患者无法提交医疗机构及其医务人员有过错、诊疗行为与损害之间具有因果关系的证据，依法提出医疗损害鉴定申请的，人民法院应予准许。"司法解释的这一规定，明确了患者应当对医疗机构及其医务人员有过错、诊疗行为与损害之间具有因果关系进行举证，但是如果举证困难可以申请鉴定。

应当注意的是，司法实践中有例外情况：即出现《侵权责任法》第58条的法定情形，可直接推定医疗机构有过错：（1）违反法律、行政法规、规章以及其他有关诊疗规范的规定；（2）隐匿或者拒绝提供与纠纷有关的病历资料；（3）伪造、篡改或者销毁病历资料。

14. 医疗机构可从哪些方面抗辩自己没有过错？

患者负有举证证明医疗机构或医务人员在诊疗活动中具有过错的义务，但是，这并不代表医疗机构不用证明自己没有过错。只是，在一般的医疗损害责任纠纷中，患者需要在举证责任上承担不能证明医疗行为存在过错的法律后果，而医疗机构能证明自己没有过错则无需承担败诉风险。

具体而言，医疗机构可以从以下两个方面抗辩自己没有过错：

（1）关于诊疗行为无过错的抗辩：

①人员资质合法。经治医生是有资质、有经验的专业医生，护士具有执业证。

②医院资质合法。医院有治疗某某疾病、实施某种手术、开设某种诊疗项目的资质。

③诊断明确。患者症状符合某种疾病的诊断标准，诊断正确。

④方案合理。采用此治疗方案是符合教科书、诊疗指南、专家共识或相关文献证据的。

⑤手术、医疗器械选择得当。患者有手术适应症，无手术禁忌症；医疗器械有使用适应症，无禁忌症，质量合格。

⑥药物、血液制品应用合理。有药物应用适应症，无禁忌症，药物之间没有配伍禁忌；血液制品来源合法，输血流程符合相关管理规定。

⑦履行了告知义务。手术、特殊检查、特殊治疗等均获得患者的知情同意，及时告知病情，均签字为证。

⑧尽到了高度谨慎的注意义务。治疗/手术前完善检查谨慎评估，治疗/手术中小心、仔细地处理，治疗/手术后密切观察、加强护理。

⑨尽到了诊疗义务。病情出现变化时，积极检查、请示上级医师、会诊、治疗、抢救、转诊。

（2）关于医方诊疗行为和损害后果之间无因果关系的抗辩：

①损害后果是患者的自身疾病导致的，是疾病发展的必然结果。

②积极的诊疗行为也不能避免损害后果的发生。
③患者的损害后果在住院前就存在,而非在治疗过程中新发生的。
④治疗疾病的过程必然会造成损害后果,是不可避免的。
⑤患者属于某种特殊体质,发生某种特殊情况是不可预见的。

  15. 具有医疗过错就一定需要承担侵权责任吗?

现实情形中,医患双方都经常会有一个这样的误区,那就是认为"只要有过错就应当承担侵权赔偿责任",这个认识是片面的。

这是因为认定构成侵权责任,需要满足四个要件:违法行为、损害后果、过错和因果关系。"过错"仅仅是认定医疗损害赔偿责任的一个要件,有过错不一定就等于需要承担侵权责任。因为可能存在:诊疗行为与损害结果没有因果关系、没有造成人身和财产的实际损害后果或者具有其他的免责事由等情况,所以,有可能医疗机构的诊疗行为存在过错,但最终并不承担侵权赔偿责任。所以,应当根据案件的情况,具体问题具体分析,不能片面地一概而论。

(二)医疗技术损害责任中的过错推定原则

  16. 哪些特殊情况适用过错推定?

依据《侵权责任法》第58条之规定,推定医疗机构有过错的具体情形有三种:

(1)医疗机构及医务人员违反法律、行政法规、规章等有关诊疗规范的规定。违反法律、行政法规、规章等有关诊疗规范的规定的,客观上就表现为一种过失,因为证明医疗技术过失的标准之一,就是违反有关诊疗规范的规定。因此，具备本项规定的要求的，属于技术过失。

（2）医疗机构及医务人员隐匿或者拒绝提供与纠纷有关的病历资料。医疗机构及医务人员在发生医疗损害责任纠纷时，隐匿或者拒绝提供上述病历资料的，就可以直接推定存在医疗技术过失，原告不必再举证证明。

（3）医疗机构及医务人员伪造、篡改或者销毁病历资料。前项规定的推定过错事由，是对病历资料采取的态度消极行为，是隐匿或者拒绝提供，属于"不作为"。而本项规定的行为，是对病历资料采取的积极行为，即伪造、篡改或者销毁。对此，同样应当推定有医疗过错。

由此可以看出，医疗机构过错推定的情形都是医疗机构对医疗法定义务的违反，如未能遵守医疗卫生管理法律、行政法规、部门规章和诊疗护理规范、常规，以及妥善保管病历资料的法定义务等。《中华人民共和国执业医师法》（以下简称《执业医师法》）第23条规定："医师实施医疗、预防、保健措施，签署有关医学证明文件，必须亲自诊查、调查，并按照规定及时填写医学文书，不得隐匿、伪造或者销毁医学文书及有关资料。"同时，《医疗事故处理条例》第5条规定："医疗机构及其医务人员在医疗活动中，必须严格遵守医疗卫生管理法律、行政法规、部门规章和诊疗护理规范、常规，恪守医疗服务职业道德。"第9条规定："严禁涂改、伪造、隐匿、销毁或者抢夺病历资料。"《医疗机构管理条例》第25条规定："医疗机构执业，必须遵守有关法律、法规和医疗技术规范。"由此可见，过错推定发生的情形都是医疗机构或医务人员主观恶意比较严重的行为，所以推定其存在过错。

但是，可以适用过错推定的前提是：患者提供初步的证明材料，证明医疗机构或者医务人员存在《侵权责任法》第58条规定的三种情形。患者如果不能完成初步证明责任，则无法发生过错推定的法律效果，如果可以完成初步证明责任，则推定医疗机构有过错，而此时，医疗机构可以提供相关证据证明自己不存在特定的三种情形或者有合理且恰当的理由。

17. 如何把握违反法律行政法规规章及诊疗护理规范？

《侵权责任法》第58条规定："患者有损害，因下列情形之一的，推定医疗机构有过错：（一）违反法律、行政法规、规章以及其他有关诊疗规范的规定；（二）隐匿或者拒绝提供与纠纷有关的病历资料；（三）伪造、篡改或者销毁病历资料。"其中，第一款中规定的医疗机构及医务人员违反的"法律、行政法规、规章等有关诊疗规范"，在医疗损害赔偿领域都可能涉及到如下这些：

（1）法律规范。医疗损害责任纠纷涉及的法律规范包括一般法律和医疗卫生管理法律。一般法律比如刑法、合同法、侵权责任法等由全国人民代表大会及其常务委员会制定并颁布的基本法。医疗卫生管理法律指由全国人民代表大会及其常务委员会制定并颁布的有关医疗卫生管理方面的规范性文件。目前，全国人大常委会通过有关医疗卫生方面的重要法律包括有：《执业医师法》《中华人民共和国中医药法》（以下简称《中医药法》）、《中华人民共和国药品管理法》（以下简称《药品管理法》）、《中华人民共和国职业病防治法》（以下简称《职业病防治法》）、《中华人民共和国献血法》（以下简称《献血法》）等。

（2）医疗卫生管理行政法规。行政法规是指由国家最高行政机关，即国务院制定颁布的有关医疗卫生管理方面的规范性文件。目前，国务院发布的医疗卫生管理方面的行政法规主要有：《医疗事故处理条例》《医疗机构管理条例》《血液制品管理条例》《放射性同位素与射线装置安全和防护条例》等。

（3）医疗卫生管理行政规章。部门规章是指由国家卫生计生委、中医药管理局制定颁布或卫计委与有关部、委、办、局联合制定发布的具有法律效力的有关医疗卫生管理方面的规范性文件。目前，医疗卫生管理方面的行政规章主要有：《医疗机构管理条例实施细则》《全国医院工作条例》《医疗事故技术鉴定暂行办法》《医疗事故分级标准(试行)》《医疗机构病历管理规定》《医疗事故技术鉴定专家库学科专业组名录(试行)》《医疗事故争议中尸检机构及专业技术人员资格认定办法》《重大医疗过失行为和医疗事故报告制度的规定》《病历书写基本规范》《中医、中西医结合病历书写基本规范(试行)》等。

（4）诊疗护理规范、常规。诊疗护理规范、常规是基于维护公民健康权利的原则，在总结以往科学和技术成果的基础上对医疗过程的定义和所应用技术的指南。广义的诊疗护理规范、常规，是指卫生计生行政部门以及全国性行业协(学)会针对本行业的特点，制定的各种标准、规程、规范、制度、指南的总称。如国家卫生和计划生育委员会委托中华医学会制定全国《诊疗护理常规和技术指南》。狭义的诊疗护理规范、常规是指医疗机构制定的本机构医务人员进行医疗、护理、检验、医技诊断治疗及医用物品供应等各项工作应遵循的工作方法、步骤。诊疗护理规范、常规本身具有极强的专业性和操作性，便于对照查找医疗行为是否合规。

18. 适用过错推定，患者就不需要进行举证了吗？

《医疗损害责任解释》第4条规定："患者依据侵权责任法第五十四条规定主张医疗机构承担赔偿责任的，应当提交到该医疗机构就诊、受到损害的证据。患者无法提交医疗机构及其医务人员有过错、诊疗行为与损害之间具有因果关系的证据，依法提出医疗损害鉴定申请的，人民法院应予准许。医疗机构主张不承担责任的，应当就侵权责任法第六十条第一款规定情形等抗辩事由承担举证证明责任。"

据此可知，患者提起医疗损害赔偿纠纷，应当对到该医疗机构就诊的证据、受到损害的证据、医疗机构或者医务人员有过错的证据、诊疗活动与损害之间具有因果关系的证据进行举证。同时需要注意的是，患者提交了医疗机构存在《侵权责任法》第58条（过错推定）规定情形的证据的，无需提交涉及医务人员行为具有过错的证据。也就是说，即使患者提供了医疗机构成立过错推定的证据，也仅仅是对过错不承担举证责任，而依旧需要对就诊事实、损害后果和因果关系进行举证。

过错推定，是指在符合法律规定的情形下，直接认定行为人具有主观过错。如受害人举证证明自己所遭受的损害和行为人的行为符合《侵权责任法》规定的情形，且二者之间存在因果关系的，就认定行为人具有过失。适用过错推定时，出现过错的举证责任倒置，医疗机构如果认为自己的医疗行为没有过错，医疗机构可以举证证明自己已经履行法定义务，不具有医疗过错。能够完成举证责任的，不推定过错，不能举证证明的，过错推定即转化为法律认定，则认定存在过错。

 19. 适用过错推定，医疗机构还能否证明自己无过错？

过错推定和过错责任，二者的区别在于：过错推定的效力较弱，在过错推定中，被推定有过错的一方可以较为轻易地举证证明其已经履行法定义务或尽到相应的注意义务，而过错的认定效力较强。在过错认定中，被认定有过错的一方极难举证证明其主观无过错，且二者在法官内心形成的确信是不同的。

《侵权责任法》第58条规定的三种可以直接推定医疗机构有过错的情形，并非当然地认定医疗机构存在过错。医疗机构可提出反证证明自己没有过错。患者在诊疗活动中受到损害，医疗机构及其医务人员有过错的，由医疗机构承担赔偿责任。

（三）医疗产品损害责任中的无过错责任原则

 20. 医疗产品损害是否适用严格责任原则？

所谓严格责任原则，是指不管行为人在主观上有无过错，主要其行为损害了他人的民事权益，都必须按照法律规定承担侵权责任的一种归责原则。

医疗产品虽然有其特殊性，但其在法律上仍然属于产品责任的范畴，而依据《侵权责任法》的规定，缺陷产品造成损害适用无过错的严格责任原则。

无过错责任不等于没有过错，被侵权人虽然无需证明过错要件，但是损害后果或因果关系等其他侵权要件，仍然需要被侵权人加以证明，才能最终确定法律责任。

《医疗损害责任解释》第3条规定："患者因缺陷医疗产品受到损害，起诉部分或者全部医疗产品的生产者、销售者和医疗机构的，应予受理。患者仅起诉医疗产品的生产者、销售者、医疗机构中部分主体，当事人依法申请追加其他主体为共同被告或者第三人的，应予准许。必要时，人民法院可以依法追加相关当事人参加诉讼。患者因输入不合格的血液受到损害提起侵权诉讼的，参照适用前两款规定。"同时，该解释第25条第2款也规定了"本解释所称的'医疗产品'包括药品、消毒药剂、医疗器械等"。由此可见，药品、消毒药剂、医疗器械等以及不合格的血液均适用产品责任的法律规范。

医疗产品损害责任是无过错责任，这不是说医疗产品缺陷的生产者和销售者没有过错，因为医疗产品存在缺陷本身就是一种过错。在现代，社会对医疗产品质量的要求越来越具体详细，如果医疗产品不符合规定的质量要求，则医疗产品的生产者就具有过错，除非是现有的科学技术无法发现。确定医疗产品侵权责任适用无过错责任,其立意是无论其有没有过错,只要受害人能够证明医疗产品具有缺陷,即构成侵权责任。因而受害人不必证明医疗产品生产者的过错,这也就减轻了权利人的诉讼负担,有利于保护受害人的权利。

21. 医疗产品损害责任中,医疗机构在最终责任承担时是否适用过错责任?

《侵权责任法》第43条规定:"因产品存在缺陷造成损害的,被侵权人可以向产品的生产者请求赔偿,也可以向产品的销售者请求赔偿;产品缺陷由生产者造成的,销售者赔偿后,有权向生产者追偿;因销售者的过错使产品存在缺陷的,生产者赔偿后,有权向销售者追偿。"第59条规定:"因药品、消毒药剂、医疗器械的缺陷,或者输入不合格的血液造成患者损害的,患者可以向生产者或者血液提供机构请求赔偿,也可以向医疗机构请求赔偿。患者向医疗机构请求赔偿的,医疗机构赔偿后,有权向负有责任的生产者或者血液提供机构追偿。"

医疗产品责任的责任主体可能涉及到生产者、销售者、仓储者、运输者以及医疗机构,我们不能把医疗机构完全理解为销售者,有些药品和消毒药剂可能是医疗机构销售给患者的,但在许多医疗行为中,医疗产品的销售者(经销商)与医疗机构并非同一主体,所以医疗机构仅仅是医疗产品被患者使用消费前的一个阶段性主体,在法律责任的承担上不能按照生产者、销售者一样完全按照严格责任原则加以苛责。

《医疗损害责任解释》第3条规定:"患者因缺陷医疗产品受到损害,起诉部分或者全部医疗产品的生产者、销售者和医疗机构的,应予受理。患者仅起诉医疗产品的生产者、销售者、医疗机构中部分主体,当事人依法申请追加其他主体为共同被告或者第三人的,应予准许。必要时,人民法院可以依法追加相关当事人参加诉讼。患者因输入不合格的血液受到损害提起侵权诉讼的,参照适用前两款规定。"

为了保障患者的权益,便于患者进行诉讼和维权,上述法律和司法解释都规定了因药品、消毒药剂、医疗器械的缺陷,或者输入不合格的血液造成患者损害的,患者可以向生产者或者血液提供机构请求赔偿,也可以向医疗机构请求赔偿,患者具有诉讼主体上的选择权,人民法院也可以依申请或依职权追加当事人。但是,这并不代表生产者、销售者、医疗机构承担连带责任,医疗机构依然仅对在医疗产品在医疗机构使用时、因自己的过错导致的、产品缺陷造成的损害承担赔偿责任,所以,在最终的法律责任承担上仍然适用的是过错责任原则。

为了进一步保护患者的权益,法律上规定了即使医疗机构并非是最终责任承担者,患者也可以请求医疗机构承担先行赔付的责任,医疗机构赔偿后,再向负有责任的生产者或者血液提供机构追偿。由此可见,在医疗机构对产品责任的最终承担上,依然适用的是过错责任的原则。

(四)其他医疗损害责任中的归责原则

22.隐私权、名誉权、知情同意权、安全保障义务等纠纷中,适用什么归责原则?

医疗损害责任中可能还涉及到患者隐私权、知情同意权或一般人格权、身体权和财产权益的侵权的案件类型,依据《侵权责任法》第6条第1款的规定,行为人因过错侵害他人民事权益造成损害的,应当承担侵权责任,这就确定了一般侵权行为适用过错责任归责原则。

所谓过错责任,是指以行为人的过错作为归责的根据和最终要件,并依据过错的程度确定行为人的责任范围和形式。按照过错责任原则,行为人仅在有过错的情况下,才承当民事责任。调整受害患者、医疗机构和全体患者之间的利益关系,最好的平衡器就是侵权责任法的过错责任原则。

根据《侵权责任法》第 6 条的规定，行为人因过错侵害他人民事权益，应当承担侵权责任。这是侵权行为规则原则的一般条款，不仅适用于医疗损害责任纠纷还适用于其他一般的损害责任纠纷。同时依据《侵权责任法》第 54 条规定，患者在诊疗活动中受到损害，医疗机构及其医务人员有过错的，由医疗机构承担赔偿责任。由此可见，除了《侵权责任法》第 58 条规定的过错推定的三种情形以及缺陷医疗产品适用无过错责任原则外，其他类型的医疗损害责任均适用"过错责任原则"。在医疗损害责任的归责原则体系中，过错责任原则是基本的归责原则。《侵权责任法》第 54 条的规定是关于医疗损害责任认定的一般条款，在医疗损害责任认定中处于核心地位，使常见的医疗损害责任赔偿案件回归到过错责任的适用范围；即在法律没有特殊规定的情况下，均应适用该原则。

根据《侵权责任法》第 54 条的规定，对于一般情况下的医疗损害行为，患者应当承担初步的举证责任，证明医方存在过错、医方的过错与其损害之间具有因果关系、医方没有遵守相应的诊疗规范。所以，在判断一般医疗损害责任纠纷案件时，医方有过错的才需要承担赔偿责任，无过错就无需承担赔偿责任；并不是说患者在诊疗活动中只要受到损害，就可以要求医疗机构赔偿。这样就为正确处理医疗损害责任纠纷提供了法律保障，也有利于平衡受害患者、医疗机构和全体患者之间的利益关系。

23. 依据分担损失的原则，医患方均无过错时，医疗机构是否需要承担赔偿责任？

依据《侵权责任法》第 24 条的规定，受害人和行为人对损害的发生都没有过错的，可以根据实际情况，由双方分担损失。该条款确定了"公平分担损失原则"，该原则适用于当事人双方均无过错，而法律又没有特别规定适用无过错责任原则的情况，此时，法官将基于内心的公平理念进行自由裁量，确定如何公平分担当事人的损失。

虽然《侵权责任法》并没有在第七章"医疗损害责任"中对公平分担损失的原则加以特别规定，但在第24条有此规定，因此，在符合一定的条件时可以适用于医疗损害赔偿责任案件。

医疗损害责任案件适用公平分担损失原则时，应当具备以下几个方面条件：

（1）公平分担损失原则适用的前提条件是医患双方都没有过错，并且不属于法律有特别规定的情形。

（2）患者遭受了严重的人身损害或精神损害。

（3）医方所实施的医疗行为与患者所遭受的医疗损害之间具有因果关系。

（4）患者所遭受的损失无法弥补。

由于公平分担损失是补偿性质，而并非是侵权责任的赔偿，因此，在司法实践中，人民法院在适用公平责任原则时，会从严限制其范围，严格把控适用的条件、范围和具体的案件实际情况，参考当事人的经济状况、受害人的损害程度进行分担，不会机械地陷入平均主义、息事宁人的误区之中。

第三节　违法行为

24. 实践中如何认定诊疗行为？

诊疗行为或称诊疗活动、医疗行为，是医疗损害赔偿责任中的核心构成要件。《执业医师法》规定了"防病治病、救死扶伤、保障健康"三个方面的内容，《医疗机构管理条例实施细则》第88条规定："诊疗活动：是指通过检查，使用药物、器械及手术等方法，对疾病作出判断和消除疾病、缓解病情、减轻痛苦、改善功能、延长寿命、帮助患者恢复健康的活动。"医疗行为具有以下特征：

（1）医疗行为的专门性。医疗行为是知识与技术高度密集型的行业，医疗行为的实施必不须以医学知识为行为准则。同时，医学知识与技术也是医疗行为顺利实施必不可少的、重要的保障条件。

（2）医疗行为的复杂性。医学科学是所有科学领域中最高难的科学之一，集所有自然科学于一身，甚至应用部分社会科学的理念。医学不仅要应用生物与化学等方面的知识与技能，还涉及声学、光学、力学、原子、材料等各种物理学的知识与技能；在社会科学方面，它涵盖了哲学、心理学、美学、伦理学、逻辑学、信息学等学科。

（3）医疗行为的侵袭性。医疗侵袭，是指医疗行为的实施对人体造成某种危险或损害。单纯从客观方面看，医疗行为大多具有某种程度上的侵袭性，但是对医疗过失的评价，却不能单纯地从其客观的侵袭性上来分析。医疗行为对患者来说是必需的，患者通过承受医疗行为所带来的侵袭而解除自身的病痛。这是一个权衡利弊、矛盾统一的过程，即医疗行为的侵袭给患者所造成的不利，要小于医疗行为所带来的利益，即"最有利于患者"的原则。

（4）医疗行为的高风险性。医学科学有太多的未知领域，这便决定了医疗行为具有比其他服务行业更多的不确定因素，而每一项不确定因素均可能成为医疗风险的成因。医疗服务的高风险性，一是由人体科学的未知性所决定。二是医疗本身就是一种侵害，每一种药物均有一定的毒副作用。三是因为每个个体均有其特殊的个体特征。

（5）医疗行为的不确定性。医疗行为与其他服务行业的行为不同，由于医疗行为的对象——患者的身体是近乎完全不同的个体，因此医疗行为的结果并非完全能由医疗行为的实施者——医生所控制，由此造成了医疗行为的不确定性。医疗行为的不确定性，首先在于患者生物体的不确定性，没有完全相同的两个个体；其次还在于患者本人的不可预测性。

（6）医疗行为的公益性。医疗行为的服务对象是人，维护的是人的生命和健康，而生命和健康是无价的。医疗行为不仅关系到每一个的生老病死，而且要求极高。世界上几乎没有任何一个行业会像医生这个职业一样，对从业者自身的职业道德修养做出这样高的要求。即便如今知识产权受到高度的重视和保护，医学科学的发现、疾病的诊断与治疗方法不得申请专利，体现出的就是医学领域强烈的公益特征。

医疗损害责任的双方为医患双方，同时，患者所遭受的损害应当是在其接受诊疗活动这一过程中产生的。如果其遭受的损害并非在接受诊疗活动中产生，换言之，即医务人员或医疗机构的行为与这一损害之间不具备因果关系，医疗机构自然不应对此负担侵权责任。因而，准确界定"诊疗活动"这一概念的内涵，可以更好地保护和平衡受害患者与医疗机构这二者的利益关系。随着医学技术的发展，"诊疗活动"的界定不应仅局限于"治疗活动"，而是应当采用更为广义的概念，即以治疗或非治疗为目的的医疗或辅助性医疗行为都应属于医疗损害赔偿责任中的"诊疗行为"。

在实践中，有些造成了患者损害的行为或者事件，其实不属于诊疗行为，如医院管理上的疏忽（如地面滑倒、破窗扎人等）导致患者损害的。具体来说，以下四种情形可以认定为"非医疗行为"：一是医院设施有瑕疵导致患者摔伤或患者在医院自残、自杀。二是医院管理有瑕疵导致损害，如抱错婴儿。三是医生故意伤害患者，如拿患者做试验。四是非法行医致人伤害。对于上述非医疗行为产生的人身损害赔偿责任，适用侵权责任法关于人身损害赔偿的一般规定。

25.诊疗行为具有违法性是否是构成医疗损害责任的条件？

医疗技术损害责任的行为主体，是医疗机构及医护人员，违法行为必须发生在医疗活动过程中。也就是说，医疗技术损害赔偿仅限于医疗机构或医务人员的诊疗护理活动，超出诊疗护理活动的行为不在认定医疗侵权责任时进行评价，但是也不排除可能发生的其他损害责任。

那么，在认定医疗损害责任时，医疗机构或医务人员医疗行为的"违法性"是一个前提要素吗？

医疗技术损害责任的行为违法性，客观上表现在医疗机构没有尽到必要的注意义务，违反了对患者的生命权、健康权、身体权不得侵害的法定义务，或者直接违反了法律、行政法规、规章和诊疗护理规范等。而行为的违法性与诊疗行为具有过错，其实属于同一评价要件。也就是说，患者一旦在医疗损害责任中证明诊疗活动存在过错，也就相当于证明了诊疗行为具有了违法性。

在医疗损害侵权要件中，患者在诊疗行为这个要件中，仅仅需要提供证据证明医患双方存在诊疗关系，医疗机构或医务人员对患者实施了诊疗行为即可，至于诊疗行为是否具有违法性则属于过错要件评价的问题。患者只有证明了诊疗行为存在、诊疗行为具有违法性（过错）、自己具有损害后果且损害后果与诊疗行为存在因果关系时，医疗机构才需要承担医疗损害责任。

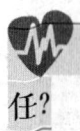
26. 诊疗行为具有违法性是否等于一定承担民事侵权责任？

医疗损害责任的一般构成要件有：医患之间存在诊疗事实；诊疗活动具有过错；患者发生了损害后果；患者的损害后果与诊疗行为之间存在法律上的因果关系。只有具备了上述四个侵权责任要件，医疗机构才需要承担医疗损害责任。

医疗行为的违法性，客观上表现在医疗机构没有尽到必要的注意义务，或者违反了对患者的生命权、健康权、身体权不得侵害的法定义务，或者直接违反了法律行政法规规章和诊疗护理规范等，但其实行为的违法性与诊疗行为具有过错属于同一评价要件。医疗行为具有违法性仅仅能够证明医疗机构或医务人员的诊疗行为具有过错，但是具有过错并不能等同于医疗机构承担赔偿责任，还需要综合考虑诊疗行为、损害后果和因果关系，以及医疗机构是否存在法定免责事由等等因素。所以，医疗行为违法仅仅能够证明或推定证明医疗机构存在过错，而过错仅是认定侵权责任的一个构成要素，不能片面地认为医疗行为违法就一定需要承担赔偿责任。

第四节　因果关系

 27. 医疗损害责任是否必须以具有因果关系为前提?

根据《医疗损害责任解释》第 4 条的规定，患者依据侵权责任法第五十四条规定主张医疗机构承担赔偿责任的，应当提交到该医疗机构就诊、受到损害的证据。患者无法提交医疗机构及其医务人员有过错、诊疗行为与损害之间具有因果关系的证据，依法提出医疗损害鉴定申请的，人民法院应予准许。医疗机构主张不承担责任的，应当就侵权责任法第六十条第一款规定情形等抗辩事由承担举证证明责任。

结合《侵权责任法》第 54 条的规定，医疗损害责任的构成需要证明如下要件：患者与医疗机构存在医患法律关系和医疗行为；患者有损害结果的发生；医疗机构或医务人员存在过错（患者举证困难时可以申请鉴定）；患者的损害结果与诊疗行为的过错之间存在因果关系（患者举证困难时可以申请鉴定）。

在责任认定方面，上述四个侵权责任的构成要件缺一不可，即使医疗机构的诊疗行为具有过错，还需要确定患者的损害是否与诊疗行为的过错存在因果关系；如果医疗机构或医务人员的医疗行为具有过错，但是患者的损害并非是由该过错导致的，二者之间没有因果关系，则医疗机构或医务人员也不应承担侵权责任。

具体而言，在医疗过程中，医疗机构及其医务人员是否对所发生的患者死亡或伤害等人身损害后果负责，需要查明人身损害是否由医疗机构及其医务人员的过失行为所致，只有查明人身损害与医疗机构及其医务人员的过失行为之间有因果关系，医疗机构及其医务人员才承担相应的法律责任。这种因果关系之所以成为承担法律责任的必要条件之一，是因为过失行为不一定会引起人身损害的发生。同时，人身损害有时也不是由医疗机构及其医务人员的过失行为这一种原因引起，既有一因一果，也有多因一果和一因多果。在后一种情况下，尤其是多因一果情况下，确定因果关系的具体情况就显得极为重要。因此，对多个原因造成一个结果的，就需要正确把握几个原因对人身损害的发生所起的作用，哪个原因起了主要作用，哪个原因只起辅助作用甚至没有起作用，只有对这种因果关系判断正确，才能保证正确认定医疗损害责任。

28. 医疗行为与损害结果之间的因果关系是否还需要由医疗机构证明？

根据《侵权责任法》第54条的规定，患者在诊疗活动中受到损害，医疗机构及其医务人员有过错的，由医疗机构承担赔偿责任，此条规定了医疗侵权的过错责任原则。

根据《医疗损害责任解释》第4条第1款、第2款的规定，患者依据侵权责任法第54条规定主张医疗机构承担赔偿责任的，应当提交到该医疗机构就诊、受到损害的证据。患者无法提交医疗机构及其医务人员有过错、诊疗行为与损害之间具有因果关系的证据，依法提出医疗损害鉴定申请的，人民法院应予准许。医疗损害赔偿案件中，患者应当对诊疗活动与损害之间具有因果关系进行举证，如果举证出现困难可以通过申请鉴定辅助举证，这就进一步明确了医疗损害赔偿因果关系的举证责任应当由患方承担。

依据"谁主张谁举证"的原则，一般情况下，侵权责任的构成要件都由原告方承担，但是考虑到医疗行为的专业性，对于医疗过错和因果关系的认定，很多情况下需要专业性鉴定进行判断，如果患方在诉讼中有申请鉴定，则应负担预交鉴定费的义务，而鉴定费用最终将由人民法院根据责任比例和案件结果决定如何分担。所以，在实践中，通常由患者提起过错和因果关系鉴定，并对过错和因果关系承担举证责任。

29. 在确定医疗损害中因果关系时能否申请原因力鉴定？

医疗损害责任纠纷案件中，普遍存在原发疾病、个人体质及诊疗过错等共同作用导致损害发生的多因一果问题，因此，在确定医疗损害责任时，明确划分有关诊疗过错或者医疗产品缺陷造成损害的原因力大小就显得尤为重要。特别是在高度风险性的医疗行为的评价中，患者本身具有一定的原发疾病，再加上医疗机构的诊疗行为以及存在多家医疗机构共同治疗的情况，患者的损害极有可能是由于自身因素、不同医疗机构的行为而共同造成的。所以，通过医学鉴定对损害结果发生的原因力进行分析是非常必要的。

根据《医疗损害责任解释》第12条的规定，鉴定意见可以按照导致患者损害的全部原因、主要原因、同等原因、次要原因、轻微原因或者与患者损害无因果关系，表述诊疗行为或者医疗产品等造成患者损害的原因力大小。由此可见，鉴定机构是可以对诊疗行为与患者损害后果之间的因果关系做原因力大小的鉴定意见的，其鉴定意见分为"全部原因、主要原因、同等原因、次要原因、轻微原因或者与患者损害无因果关系"六种情况，通过原因力的鉴定，可以判断医疗机构的诊疗行为与患者损害有无因果关系，如有因果关系，那么其对损害后果产生的原因力是多大，解决该专业性的问题，有助于法院认定医疗机构和患者之间的法律责任大小。

当然，在司法实践中法院也不会仅仅依据原因力鉴定意见的结论，就直接认定医疗机构的法律责任大小,因为法律责任不仅仅要考虑到因果关系原因力大小的问题,还要综合考虑当事人的过错程度、损害程度等因素,"以鉴代审"、机械性的依据鉴定结论判决往往会导致不公平。此外,原因力鉴定的鉴定意见也仅仅是民事诉讼法规定的法定证据种类中的一种,仍然需要经过法定的质证、认证程序,人民法院既可以在审查后将鉴定意见作为裁判的依据,也可以在有充足的理由的情况下,不予采信或仅作为裁判的参考。

30. 医疗损害中的原因力大小如何确定?

所谓医疗损害中的原因力大小,也即医疗"过错参与度"的问题,是指被诉对象在诉讼损害结果的介入程度或所起作用的大小,也反映出过错行为对损害结果的原因力大小,其与过错程度一起直接影响着侵权责任承担的比重。

"过错参与度"的鉴定缘于《医疗事故处理条例》第49条规定:"医疗事故赔偿,应当考虑下列因素,确定具体赔偿数额:(一)医疗事故等级;(二)医疗过失行为在医疗事故损害后果中的责任程度;(三)医疗事故损害后果与患者原有疾病状况之间的关系。不属于医疗事故的,医疗机构不承担赔偿责任。"而《侵权责任法》施行后,第11条规定:"二人以上分别实施侵权行为造成同一损害,每个人的侵权行为都足以造成全部损害的,行为人承担连带责任",第12条规定:"二人以上分别实施侵权行为造成同一损害,能够确定责任大小的,各自承担相应的责任;难以确定责任大小的,平均承担赔偿责任。"《最高人民法院关于审理人身损害赔偿案件适用法律若干问题的解释》(以下简称《人身损害赔偿解释》)第3条规定:"二人以上共同故意或者共同过失致人损害,或者虽无共同故意、共同过失,但其侵害行为直接结合发生同一损害后果的,构成共同侵权,应当依照民法通则第一百三十条规定

第一章 医疗纠纷法律问题概述

承担连带责任。二人以上没有共同故意或者共同过失，但其分别实施的数个行为间接结合发生同一损害后果的，应当根据过失大小或者原因力比例各自承担相应的赔偿责任。"

根据《医疗损害责任解释》第12条的规定，鉴定意见可以按照导致患者损害的全部原因、主要原因、同等原因、次要原因、轻微原因或者与患者损害无因果关系，表述诊疗行为或者医疗产品等造成患者损害的原因力大小。由此可见，在发生多因一果的情况下以及涉及到患者个人原因与医疗机构侵权行为混同时，法院需要根据过错参与度以及原因力的大小确定法律责任，如果原因力大小的判断涉及医学专业性问题，则可以通过原因力鉴定辅助法官进行认定。鉴定机构对诊疗行为与患者损害后果之间的因果关系做原因力大小的鉴定，其鉴定意见分为"全部原因、主要原因、同等原因、次要原因、轻微原因或者与患者损害无因果关系"六种情况，通过原因力的鉴定，可以判断医疗机构的诊疗行为与患者损害有无因果关系，如有因果关系其对损害后果产生的原因力是多大，解决该专业性的问题，有助于法院认定医疗机构和患者之间的法律责任大小。

目前，司法实践中通常采用五等级法对患者所诉医疗损害中医疗过错行为进行参与度评定，具体为：

（1）医疗过错参与度100%。在该情形下，所诉医疗损害完全属于医疗过错所致，与就诊人自身体质、所患疾病及其他行为无关联，法律上为必然因果关系，也叫直接因果关系。

（2）医疗过错参与度75%。在该情形下，所诉医疗损害主要是医疗过错所致，就诊人自身体质、所患疾病及其他行为增加了所诉医疗损害出现的可能性。法律上为相当因果关系。

（3）医疗过错参与度为50%。在该情形下，所诉医疗损害是医疗过错和就诊人自身体质、所患疾病以及其他行为共同作用所致结果，且双方的作用强度难以区分，即出现所谓"原因竞争"，法律上为素因竞和之因果关系。

（4）医疗过错参与度25%。在该情形下，所诉医疗损害主要是就诊人自身体质、所患疾病及其他行为所致，但医疗过错对损害结果的出现起到诱发、促进、加重等作用，法律上为事实之因果关系。

（5）医疗差错参与为0%。所诉医疗损害完全是就诊人自身体质、所患疾病及其他行为所致，与医疗差错无关联或不存在医疗差错，法律上为无因果关系或无自然关联。

除了上述五类过错参与度等级，还有一类属于轻微原因，该程度可以由鉴定机构和法官根据实际情况和原因力的大小自行把握。

31. 医疗损害是由多种原因造成的，医疗机构法律责任如何承担？

医疗纠纷成因的复杂性是由医疗行为自身的特殊性决定的，患者因自身的原发性疾病入院接受治疗，在医疗机构诊断治疗的过程也就是与疾病作斗争的过程，病情的自然转化、治疗时机的把握、医务人员的知识经验等都有可能对损害后果的发生有一定的因果关系，因此，在医疗纠纷中"多因一果"的情况普遍存在。具体而言在实践中有以下几种情况：

（1）患者原发疾病与医疗机构过错的竞合。患者入院治疗是因为健康出现问题，而医疗机构的职责就是借助医学知识、专业技术、仪器设备及药物等手段，为患者提供紧急救治、检查、诊断、治疗、护理、保健、医疗美容等维护和改善患者生命健康所必须的活动。患者在医疗机构为其提供医疗服务过程中的病情的恶化有两种情况，一种是其原发性疾病的继续发展，另一种是并发症的出现。但无论哪一种情况，都不能简单地完全归结为医疗机构的过错，因为医学本身具有局限性，直至今天，我们对很多疾病的发生原因、变异情况、药物的副作用等认知仍很有限，加上患者自身基因、体质、情绪等的差异，同一家医疗机构对同一种疾病的治疗效果也不尽相同。同时由于医学的专业性，不可能把患者的病情与医疗机构的过错完全剥离，事实上这两种因素的混合几乎存在于绝大部分医疗纠纷中。

（2）多家医疗机构医疗行为的竞合。由于我国经济发展水平不平衡，不同地区、不同级别的医疗机构在医疗条件、医疗水准等方面也存在着较大差异，综合性大医院往往技术先进、设备齐全，医务人员经验多、水平高，而小医院在设备、技术，医生经验、水平等方面都与综合性大医院有一定差距，其治疗能力和医疗技术水平也有所不同。因医疗机构自身的医疗水平有限而误诊或漏诊的情况时有发生，此时，往往多家医疗机构均存在过错。

同一家医疗机构的多个医务人员的行为共同导致一个损害结果发生。患者在治疗过程中，除就诊科室外，还可能涉及放射科、化验科等各专门科室，这就存在着各科室医务人员共同导致损害结果发生的可能。

（3）医务人员的行为与患者及家属的行为共同导致一个损害结果发生。比如患者家属隐瞒患者既往病史、过敏史等情况，编造患者之前的就诊情况、对医嘱执行有误等，均可能影响医生的判断。

（4）因第三人的行为与医务人员的行为共同导致一个损害结果发生。这类因果关系最典型的情况发生在交通肇事中的肇事者、受害者和医务人员三者之间。例如，某甲驾车在市内通行，于十字路口处为等信号而停车(其前方已有两辆大轿车等信号)。此时，从后面驶来的一辆汽车，在距离甲开的车11米处开始刹车，但为时已晚。结果撞在某甲的汽车尾部，将甲的车顶向前方与大轿车相撞，致使甲受到冲击伤。当即将甲送往附近医院抢救，值班医师乙借故推诿，拒绝收治，致使甲在转往他院途中死亡。经尸体解剖分析认定，死者最初的创伤如能准确判断，并给以适当而有效的治疗，是可以挽救生命的。因此，交通事故与伤者死亡之间不存在直接的因果关系。甲死亡的直接原因在于其受伤后值班医师乙的失职行为贻误了抢救时机。在本案中医师乙的极端不负责任的行为才与受伤者甲死亡之间存在因果关系。即根据当时的医疗水平，伤者所受创伤虽经适当的诊断治疗，但仍不能避免其死亡结果的发生时，作出有因果关系的判断才是科学的、合理的。

（5）客观原因与医务人员的违法行为结合导致损害结果。所谓客观原因包括两个方面，一是指客观外界的原因，二是指患者病情发展的内在客观原因。

（6）上述各种情况结合在一起导致损害结果。这种类型的因果关系在实践中尚不多见，但由于其特别复杂，一旦出现，就会给认定责任带来极大困难。

理论上，"多因一果"侵权行为主要包含直接结合的数人侵权，即聚合因果关系类型，以及间接结合的数人侵权，即竞合因果关系类型，分别对应《侵权责任法》的第11条和第12条。前者是指数个行为结合程度非常紧密，对加害后果而言，各自的原因力和加害部分无法区分。后者是指数个行为人的违法行为偶然结合、互相发生媒介作用导致同一损害后果，分别构成损害后果发生的直接或间接原因，其原因力可以划分。审判实践中，"多因一果"医疗纠纷的复杂性在于损害后果的发生是多种原因力综合作用的结果，往往需要通过斟酌原因力的比例，并结合医疗机构的过错大小，确定其应当承担的赔偿份额。

在"多因一果"的案件中，数人的行为分别对损害结果的发生起不同的作用。各行为对损害结果所起作用大小不同，其"原因力"就不一样。原因力是指在引起统一损害结果的数个原因中，每一个原因对于该损害结果发生或扩大所发挥的作用力。原因力理论适用于多因情况下各行为人侵权责任份额的承担或赔偿义务人与受害人之间对损害后果的分担。一般说来，其行为原因力大的，承担更多的赔偿份额；反之则承担较少的赔偿份额。比较行为人行为的原因力通常与比较当事人之间的过错结合运用，以最后确定责任分配。由于在医疗损害侵权案件中，患者的损害完全是医疗机构的诊疗行为导致的情况相对较少，患者损害后果的发生往往都有病情的原因和患者自身的原因，因此，在责任承担中要充分考虑原因力的比例和过错的大小。

32. 仅能证明有诊疗过错而无因果关系的，医疗机构是否承担责任？

根据《医疗损害责任解释》第4条和《侵权责任法》第54条的规定，医疗损害责任纠纷中，医疗机构承担侵权责任的四要件为：

患者与医疗机构存在诊疗事实；患者有损害结果的发生；医疗机构或医务人员存在过错（患者举证困难时可申请鉴定）；患者的损害结果与诊疗行为的过错之间存在因果关系（患者举证困难时可申请鉴定）。侵权责任的构成要件在责任认定方面缺一不可，医疗机构的诊疗行为过错导致了患者的损害，该行为才具有可责性；如果医疗机构或医务人员的医疗行为具有过错，但是患者的损害并非是由该过错导致的，二者之间没有因果关系，则医疗机构或医务人员不应承担侵权责任。

实践中，"直接因果关系"较为容易认定，较为困难认定的是"相当因果关系"，在认定诊疗行为与损害后果之间具有相当因果关系时，应当考虑是否具备以下两个要件：一是行为是否为损害后果发生不可缺少的条件，一般情形下，某行为将会引发损害结果，即可认定两者之间具有条件性；二是依据社会共同经验的标准,行为可能造成的后果，与实际发生的后果之间是否具有相当性，也就是行为与后果之间具有联系性，联系性越大则相当性越高。

在医疗过程中，判断医疗机构及其医务人员是否对所发生的患者死亡或伤害等人身损害后果负责，必须先查明人身损害是否由医疗机构及其医务人员的过失行为所致，只有查明后确定人身损害与医疗机构及其医务人员的过失行为之间有因果关系，医疗机构及其医务人员才承担相应的法律责任。这种因果关系之所以成为确定法律责任的必要条件之一，是因为过失行为不一定引起人身损害的发生。同时，人身损害有时也不是由医疗机构及其医务人员的过失行为这单一的一种原因引起的,既有一因一果,也有多因一果和一因多果。在后两种情况下,尤其是多因一果时,确定因果关系的具体情况就显得极为重要。因此,对多个原因造成一个结果的,就需要正确把握几个原因对人身损害的发生所起的作用,哪个原因起了主要作用,哪个原因只起辅助作用甚至没有起作用,只有对这种因果关系判断正确,才能保证正确认定医疗损害,进而保证法律责任的正确确定。

第五节 损害后果

33. 医疗损害后果包括哪些内容?

医疗损害后果是指患者生命健康权所遭受的损害,包括患者死亡、残废、组织器官损伤导致功能障碍以及其它损害后果,精神损害也属于损害后果之一。在医疗纠纷案件中,患者因医疗过失、医疗过错往往会造成身体上的伤害,因此会引发精神上的困扰和痛苦,患者死亡的,更是会给近亲属造成严重的精神损失。

医疗侵权责任中,损害事实主要包括:

第一,受害人的生命权、健康权或者身体权受到侵害。具体的表现形式就是生命的丧失或者人身健康和身体的损害等。

第二,因受害人的生命权、健康权、身体权受到损害所造成的财产利益损失。包括为治疗损害所支出的财产损失,以及因为遭受损害而实际减少的收入。

第三,因受害人遭受人身损害所造成的、受害人或者其近亲属在精神上的痛苦所带来的损害。这种损害是无形的，是精神利益的损害。精神损害也是损害事实要件的组成部分，在实践中也应当对这个损害事实作出证明。人身损害是医疗侵权责任的损害事实的外在表现形式，在赔偿的意义上说，人身损害必定造成财产上的损失，精神损害也只能进行财产上的赔偿。

34. 司法实践中医疗损害后果如何认定？

根据《侵权责任法》的要求，侵权责任成立的前提条件是发生现实的损害，侵权损害赔偿请求权以实际损害作为成立要件，只有有损害才可能赔偿，没有损害则无赔偿。因此，要求诊疗行为必须实际造成患者损害。

医疗损害责任中的损害后果，应当具有以下特征：

（1）损害后果是侵害合法民事权益所产生的、对受害人人身或者财产不利的后果。

（2）这种损害后果在法律上具有救济的必要与救济的可能。

（3）损害后果应当具有客观真实性和确定性。诊疗行为造成的患者损害，主要是指因侵害患者的生命权、健康权、身体权而造成的财产损害以及精神损害。在医疗损害赔偿纠纷案件中，有时患者仅出现一些症状，而无相应的体征检出，辅助检查也无阳性改变，这种情况在大多数案例中都被认为无损害后果，仅在少数精神损害案件中可成为损害后果。例如，患者张某，56岁，因头疼、头晕入住某医院，因医院没有医学影像学检查设备，而未能明确诊断其所患"硬膜外血肿"，经转院后及时手术治疗痊愈出院。数月后因自己头疼、记忆力减退而起诉医院要求承担损害赔偿责任，但其诉称的损害并无实际的症状和阳性指标，也未造成现实的损害后果，故没有得到法院的支持。

35. 违反告知义务但未造成人身伤害的，是否需要进行精神损害赔偿？

《侵权责任法》第55条规定："医务人员在诊疗活动中应当向患者说明病情和医疗措施。需要实施手术、特殊检查、特殊治疗的，医务人员应当及时向患者说明医疗风险、替代医疗方案等情况，并取得其书面同意；不宜向患者说明的，应当向患者的近亲属说明，并取得其书面同意；医务人员未尽到前款义务，造成患者损害的，医疗机构应当承担赔偿责任。"

司法实践中，存在着医疗机构违反告知义务，但是并未造成患者人身损害，患者仅以医疗机构侵犯其知情同意权为由要求精神损害赔偿的情况。根据《侵权责任法》第22条的规定，侵害他人人身权益，造成他人严重精神损害的，被侵权人可以请求精神损害赔偿。《最高人民法院关于确定民事侵权精神损害赔偿责任若干问题的解释》（以下简称《精神损害赔偿解释》）第8条的规定，因侵权致人精神损害，但未造成严重后果，受害人请求赔偿精神损害的，一般不予支持，人民法院可以根据情形判令侵权人停止侵害、恢复名誉、消除影响、赔礼道歉。也就是说，精神损害赔偿的前提要么是造成了患者生命权、健康权、身体权、姓名权、肖像权、名誉权、荣誉权的人身权利受侵害，要么是造成了严重的精神损害，如果没有明显严重的损害后果，只是患者感受上的不满，医疗机构无需承担精神损害赔偿责任。

《医疗损害责任解释》第17条规定："医务人员违反侵权责任法第五十五条第一款规定义务，但未造成患者人身损害，患者请求医疗机构承担损害赔偿责任的，不予支持。"

虽然依据《侵权责任法》第22条的规定，在医疗机构未尽告知义务，侵害患者人身权益，造成患者严重精神损害的情况下，患者可以向医疗机构主张精神损害赔偿。但是，本着平衡救济患者损害和有效推动医疗卫生事业发展的考虑，为避免精神损害赔偿适用范围太广，给医疗机构造成不必要的负担，最终影响正常的医疗秩序乃至广大患者看病就医的权利，司法实践中，对"严重精神损害"是从严把握的，一般限定在造成了患者实际的人身伤害范围之内。

第二章
医疗损害责任纠纷中的举证责任

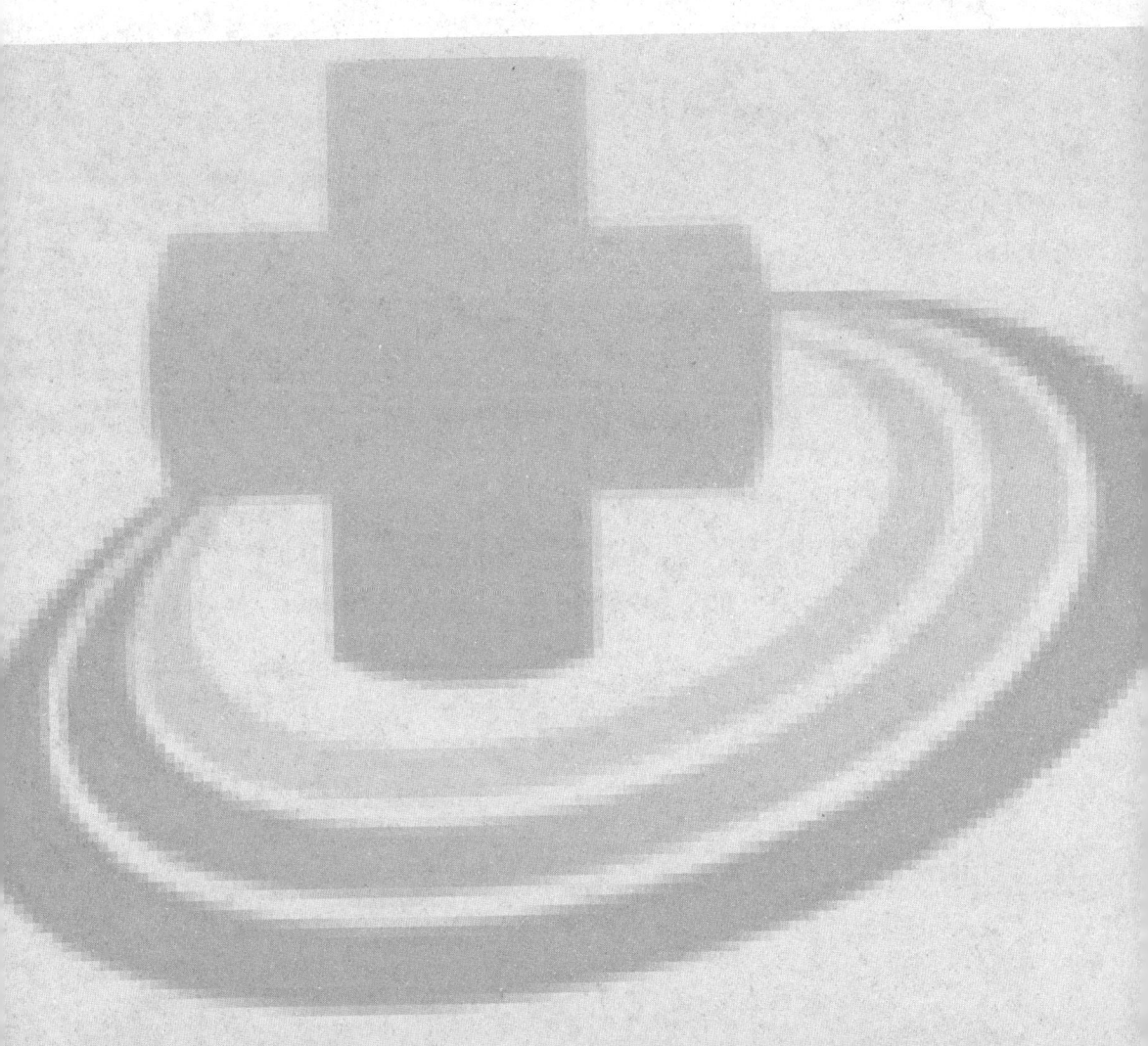

36. 医疗损害责任中的过错由谁举证?

根据《侵权责任法》第54条的规定,患者在诊疗活动中受到损害,医疗机构及其医务人员有过错的,由医疗机构承担赔偿责任。因此,医疗侵权的归责原则为"过错责任原则"。

根据《医疗损害责任解释》第4条的规定,"患者依据侵权责任法第五十四条规定主张医疗机构承担赔偿责任的,应当提交到该医疗机构就诊、受到损害的证据。患者无法提交医疗机构及其医务人员有过错、诊疗行为与损害之间具有因果关系的证据,依法提出医疗损害鉴定申请的,人民法院应予准许。医疗机构主张不承担责任的,应当就侵权责任法第六十条第一款规定情形等抗辩事由承担举证证明责任。"

按照民事诉讼"谁主张,谁举证"的基本原则,在医疗损害责任诉讼中,受害患者一方承担举证责任。其证明程度的界定,应当考虑医疗活动中患者一方不具备医疗专业知识、相较于医务人员和医疗机构处于专业知识绝对不对称的劣势地位的基本特点,既不能使受害患者一方推卸证明责任,而使医疗机构陷入完全被动的诉讼地位,也不能完全不考虑现实情况,而使受害患者一方无力承受重大的诉讼压力,以至于完全不能证明而丧失胜诉机会。因此,在患方的证明责任上可以区分为以下三类层级:

(1)受害患者一方能够证明医疗机构存在医疗过失。在医疗损害责任纠纷诉讼中,受害患者一方可以举出足够的证据,证明医疗机构具有医疗过失。这种证明的最好方法,就是受害患者一方申请医疗过失责任鉴定,由专业化的鉴定机构提供鉴定意见,确认医疗过失。如果原告提供这样的医疗过失责任鉴定,且经医疗机构质证,法官审查确信的,即可确认医疗过失,不存在举证责任缓和问题。

(2)受害患者一方因自身举证困难无法进行过错举证,可以申请鉴定进行辅助举证。因为医学的专业性、高风险性,有时在一些医疗损害责任纠纷中是无法通过一般的事实认定来判断诊疗行为是否存在过错的,如患者是否具有临床适应症、患者的治疗方案是否符合诊疗常规规范等,都无法苛求患者一方直接提供专业的证据和意见。此时可以根据《医疗损害责任解释》第4条第2款的规定,"患者无法提交医疗机构及其医务人员有过错、诊疗行为与损害之间具有因果关系的证据,依法提出医疗损害鉴定申请的,人民法院应予准许。"由此可知,患者可以通过鉴定辅助证明医疗过错。

（3）适用过错推定情况时,患者需要初步证明医疗机构符合侵权责任法58条的具体情形。受害患者一方承担初步的证明责任,达到表现证据规则要求的,法官即可推定医疗机构存在医疗过失。《侵权责任法》第58条规定有列情形的,推定医疗机构有过错：①医疗机构及医务人员违反法律、行政法规、规章等有关诊疗规范的规定。②医疗机构及医务人员隐匿或者拒绝提供与纠纷有关的病历资料。③医疗机构及医务人员伪造、篡改或者销毁病历资料。如果患者对上述事实提供初步证据加以证明,使法官产生合理确信,则可以发生举证责任的缓和,由医疗机构提供反证证明自己无过错,如无法证明则推定医疗机构有过错。

37. 医疗损害责任中的因果关系由谁举证？

根据《医疗损害责任解释》第4条的规定,患者依据侵权责任法第五十四条规定主张医疗机构承担赔偿责任的,应当提交到该医疗机构就诊、受到损害的证据。患者无法提交医疗机构及其医务人员有过错、诊疗行为与损害之间具有因果关系的证据,依法提出医疗损害鉴定申请的,人民法院应予准许。医疗机构主张不承担责任的,应当就侵权责任法第60条第1款规定情形等抗辩事由承担举证证明责任。

由此可见,患者需要对自己患者接受诊疗的事实、受到损害的事实、医疗行为具有过错以及诊疗行为与损害后果之间存在因果关系进行举

证。"因果关系"由患方进行举证。

此时,医疗机构在主张不承担责任时,可以依据《侵权责任法》第 60 条第 1 款的规定,就存在"患者或者其近亲属不配合医疗机构进行符合诊疗规范的诊疗;医务人员在抢救生命垂危的患者等紧急情况下已经尽到合理诊疗义务;限于当时的医疗水平难以诊疗"三种情况中的一种或几种进行举证。

需要注意的是,在多数案件中,医疗行为与患者损害后果之间的因果关系比较明确。如果患者无法提供涉及因果关系的证据,可以申请进行医疗损害鉴定。但是,即便有鉴定意见,对于患者依据鉴定意见对案件因果关系所提供或者申请委托的证据,仍要通过严格的质证程序进行司法审查认定。此时,如果医疗机构提出了确有依据的异议,人民法院将采取鉴定异议答复、鉴定人出庭质证、重新鉴定或补充鉴定等方式针对核心争议充分进行质证,还可能会申请具有专门医学知识的专家参与对鉴定意见的质证活动,请求专家就一些专门性问题代替患者向鉴定人员发问或对质。

 38. 医疗机构有哪些事由可以证明自身没有医疗过失?

虽然法律上明确了患者对医疗机构及其医务人员的诊疗过失承担举证责任,但是并不排除医疗机构可以提供事实和证据抗辩自己没有责任,即使最终没有证明自己没有过错,也不会免除掉患者证明有过错的举证责任。那么,医疗机构可以从哪些方面举证证明自己并不存在医疗过失呢?

简而言之,就是需要提供证据证明自己的诊疗行为具有合法性、无过错或具有法定的免责事由。医疗机构如果要免除自己承担的侵权责任,就要证明自己在诊疗过程中不存在医疗过错。医疗机构可以从以下几个方面,证明自己没有医疗过错:

（1）损害结果属于医疗意外。医疗意外，是指在医疗活动中由于患者病情异常或者患者体质特殊而发生的损害后果，属于可以免责的意外事件。

（2）损害后果是医疗机构无法预料的原因造成的或医疗机构确实不能防范的。在判断何为"无法预料"和"不能防范"的时候，应当以一个合格的医生所应当具备的专业知识和技术水平，结合当前医学科学的发展状况来综合认定。

（3）损害后果是患者及其家属拒不配合治疗造成的。如果患者或家属的不配合治疗是造成损害后果的全部或部分原因，则可以免除或减轻医疗机构的赔偿责任；如果患者和家属的不配合治疗只是损害后果出现的原因之一，医疗机构也有过失时，应依过失相抵的原则，由双方分担责任。

（4）损害后果是不可抗力造成的。

（5）损害后果是在抢救生命垂危等紧急情况下造成的。根据法律的相关规定，医疗机构进行紧急治疗的，可以适当考虑减轻医疗机构的责任。

（6）提供证据证明医疗机构或医务人员实施的医疗行为符合法律、行政法规、规章和诊疗护理规范，诊疗行为不具有违法性，无过错。

39.医疗损害赔偿纠纷中医疗机构什么情况才需要承担举证责任？

医疗损害赔偿案件中,成立侵权责任的四要件侵权行为、损害后果、过错和因果关系一般均有患方（原告）承担，虽然医疗行为存在专业性、复杂性的特点，不利于患者对过错和因果关系的举证，但是患者可以通过医疗鉴定对相关专业性问题加以确定，进而辅助完成举证责任。如果患方无法完成举证责任，将承担举证不能的法律后果。但是，有

原则就会有例外，一般情况下是患者对侵权四要件进行举证，但是在法律规定的特殊情况下，举证责任则是由医疗机构承担。按照《侵权责任法》和《医疗损害责任司法解释》的精神，在过错推定的三种情况下，可能会发生举证责任的移转和倒置。

依据《侵权责任法》第58条的规定，存在下列情形时，推定医疗机构有过错：

（1）医疗机构及医务人员违反法律、行政法规、规章等有关诊疗规范的规定。

（2）医疗机构及医务人员隐匿或者拒绝提供与纠纷有关的病历资料。

（3）医疗机构及医务人员伪造、篡改或者销毁病历资料。

法律规定了上述三种过错推定的情况，此时医疗机构应当就自己的诊疗行为不具有上述过错承担举证责任，举证不能则承担不利后果，即按照法律规定推定医疗机构具有过错。但是，发生举证责任倒置的前提是患者先履行了初步证明责任。

40. 患方在应当举证证明哪些事实？

（1）患方必须就医患之间存在医患关系这一基本事实进行举证。患者要证明与医院存在医患关系的事实，门诊患者必须出具法定医疗机构的正式挂号条、完整的门诊病历（注：如病历有缺页，由患方承担举证责任）、化验检查单、CT、收费单据；住院患者须出具住院病历、出院通知、出院账单等证据。

（2）患方须证明确有损害后果的客观存在。这些损害后果包括患者生命和健康的损害，以及由此导致的患者本人及其亲属的财产损害和精神损害等，但却不是患方自己想象的、或者自己认为的损害。例如认为隆鼻手术后自己鼻子是歪的；又如认为自己不能走路，其实不是器质性病变而是神经官能症。在这里，患者虽然无须证明损害后果发生的原因、方法和过程，但必须出具医疗机构证明其有损害事实的诊断书、伤残鉴定书等。

（3）如果患者的损害事实本身能够证明医疗机构在诊疗过程中存在过错，患者可以就此举证，而不需要医疗机构就是否存在过错的问题进行举证。因为根据事实自证理论，事实本身已经证明了一切。例如：医生做剖腹产手术时将纱布遗留在患者宫腔内；手术中错误地将患者正常的左腿截除而没有治疗患病的右腿；因未认真核对患者将应该做心脏手术的患者做了阑尾切除造成患者身体损害等等。这些事实本身就已经证明了医疗机构的过错和因果关系，只要患方能证明这些简单的事实，则医疗机构的其他任何证明都是苍白无力的。

（4）患者须证明其损害结果与医疗机构的医疗行为有因果关系。如注射庆大霉素致耳聋，患方必须持有医方的处方记录、注射单据及注射药物记录的证据，证明医方确实与损害结果有关联的事实存在。例如，患方只有医方的处方记录而拿不出注射单据及已注射药物的记录证明，就很难说明医方曾为患方注射了庆大霉素，责任就难以认定。又例如，患者曾在某医院住院治疗感冒，却起诉该医院造成其腹腔内遗留手术钳的医患合同关系，患者不具备诉讼主体资格，诉讼不能成立。

根据《医疗损害责任解释》第4条的规定，患者无法提交医疗机构及其医务人员有过错、诊疗行为与损害之间具有因果关系的证据，依法提出医疗损害鉴定申请的，人民法院应予准许。由此可见，患者对医疗机构及其医务人员有过错、诊疗行为与损害之间具有因果关系进行举证时，可以通过申请鉴定辅助举证。

第二章 医疗损害责任纠纷中的举证责任

 41. 因病历被伪造篡改无法进行鉴定，举证不利的后果谁来承担？

伪造、篡改病历与一般的病历中存在的错误和瑕疵性质不同，前者属于具有主观恶意的行为，后者属于病历管理上的过失，而且根据《侵权责任法》第58条第3款的规定，前者将推定医疗机构存在过错。伪造、篡改病历的另一个重大法律后果，就是将导致鉴定机构无法进行医学鉴定，从而无法通过鉴定手段认定过错与因果关系、原因力大小等专业问题，进而导致关键事实无法查明。此时因为医疗机构伪造、篡改病历，最终导致事实无法查明的，不利后果应当由医疗机构承担。

根据《医疗事故技术鉴定暂行办法》的规定，禁止医学会鉴定病历是否真实，患方主张病历不真实时，鉴定机构将终止鉴定，医学会并不承担病历真实性的认定责任。依据《司法鉴定程序通则》规定，委托人应当向鉴定机构提供真实、完整、充分的鉴定材料，并对鉴定材料的真实性、合法性负责；司法鉴定机构对于病历资料不真实的鉴定委托不予受理，在鉴定过程中发现鉴定材料不真实的可以终止鉴定。所以作为送检材料的病历资料如果存在重大问题，鉴定机构是可以终止鉴定或不予受理，虽然医疗损害责任的认定并未规定鉴定是必须的程序，也存在一些情况可以直接认定或推定医疗机构存在过错或损害结果与医疗行为之间具有因果关系，但是大部分医疗行为仍具有专业性、不确定性的特点，大部分有争议的医疗损害的过错和因果关系的认定，都需要鉴定机构的鉴定意见加以辅助或者作为参考。

所以，如果病历资料存在重大问题导致无法进行医疗鉴定，无法认定过错和因果关系，导致举证不能，则应当由对病历资料出现的问题负有责任的一方承担责任。如果是医疗机构在保管或制作过程中出现的问题导致的重大病历瑕疵，医疗机构则应当承担责任。

42. 病历材料存在瑕疵，是否应当推定医疗机构存在过错？

最高人民法院公布的《第八次全国法院民事商事审判工作会议（民事部分）纪要》（以下简称《"八民会"纪要》），对医疗损害责任纠纷案件中患者和医疗机构的举证范围和举证责任进行了明确。

《"八民会"纪要》第11条规定，"患者一方请求医疗机构承担侵权责任，应证明与医疗机构之间存在医疗关系及受损害的事实。对于是否存在医疗关系，应综合挂号单、交费单、病历、出院证明以及其他能够证明存在医疗行为的证据加以认定。"《"八民会"纪要》同时规定，"对当事人所举证据材料，应根据法律、法规及司法解释的相关规定进行综合审查。因当事人采取伪造、篡改、涂改等方式改变病历资料内容，或者遗失、销毁、抢夺病历，致使医疗行为与损害后果之间的因果关系或医疗机构及其医务人员的过错无法认定的，改变或者遗失、销毁、抢夺病历资料一方当事人应承担相应的不利后果；制作方对病历资料内容存在的明显矛盾或错误不能作出合理解释的，应承担相应的不利后果；病历仅存在错别字、未按病历规范格式书写等形式瑕疵的，不影响对病历资料真实性的认定。"由此可见，《"八民会"纪要》实际上确认了病历材料存在错别字、未按病历规范格式书写等形式瑕疵的，不影响对病历资料真实性的认定。

43. 医疗机构拒绝提供病历，是否承担举证不能的后果？

所谓"举证不能"，是指应当举证证明自己诉讼请求或诉讼意见的一方当事人，无法提出确凿的证据，而可能面临的该诉讼请求或意见不被支持的后果，也即举证不利后果。

根据《医疗机构病历管理规定》第2条的规定，病历是指医务人员在医疗活动过程中形成的文字、符号、图表、影像、切片等资料的总和,包括门(急)诊病历和住院病历。病历归档以后形成病案。第10条规定,门(急)诊病历原则上由患者负责保管。医疗机构建有门(急)诊病历档案室或者已建立门(急)诊电子病历的,经患者或者其法定代理人同意,其门(急)诊病历可以由医疗机构负责保管。住院病历由医疗机构负责保管。第19条规定,医疗机构可以为申请人复制门(急)诊病历和住院病历中的体温单、医嘱单、住院志(入院记录)、手术同意书、麻醉同意书、麻醉记录、手术记录、病重(病危)患者护理记录、出院记录、输血治疗知情同意书、特殊检查(特殊治疗)同意书、病理报告、检验报告等辅助检查报告单、医学影像检查资料等病历资料。

《侵权责任法》第61条规定,医疗机构及其医务人员应当按照规定填写并妥善保管住院志、医嘱单、检验报告、手术及麻醉记录、病理资料、护理记录、医疗费用等病历资料。患者要求查阅、复制前款规定的病历资料的,医疗机构应当提供。因此,医疗机构有保管病历资料的义务,患者有查阅、复制病历资料的权利。

《医疗损害责任解释》第6条规定,侵权责任法第58条规定的病历资料包括医疗机构保管的门诊病历、住院志、体温单、医嘱单、检验报告、医学影像检查资料、特殊检查(治疗)同意书、手术同意书、手术及麻醉记录、病理资料、护理记录、医疗费用、出院记录以及国务院卫生行政主管部门规定的其他病历资料。患者依法向人民法院申请医疗机构提交由其保管的与纠纷有关的病历资料等,医疗机构未在人民法院指定期限内提交的,人民法院可以依照侵权责任法第58条第2项规定推定医疗机构有过错,但是因不可抗力等客观原因无法提交的除外。

由上述法律法规、司法解释可知,隐匿或拒绝提供与纠纷有关的病历资料,属于《侵权责任法》第58条第2款规定的适用过错推定的情形,如果医疗机构无法作出合理的解释(如因不可抗力等特殊原因导致无法提交等),则医疗机构将承担举证不利的后果,即被推定存在过错。

44. 患方无正当理由，拒绝以病历作为检材进行鉴定，是否承担举证不能的后果？

司法实践中，经常会出现患者质疑病历的真实性、拒绝使用该病历材料作为鉴定的材料，导致因一方质疑检材的真实性，而使得鉴定机构无法进行鉴定或终止鉴定的情况，进而导致过错与因果关系等医疗损害的关键事实无法通过鉴定查明，法官在此时适用举证责任规则时，会考虑该病历材料是否影响到了真实性。如果病历材料仅存在错别字、未按病历规范格式书写等形式瑕疵，不影响对病历资料真实性的认定，但患者仍然坚持拒绝以病历材料作为检材进行鉴定的，则认为鉴定不能的原因在患方，举证不能的后果由患方承担。但如果因制作方（医方）对病历资料内容存在的明显矛盾或错误，又不能作出合理解释的，应由医方承担相应的不利后果。

在医疗损害责任纠纷中，患者对作为医疗鉴定依据的病历资料提出异议的，应明确提出异议的部分及理由，并对异议的部分提供证据证明，患者对自己的主张无法提供证据证明的，应承担举证不能的不利后果。现实中，患者如果因为对医疗机构提供的病历提出异议，就拒绝以医疗机构提供的病历作为鉴定检材，并导致医疗鉴定无法进行的，应由患方承担不利后果。但如果患方能举证证明医疗机构提供的病历资料存在严重的真实性问题，并且病历材料的问题是由医疗机构的过错行为（如伪造、篡改等）导致的，则应当由有过错的医方承担不利后果。

45. 医疗机构违反告知义务时，举证责任应当由谁承担？

《侵权责任法》第 55 条规定："医务人员在诊疗活动中应当向患者说明病情和医疗措施。需要实施手术、特殊检查、特殊治疗的，医务人

员应当及时向患者说明医疗风险、替代医疗方案等情况,并取得其书面同意;不宜向患者说明的,应当向患者的近亲属说明,并取得其书面同意;医务人员未尽到前款义务,造成患者损害的,医疗机构应当承担赔偿责任。"该条规定了医疗机构及其医务人员的说明告知义务,实践中,医务人员是否尽到了说明告知义务的举证责任应当由谁承担,举证不能时法律后果应当由谁承担的问题亟待规制。

《医疗损害责任解释》第5条规定:"患者依据侵权责任法第五十五条规定主张医疗机构承担赔偿责任的,应当按照前条第一款规定提交证据。实施手术、特殊检查、特殊治疗的,医疗机构应当承担说明义务并取得患者或者患者近亲属书面同意,但属于侵权责任法第五十六条规定情形的除外。医疗机构提交患者或者患者近亲属书面同意证据的,人民法院可以认定医疗机构尽到说明义务,但患者有相反证据足以反驳的除外。"司法解释的这一规定对医务人员履行告知义务的举证责任问题,应当区分为以下几种情况:

(1)一般说明义务的违反,应当由患方承担举证责任。医疗机构是否尽到说明义务的举证责任,通常应当由患者承担,理由在于这实质上是医疗机构及其医务人员是否有过错的问题,由患者来举证医疗机构是否存在过错。按照过错责任的基本法理,对涉及一般说明义务的,规定由患者承担举证证明责任。如此,可以避免过于加重医疗机构对说明义务的举证责任,也可以减少相应的诉讼提起,符合侵权责任法第54条的规定,也符合医疗损害责任采取过错责任原则的基本法理。患者接受一般性的诊疗行为,医疗机构仅需要对患者告知病情和治疗措施,而无需告知医疗风险和替代治疗方案,且无需征求患者或其亲属的书面同意,故该告知行为属于一般的诊疗活动范畴,应当由患者对存在该医疗行为、告知行为存在过错、患者因医疗机构违反告知义务造成损害并且损害与医疗机构的过错存在因果关系承担举证责任。对于实施手术、特殊检查、特殊治疗的情形,规定由医疗机构承担其已经尽到说明义务、并取得患者或者患者近亲属的书面同意的举证责任。

理由在于，实施手术、特殊检查、特殊治疗对患者影响较大，要求医疗机构承担举证责任，有利于督促医疗机构规范诊疗行为，切实维护患者合法权益。另外，从我国实际情况来看，在当前医疗资源比较稀缺的背景下，如果对于一般的说明义务都要由医疗机构承担举证证明责任，极易引发大量的医疗纠纷，其结果必将导致医疗机构为保存证据，而影响诊疗的效率，也会加重医疗成本，最终影响广大就医者的利益。

（2）特殊说明义务的违反，应当由医疗机构承担举证责任。《侵权责任法》第55条规定："需要实施手术、特殊检查、特殊治疗的，医务人员应当及时向患者说明医疗风险、替代医疗方案等情况，并取得其书面同意。"由此可见，医疗机构在履行特殊告知义务时，法律规定其应当告知并取得患者或近亲属的书面同意，而医疗机构是否已经告知并取得书面同意，属于积极事实，应当由主张该事实成立的一方，即医疗机构承担举证责任。医疗机构提供了患者或者患者近亲属的书面同意证据的，人民法院可以认定医疗机构尽到说明义务，以避免给医疗机构过重的负担。

（3）特殊告知义务履行的例外，即紧急救治的情况下医疗机构无法取得患者及家属的书面同意。根据《侵权责任法》第56条的规定，"因抢救生命垂危的患者等紧急情况，不能取得患者或者其近亲属意见的，经医疗机构负责人或者授权的负责人批准，可以立即实施相应的医疗措施。"由此可见，如果是在抢救生命垂危的患者等紧急情况下，不能取得患者或者其近亲属意见时，医疗机构进行紧急救治的，并不存在医务人员特殊告知义务违反的问题。

（4）医疗机构可以提供患者及其家属的书面同意，但患者可以提供相反的证据加以推翻。医疗机构提供的患者及其家属的书面同意，属于医疗机构单方保管并提供，为了有效保护患者合法权益，应当赋予患者提供证据推翻的权利，即在患者提供了相反证据的情况下，仍应认定医疗机构未尽到说明义务。司法实践中，经常出现患者及其家属并未签署知情同意书、或者知情同意书告知的内容与实际告知的内容存在出入等，如果患者能够举证证明医疗机构并未履行告知义务，提供证据可以推翻医疗机构提出的证据时，法院是可以认定医疗机构未履行告知义务的。比如，在已经造成患者损害的情况下，患者可以申请委托专业鉴定机构将是否尽到说明义务纳入医疗过错范畴，通过医学鉴定加以确定，从而辅助患方实现其举证目的。

第三章 医疗机构的法定免责事由

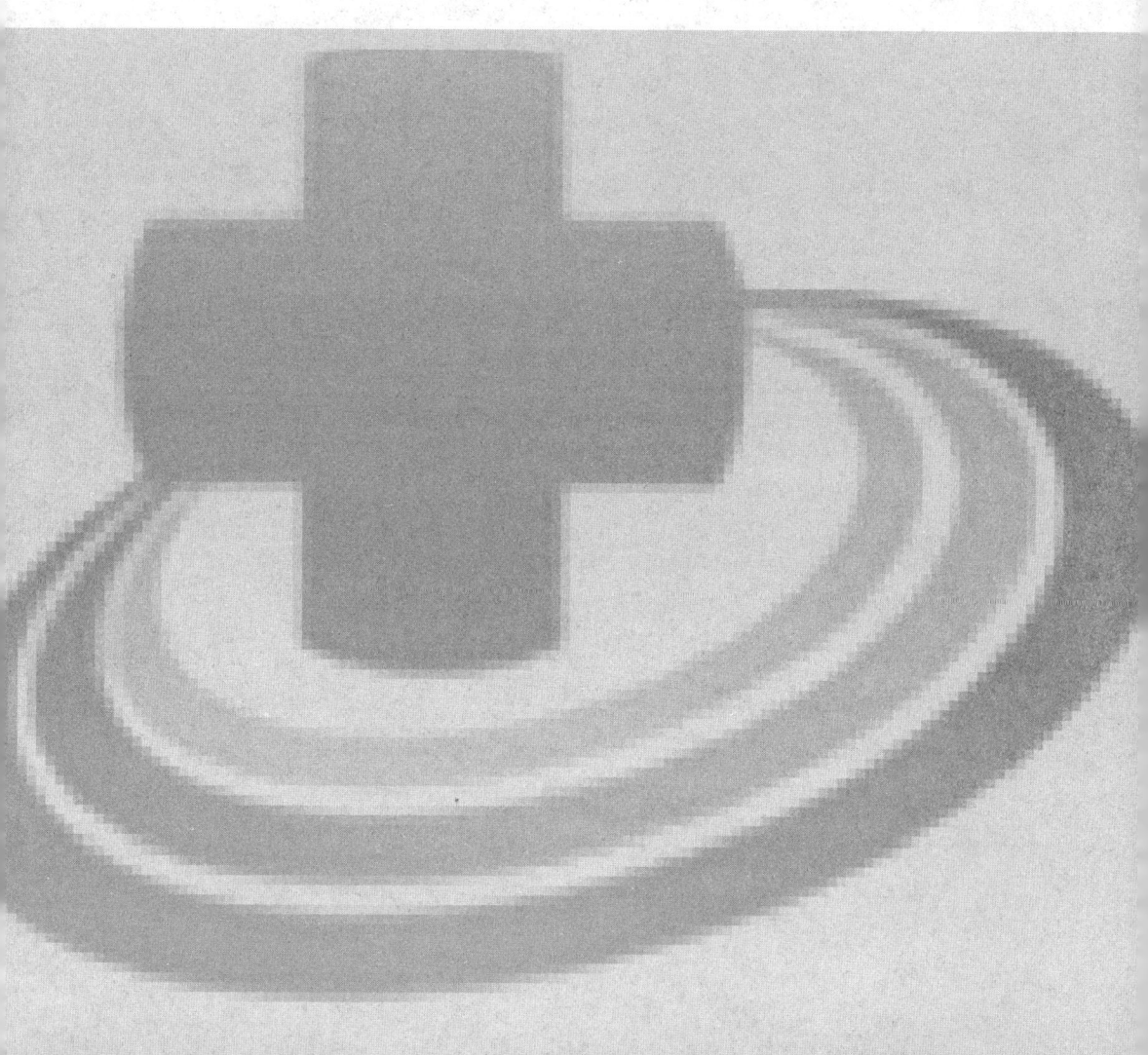

第三章 医疗机构的法定免责事由

46. 患者及近亲属不配合治疗发生损害的，医疗机构能否免责？

患者或者其近亲属不配合诊疗的情况较为复杂，主要有：

（1）仅患者一方存在过错，医务人员无过错的。如在医务人员尽到合理的说明告知义务和诊疗义务的前提下，患方仍拒不配合诊疗的。

（2）医务人员与有过失。"与有过失"又称过错相抵，是指受害人对过错的发生也有过错。在患者或者其近亲属不配合医疗机构进行诊疗这一结果的产生过程中，既存在患者一方不配合诊疗的行为，同时也存在医务人员未尽相应诊疗义务的情况。在与有过失的情形下，医疗机构及其医务人员对患者损害结果的产生也有过错，理应承担与此过错程度相当的赔偿责任。

医疗损害责任的归责原则为过错责任原则，医务人员是否合理地履行了谨慎注意义务，是医疗机构最终是否承担责任的基础。因此，尽管有患者或者其近亲属不配合医疗机构进行符合诊疗规范的诊疗行为，如果医疗机构及其医务人员也有过错（如履行说明告知义务不充分、诊疗行为不符合法律行政法规诊疗护理规范），除了患者及其家属对自己一方的过错承担相应的责任外，医疗机构也应对患者所遭受的损害承担与其过错程度相应的赔偿责任；反之，如果医务人员已经尽到相应义务，患者的损害是因患者或者其近亲属的不配合行为所致，则医疗机构对此不应当承担赔偿责任。

47. 患者的哪些行为可以被认定为"不配合医疗机构进行诊疗"？

依据《侵权责任法》第 60 条第 1 款的规定，当患者或者其近亲属不配合医疗机构进行符合诊疗规范的诊疗时，医疗机构及其医务人员也有过错的,应当承担相应的赔偿责任。患者不配合医疗机构的诊疗行为,可推定其主观上有过错。但在实践中,基于不同的发生原因,其不配合诊疗的行为可以分为两类:

第一,患者客观上的"不配合"行为系囿于其医疗知识水平的局限,而难以对医疗机构采取的诊疗措施建立正确的理解。如不遵医嘱、错误用药等。对于此种情形,不能当然视之为主观具有过错,而免除医疗机构的赔偿责任。判断患者是否存在过错的前提,在于医务人员是否向患者履行了合理的说明告知义务。医务人员是否充分尽到对其诊疗行为的说明告知义务,是否足以使患者对于医疗机构所采取的诊疗措施及其风险和后果产生合理认识,这是判断患者客观上不配合诊疗的行为是否具有主观过错的关键。在判断医疗机构是否履行说明告知义务,以及该义务的履行是否合理适当时,还要做到具体分析,并结合考虑医疗行业的特殊性。

第二,患者一方主观上具有过错,该过错可分为故意和过失。患者故意追求损害结果的发生,这一情形一般较为罕见,患者接受诊疗服务,通常系其自主决定做出,其目的并非追求损害身体这一结果。但现实中亦不能完全排除患者主观上积极追求损害结果发生的可能。如患者为获取保险金,而故意不遵医嘱而致损害发生等。除此之外,患者对损害的发生具有过失的情况较为常见。在上述两类情形下,如果医务人员已经合理尽到说明告知义务,且采取的诊疗措施并无不当,患者的行为即属于《侵权责任法》第60条第1项规定的"不配合医疗机构进行符合诊疗规范的诊疗",患者因此而遭受损害的,医疗机构不承担赔偿责任。

因而,如果医务人员已尽到合理的说明告知义务和诊疗义务的前提下,患方仍拒不配合诊疗,该损害的发生完全系患者一方的主观过错的,对此,医疗机构当然免责。但在患者或者其近亲属不配合医疗机构进行诊疗这一结果的产生过程中,既存在患者一方不配合诊疗的行为,同时也存在医务人员未尽相应诊疗义务的情况时,双方存在混

第三章 医疗机构的法定免责事由

合过错，医疗机构及其医务人员对此结果的产生也有过错，理应承担与其过错程度相当的赔偿责任。

综上所述，医疗损害责任的归责原则是过错责任原则，医务人员是否合理地履行了说明义务是医疗机构是否承担责任的基础。因此，尽管有患者或者其近亲属不配合医疗机构进行符合诊疗规范的诊疗行为，如果医疗机构及其医务人员也有过错的，如履行说明告知义务不充分的，医疗机构仍应对患者所遭受的损害承担与其过错程度相应的赔偿责任；反之，若医务人员已经尽到相应义务，患者的损害是因患者或者其近亲属不配合的行为所致，则医疗机构对此不应当承担赔偿责任。

 48. 在抢救生命垂危患者等紧急情况下造成患者损害的，医疗机构能否免责？

根据《侵权责任法》第56条的规定，因抢救生命垂危的患者等紧急情况，不能取得患者或者其近亲属意见的，经医疗机构负责人或者授权的负责人批准，可以立即实施相应的医疗措施。另外依据《执业医师法》第24条的规定，对急危患者，医师应当采取紧急措施进行诊治；不得拒绝急救处置。同时，根据《医疗损害责任解释》第18条的规定，因抢救生命垂危的患者等紧急情况且不能取得患者意见时，下列情形可以认定为侵权责任法第56条规定的不能取得患者近亲属意见：（1）近亲属不明的；（2）不能及时联系到近亲属的；（3）近亲属拒绝发表意见的；（4）近亲属达不成一致意见的；（5）法律、法规规定的其他情形。前款情形，医务人员经医疗机构负责人或者授权的负责人批准立即实施相应医疗措施，患者因此请求医疗机构承担赔偿责任的，不予支持；医疗机构及其医务人员怠于实施相应医疗措施造成损害，患者请求医疗机构承担赔偿责任的，应予支持。

由此可见，对患者进行紧急救治是医疗机构及其医务人员的基本职责，同时，对患者进行紧急救治也符合医学伦理道德的要求。在医务人员抢救生命垂危的患者的情形下，医疗机构对患者损害免责须同时满足以下两个要件，且须承担举证责任，举证证明确实是处于抢救生命垂危的患者等紧急情况并且医务人员已尽到合理诊疗义务，否则医疗机构应对该损害承担损害赔偿责任。

（1）处于抢救生命垂危的患者等紧急情况

那么，何谓"紧急情况"？通常，该"紧急性"包括两方面：一是时间上的紧急性，是指医务人员的诊疗时间非常短暂，该情况的突发性使得医务人员难以在技术上做出全面细致地考量；二是决断上的紧急性，是指在该种情况下，患者常命悬一线，这就要求对患者的伤情进行迅速诊断和治疗，医务人员所做出的决断决定着患者的生死存亡。在对紧急性进行判断时，还应依据具体病情对下列因素进行重点考量：首先，患者的生命健康是否受到伤病急剧恶化的威胁。这种威胁应当限定为对患者生命的威胁，而不能是对患者一般健康状况的威胁。其次，患者生命受到的威胁是否是正在发生或实际存在的。这种威胁必须是正在发生或实际发生的，而不能是假想存在的，此种威胁应当是不立即采取紧急救治措施将必然导致患者死亡的后果。如果只是医务人员主观想象或虚幻地认为存在需要采取紧急救治的危险，而实际上这种危险并不存在，由于假想危险认识错误所采取的救治措施导致了不必要损害后果的，医疗机构仍应当承担责任。

（2）医务人员已经尽到了合理的诊疗义务

如何判断何为"合理诊疗义务"？要考虑到在紧急情况下，时间和决断上具有紧急性，医务人员对患者的病情及病状无法作详细的检查、观察、诊断，更无法去论证自己的诊断是否正确以及诊疗措施是否具有可替代性。在这种情况下，难以要求医生具有与平常时一样的思考时间、判断能力和预见能力，故而对医务人员所应尽到的注意程度的要求相对低于一般医疗时的情形。具体而言，根据现行的诊疗规范，紧急

情况下合理的诊疗义务包括如下四个方面:

一是对患者伤病的准确诊断。对患者伤病的准确诊断是正确实施治疗措施的前提。如情况紧急,应当采取控制患者伤病恶化的紧急措施后,再作进一步诊断和治疗。

二是治疗措施的合理、适当,包括治疗措施和治疗用药的适当、合理。

三是谨慎履行说明告知义务。紧急情况下,如果事前告知不可行,那么采取紧急救治措施后仍应履行该项义务。

四是将紧急救治措施对患者造成的损害控制在合理限度之内。

如果医务人员已经尽到在紧急救治情况下医务人员通常应尽到的诊疗义务,即合理诊疗义务的,医疗机构不承担赔偿责任;否则,即便是为抢救生命垂危的患者,但医务人员未尽到紧急救治情况下医务人员应尽到的合理诊疗义务,医疗机构仍难以免除其赔偿责任。

49. 因现代医学技术水平的限制导致患者损害的,医疗机构能否免责?

首先,现代医学科学虽然有了很大的发展,但是,由于人体的特异性和复杂性是难以完全预测的,人们对许多疾病的发生原理尚未认识,因而现代医学科学的诊疗技术不可能包治百病。有时尽管医护人员在诊疗护理过程中忠于职守、竭尽全力,但由于其他原因仍然使患者遭受了比较严重的不良后果,这也是医护人员本身不愿意看到的结果。而这些情况的出现纯属于现代医学科学技术不能够预见、又不能完全避免、不能克服的意外情况,对这些情况,显然不应由医疗机构承担责任。

其次,虽然当今医学已经达到了前所未有的水平,但医疗行为仍具有高度技术性、高风险性、复杂性及局限性,目前尚有许多疾病的发病原因和机制不明，缺乏早期特异性的诊断手段，许多检查有创伤性、风险性，许多疾病缺乏有效的治疗方法。药物在治病的同时会有副作用，有时还会发生药品的不良反应。在现有的医疗条件下，医务人员虽已尽到谨慎的注意义务，但医疗行为仍不免可能造成不能预料或者虽能预料但不能防范的不良后果，目前还不能达到百分之百的治愈率。

另外，在医疗活动中，由于患者病情异常，或者患者体质特殊，还会发生医疗意外，而医疗意外属于意外事件没有过错无需承担损害赔偿责任。

综上所述，当前的医疗水平限制，就成为了医疗机构进行抗辩的法定理由。

50. 衡量"过去"发生的医疗行为时，应该依据什么标准？

按照《侵权责任法》第 57 条的规定，医务人员在诊疗活动中要尽到与当时的医疗水平相应的诊疗义务。同时《医疗损害责任解释》第 16 条规定："对医疗机构及其医务人员的过错，应当依据法律、行政法规、规章以及其他有关诊疗规范进行认定，可以综合考虑患者病情的紧急程度、患者个体差异、当地的医疗水平、医疗机构与医务人员资质等因素。"

随着医学科学的发展，曾经被认为是很困难的问题，现在可能已经变得很简单，所以只要按照当时的医疗水平难以诊治的，医疗机构是可以免责或者减轻责任。医疗机构及其医务人员对患者行诊疗时，并不负担保证治愈的义务。况且，在医学领域，囿于人类认识的有限性，并非所有出现的疾病都可以获得有效地诊疗。对于某些复杂的疾病，如果医疗机构及其医务人员已经尽到与当时的医疗水平相应的诊疗义务，但限于当时的医疗水平，即便对患者采取的医疗措施不仅未取得治愈的效果反而带来新的损害，医疗机构也不承担赔偿责任。

第三章 医疗机构的法定免责事由

法律规定这一免责事由也是出于鼓励和促进医学科学发展的需要。医学科学的发展必须以医务人员积极探索、大胆创新为前提。同时，由于医疗行业高技术性、高风险性和未知性的特点，医务人员在诊疗措施上的探索和创新可能会成功，例如攻克顽疾为患者带来生的希望，但也可能失败，例如不仅未治愈疾病反而对患者肌体带来新的侵害后果。对此，并不能以是否治愈的结果来判断医疗机构及其医务人员在诊疗活动中是否具有过错。

综上所述，如果医务人员已经尽到与当时医疗水平相应的诊疗义务，而该疾病限于当时的医疗水平难以诊疗的，医疗机构对于患者的损害不承担赔偿责任。

 51. "当时的医疗水平"应当如何理解与认定？

根据《医疗损害责任解释》第16条的规定，对医疗机构及其医务人员的过错，应当依据法律、行政法规、规章以及其他有关诊疗规范进行认定，可以综合考虑患者病情的紧急程度、患者个体差异、当地的医疗水平、医疗机构与医务人员资质等因素。

所谓"当时的医疗水平"，理论上将之界定为：医务人员在同一时间、同等地域内等客观条件下，通常所应具备的医学知识和技能。衡量"当时的医疗水平"时，应当综合考虑到地域，时间等条件的限制，应考虑到地域和医疗机构的等级，不能按照某地某时的最高医疗水平衡量所有医务人员、不能以发达地区的标准去衡量偏远地区，也不能用三甲医院的医疗水平去衡量社区卫生服务中心的水平，更不能以现有的医疗条件去衡量过去的医疗行为。同时，还应排除因患者体质异常、疾病自然转化和虽已尽到合理的义务但仍发生了难以避免的并发症等情况，不能要求医疗机构的诊疗活动完美无缺。

虽然当今医学已经达到了前所未有的水平，但医疗行为仍具有高

75

度技术性、高风险性、复杂性及局限性,目前尚有许多疾病的发病原因和机制不明,缺乏早期特异性的诊断手段,许多检查有创伤性、风险性,许多疾病缺乏有效的治疗方法。药物在治病的同时会有副作用,有时还会发生药品的不良反应。在现有的医疗条件下,医务人员虽已尽到谨慎的注意义务,但医疗行为仍不免可能造成不能预料或者虽能预料但不能防范的不良后果,目前还不能达到百分之百的治愈率。另外在医疗活动中,由于患者病情异常,或者患者体质特殊,还会发生医疗意外。

52. 医疗意外主要有哪些类型?

医疗意外,是指医务人员在从事诊疗或护理工作过程中,由于患者病情的特殊性或患者体质的特殊性而发生的、难以预料和防范的、患者死亡、残疾或者功能障碍等不良后果。在医疗意外的情况下,因为损害后果是患者自身体质原因和特殊病种结合在一起而突发的,而医务人员根据当时的情况,对可能产生的患者死亡、残疾或者功能障碍的不良后果根本不可能预料到,医务人员的行为与损害结果间不具有直接的因果关系。因此,医疗意外不属于医疗损害,医疗机构也不承担赔偿责任。

在实践中,医疗意外主要表现在以下几个方面:

(1)疾病危重,急需手术,手术无误,但术中死亡或术后出现严重后遗症者。

(2)药物过敏试验为正常或未规定做过敏试验的药物,引起过敏反应者。

(3)病员在诊疗过程中突然发生栓塞、猝死等意外情况,来不及抢救者。

(4)病员属特异性体质,虽然术前知道或术后发现,但为目前医

第三章 医疗机构的法定免责事由

学技术所难以解决而出现不良后果者。

（5）应用新技术、新药物之前作了充分的技术准备，执行了请示报告制度，向病员家属说明了情况并征得其签字同意，仍发生意外者。

（6）经检修的医疗器械，在操作过程中突发故障影响正常操作，经积极采取补救措施仍导致不良后果的。

53. 因患者的特异体质而发生损害的，医疗机构能否免责？

所谓"医疗意外"，是指由于病情特殊或患者体质特殊而发生难以预料和防范的不良后果。

医疗意外中的难以预料，是指医护人员根据当时的情况，对可能会产生的患者死亡、残疾和功能障碍的不良后果无法预见。医疗意外常见的表现形式是：医护人员抢救及时，措施得力或手术操作无误，但患者仍死亡或遗留严重后遗症；患者为特异性体质，在治疗前知道或治疗后发现，但目前医学科学技术难以解决而出现不良后果；在基础麻醉或推管阻滞麻醉时，使用规定的剂量麻药，仍导致呼吸抑制，血压下降或麻醉平面过高，虽经积极抢救，依然未能防止不良后果者；诊断及手术适应症明确，操作无误，而在术中或术后发生意外、呼吸、循环骤停及其他重要器官的功能衰竭等不良后果的。

由此可见，医疗意外具有两个基本特征：一是患者死亡、残疾或功能障碍的不良后果发生在诊疗护理工作中；二是不良后果的发生，是医护人员难以预料和防范的，或者说是由于他们不能抗拒或者不能预见的原因所引起的。

通常情况下，医疗意外分为两种：一种医疗意外的发生是难以预料的，医护人员主观上也就不存在过失。这是因为，医疗意外是由于患者自身体质变化和特殊病种结合在一起突然发生的，不是医护人员本身和现代医学科学技术所能预见、防范和避免的。另一种是现代医学科学技术能够预见，但却不能避免和防范的。这种不良后果的发生与医护人员是否存在医疗过失也没有直接的因果关系。

54. 患者因过敏体质引发药物过敏致害的，医疗机构能否免责？

药物过敏是由药物引起的过敏反应，属于非正常的免疫反应。常见的药物过敏反应不属于医疗机构过失诊疗行为导致，仅为正常诊疗活动难以避免的结果之一，且该过敏反应可以通过进一步的治疗得以缓解或消除，所以患者无权以其遭受药物过敏反应而向医疗机构主张损害赔偿责任。认定医疗机构应当对患者的损害承担责任应当满足以下条件：患者与医疗机构之间存在诊疗事实；医疗机构的相关诊疗行为确实存在过失或过错；患者确实在诊疗活动中遭受了损害；患者的损害与诊疗机构的过错诊疗具有一定的因果关系。

患者因疾病前往医疗机构接受治疗期间出现药物过敏反应，如属于正常药物反应，且医疗机构明确告知患者及其家属药物过敏情况及拒绝继续治疗的风险，此时，如果患者不予配合治疗，经医疗机构告知风险后仍然拒绝治疗，最终因延误治疗导致病情恶化的，医疗机构的诊疗行为并不存在过错。根据相关法律规定，患者或者其近亲属不配合医疗机构进行符合诊疗规范的诊疗，医疗机构不承担赔偿责任，故医疗机构无须对患者的损害承担损害赔偿责任。

但是，对于一些医疗机构应当预见而没有预见的药物过敏，医疗机构及医务人员没有采取相关药物过敏的检验和测试就使用药物，导致发生药物过敏、造成患者损害的，由于医疗机构违反了诊疗护理常规、违反了谨慎注意义务，存在诊疗过错，因此需要承担损害赔偿责任。

55. 患者出现并发症的，医疗机构能否免责？

并发症属于医疗风险的一种，而且是主要的一种。并发症在原发疾病之外扩大了损害的后果，延长了治疗的时间，并相应的增加了治疗的费用和患者的痛苦。并发症可以分为可以避免的并发症和难以避免的并发症两类。也有人将并发症分为不可避免的并发症、难以避免的并发症和可以避免的并发症三类。

值得说明的是，并发症具有两个基本特征：一是并发症是发生在原有疾病之上；二是并发症能够预见但难以避免和防范。一般情况下，医护人员事前会对病人及其家属说明，使其心理上有一定准备，当发生并发症时，患者及其家属也应主动配合医护人员采取有力措施，尽最大努力减少病人遭受的不良后果。

并发症当然是一种损害后果，但是并非所有的损害均会得到赔偿，判断医院对此应否承担责任的关键，是医疗行为有无过失，以及医疗过失行为与并发症的发生之间有无因果关系。也就是说，并发症并非医疗机构绝对的免责事由，应当进行具体的判断。在判断医疗机构是否应对患者的并发症的发生承担责任时，应以其是否对并发症的发生尽到充分的注意义务为标准，这种注意义务包括结果预见义务和危险回避义务两个方面，具体可以从以下几个方面分析：

（1）医方是否已经预见到患者可能出现的并发症。如果应当预见而没有预见到，则说明其没有尽到结果预见义务而构成医疗过失。

（2）医方是否已经将可能发生并发症的情形告知患者。如果其没有向患者或者家属告知并发症在内的可能的医疗风险，则可以认定其违反了告知说明义务而构成医疗过失。

（3）医方是否采取了相应的诊疗措施以尽可能避免并发症的发生。即是否履行了结果回避的义务，并发症可以分为可以避免的并发症和不能避免的并发症两类，对于前一类并发症，医方只要加以充分的注意并积极有效采取防止措施，是可以避免的。而对于后一类并发症，即使医方予以充分的注意,并采取预防措施,仍然难以避免并发症的发生。因此,对于后一类并发症,只要医方能够证明其已经尽到充分注意义务,并采取了合理的预防措施,尽管最终未能避免并发症的发生,医方的医疗行为也不构成过失。

(4)医方在并发症发生后是否采取了积极的治疗措施,以防止损害结果的扩大。在并发症已经实际发生的情况下,不论并发症的发生是否由医方的过失行为所致,医方均负有积极采取措施防止该损害结果进一步扩大的义务,如果医院方怠于采取相应的措施,即便其对并发症的发生没有过错,其同样应当对患者扩大的损失承担相应的赔偿责任。

56.患者遭受第三人侵害的,医疗机构能否免责?

根据《侵权责任法》第37条关于安全保障义务的规定,公共场所的管理人未尽到安全保障义务而造成他人损害的,应当承担侵权责任。在安全保障义务的具体承担上,当第三人实施了直接侵权行为时,由该第三人根据侵权责任法的相关规定而承担责任。当因为第三人的行为而使导致受害人遭受侵害时,如果安全保障义务人未能履行保障义务,首先由直接实施侵权的第三人对受害人进行赔偿,安全保障义务人也要承担相应的补充责任。只有当直接实施侵权行为的第三人不能确定或该第三人没有足够的清偿能力时,才由安全保障义务人来承担对受害人的赔偿责任。

医疗机构作为向不特定社会公众开放的场所,同样具有公共性也属于公共场所。患者在治疗期间遭受第三人侵害的,如果完全是由于第三人或患者自身原因导致,则医疗机构可以以此进行抗辩,不承担赔偿责任。但是如果是由于医疗机构在护理、管理过程中存在疏漏导致,则医疗机构需要承担相应的赔偿责任。

57. 不可抗力造成患者损害的，医疗机构能否免责？

按照《侵权责任法》第 29 条的规定"因不可抗力造成他人损害的，不承担责任。法律另有规定的，依照其规定。"不可抗力是指"不能预见、不能避免和不能克服的客观情况"。不可抗力事件的范围主要由两部分构成：一是由自然原因引起的自然现象，如，火灾、旱灾、地震、风灾、大雪、山崩等；二是由社会原因引起的社会现象，如，战争、动乱、政府干预、征收、征用、罢工、禁运、市场行情等。

不可抗力的免责条款，同样适用于医疗损害责任。在医疗损害责任中，如果是不可抗力造成不良后果，应当依据《侵权责任法》第 29 条的规定免除责任或者减轻责任。

例如，医务人员在手术过程中发生地震，造成患者死亡或者不良后果，当然可以免除责任。确定适用不可抗力免责或者减轻责任的规则，应当是医疗机构在正常的医疗活动中造成患者的损害，其直接原因是不可抗力，不是医疗过失。如果不可抗力与医疗过失作为造成损害的共同原因的，则应当根据过错程度和原因力的分析，确定医疗机构应承担的责任。

因此，如果在诊疗活动中发生不可抗力的情形导致患者损害的，医疗机构可以免除责任。但在实践中出现停电致使手术无法进行从而导致患者损害，是否可以认定为不可抗力，需要具体问题具体分析。在具备一定条件的医疗机构，在实施手术时应该配有备用应急的电源，停电不能构成不可抗力，此时则不能成为医疗机构的免责事由。

58. 临时停电造成患者损害的，医疗机构能否免责？

不可抗力是指不能预见、不能避免和不能克服的客观情况，医疗机构停电导致患者损害的，是不能以停电作为不可抗力的理由主张免除责任的。国家卫生计生委颁布的《医疗卫生机构灾害事故防范和应急处置指导意见》第1条就明确规定："各级卫生行政部门、各级各类医疗卫生机构要依照国家相关法律法规的要求，设立安全管理机构，配备安全管理人员，并研究制定本部门、本单位应对火灾、地震、长时间停水、停电、水源污染等各类灾害事故的应急预案。"第4条则进一步规定："各级各类医疗卫生机构制定的应急预案，应明确医疗卫生机构灾害事故应急处置组织机构、指挥体系、工作职责，明确人员疏散、报警、指挥程序以及现场抢险程序等事项，做到分工细致、岗位职责明确、责任落实到每一个人。"

在现实中，一般情况下，如果没有大规模、不可抗力的大面积断电，医院的电源都优先受到保护。一旦因不可抗力出现两套电路全部断电，医院还有紧急供电预案，备用电源设备可以保证手术室、ICU 病房心电监护、消防通道等要害部位，这些电力可以维持紧急供电90分钟。此外，如果手术中遇停电，医院也有人工应急方案。比如，呼吸机一旦断电，医护人员会立刻对正在被呼吸机抢救的患者进行人工球囊打氧，而手术台也都配备了医用手电照明系统、备用氧气瓶、人工吸痰吸血管等，这些都是为了应对意外停电而设置的。所以即使因为严重的不可抗力导致大范围停电，医院也应当使用应急电源、启动应急预案或者其他备用手段进行诊疗。医疗机构未能按照上述要求进行诊治或采取措施的，就可以认定其存在过错，应当承担损害赔偿责任。

59. 患者同意进行试验性医疗却发生损害的，医疗机构能否免责？

医疗技术从其技术成熟及相应的应用程度看，可以分为两类，即定型化医疗和试验性医疗，前者是将成熟的医疗技术或药品应用于临床，后者则是将待成熟的医疗技术或药品应用于临床。

与定型化医疗不同，试验性医疗兼具医疗与科研的性质，因而是一种特殊的治疗，在法律规范上具有其特殊之处：

（1）法律对试验性医疗保护与限制的统一。由于技术在医疗发展中扮演着非常重要的角色，而试验性医疗是医疗技术发展和成熟的基本方式与途径，且对患者还可能有一线生机，所以，立足于医疗治病救人、服务社会的宗旨和对社会整体利益的追求，正当的试验性医疗，特别是科技含量高的试验性医疗应当为法律所保护。但同时，由于待成熟的医疗技术或药品有很大的风险，可能造成严重损害后果，法律应对其施加较之通常医疗行为更为严格的限制和管理。对试验性医疗的法律保护与限制最终是统一的，统一于人类自身的健康利益。法律调整在这两方面的协调实际上体现了对于医患双方利益的协调和对个别患者利益与社会整体利益的协调。

（2）主体的广泛性。基于试验性医疗的科学研究性质，为促进医学的发展，与定型化医疗不同，其主体不限于国家许可的医疗单位或个人，而可以由医疗单位或个人与有关的科研单位合作进行。

（3）责任承担的特殊性。与定型化医疗不同，在试验性医疗情况下，科研单位应与作为其合作方的医疗单位或个人对外共同承担民事责任。

在许多科研、教学医院，经常有经过国家有关部门批准用于临床试验的药物、试剂、治疗仪器等在病人身上试用。对于患者已经签字同意进行实验诊疗，而发生不良后果的，医疗机构不承担责任。但试用必须按试验性的有关规定进行，必须说明使用的目的及可能会产生的不良后果或副作用，必须征得患者本人同意，并签订协议书。

由此可见，试验性医疗在经过有关部门审核批准，征得患者本人同意并签署书面知情同意书，并且试验性医疗行为并无医疗过错的情况下，可以成为医疗机构的免责事由。如果试验性医疗未经批准、未取得患者同意或诊疗行为存在过错，则依然要承担相应的损害赔偿责任。

60. 患者或家属已经签署知情同意书的，医疗机构能否免责？

现实中有些医疗机构向患方提供的手术同意书、特殊检查、特殊治疗同意书，在罗列了各种可能出现的并发症风险之后，还会包含出现上述并发症风险的医方"概不负责"等内容，那么，手术同意书与特殊检查、特殊治疗同意书中这种类似于概不负责的免责条款，是否具有免责效力呢？应当具体分析以下内容：

手术同意书与特殊检查、特殊治疗同意书的主要意义在于，医方向患方履行告知说明义务，而患方在同意书上签名仅表明其经过医方的说明，已经了解了手术、特殊检查、特殊治疗的名称、具体措施、风险等基本情况，承诺同意医方对患者实施相应的手术、检查和特殊治疗，而并不表示患方同意免除医方的赔偿责任。

《合同法》第53条规定："合同中的下列免责条款无效：（一）造成对方人身伤害；（二）故意或者重大过失，造成对方财产损失的。"根据该规定，即便将手术同意书与特殊检查、特殊治疗同意书理解为一种协议合同，相应的免责条款也是无效的。

基于以上分析，医疗损害责任纠纷中，对于手术同意书与特殊检查、特殊治疗同意书中免责或限制责任条款的效力问题，应该从两个方面来理解。第一，患方在这些协议上签字，只应视作医方履行了告知义务，形式上满足了患方的知情同意权，患方接受了告知，并愿意承担正常的依法、依规操作的手术、检查、治疗的风险。第二，对该项诊疗行为的正常风险以外的损害，不能免责，也不影响医方对医疗活动中因过错造成患者损害的赔偿责任。

61. 事先与患者或家属签订的协议，约定对患者的损害概不负责的，一旦发生患者损害后果，医疗机构能否免责？

在处理医疗损害赔偿纠纷中，不少医疗机构以事先与患者或患者家属签订的、免除自己责任的协议书来作为抗辩理由。那么，对于这种医疗机构在手术前与患者家属签订的协议书应当如何认定呢？

首先，应当对医疗纠纷的性质作出正确的判断。如果将医疗关系理解为一种非典型的合同关系，那么医疗机构因过失造成责任事故、技术事故或者医疗差错，就属于违约行为，应当承担违约责任。但是，如果从医疗行为侵害公民健康权、生命权的角度看，医疗侵权无疑又是一种侵权行为，应当承担侵权责任。这种情况，构成侵权责任与违约责任竞合。此种情况下，应当遵循有利于患者权利保护的原则，按照侵权责任确定医疗损害责任的性质。

这样选择，更有利于保护患者的权利，避免患者不认识医疗关系的合同性质而不敢索赔的后果，同时也可以使医院方不能借口合同有约定而拒绝对医疗侵权的患者予以赔偿。根据《合同法》第 53 条第 1 款的规定，合同中约定"造成对方人身伤害"的免责条款，依法应当认定为无效。因此，医疗机构以事先与患者或其家属订立的协议作为其免除责任的证据的，该抗辩不具有法律效力。

62. 手术进行了公证，医疗机构能否免责？

手术公证是指公证机关根据医患双方的申请，为划清医疗风险与责任，避免不必要的医患纠纷，依照法定程序，针对法律行为、事件或有法律意义的文书，进行证明其真实性、合法性和可行性的一种非诉讼活动。严格意义上来说，手术公证是一种当事人自愿申请的公证行为。

《中华人民共和国公证法》（以下简称《公证法》）第 11 条规定：

"根据自然人、法人或者其他组织的申请，公证机构办理下列公证事项：（一）合同；（二）继承；（三）委托、声明、赠与、遗嘱；（四）财产分割；（五）招标投标、拍卖；（六）婚姻状况、亲属关系、收养关系；（七）出生、生存、死亡、身份、经历、学历、学位、职务、职称、有无违法犯罪记录；（八）公司章程；（九）保全证据；（十）文书上的签名、印鉴、日期，文书的副本、影印本与原本相符；（十一）自然人、法人或者其他组织自愿申请办理的其他公证事项。法律、行政法规规定应当公证的事项，有关自然人、法人或者其他组织应当向公证机构申请办理公证。"由此可见，手术公证属于第11项，即"当事人自愿申请办理的其他公证事项"，具有合法性。只要公证的手术内容与形式不违反法律行政法规以及公序良俗，公证书所证明的内容符合法律、法规或政策的规定，程序合法，则公证行为具有法律效力。

很多手术公证仅仅发生在术前告知和术前谈话阶段，对手术诊疗行为很少进行现场公证，这主要是因为手术行为是纯医学临床的行为，公证员并不具有临床医学知识，公证并无多大意义，所以与其说是"手术公证"，不如准确的称为"术前告知公证"。

公证的核心内容是医师履行说明告知义务情况以及患者及其家属的知情同意权，手术公证书一般可以记录一下五方面信息：（1）证明医方是否履行告知义务；（2）履行告知义务的内容以及是否充分；（3）是否充分保障了患者知情权；（4）是否充分保障了患者知情权，是否属于患者或其家属的真实意思表示（5）约定的免责事由是否有效。根据《侵权责任法》第55条，"医务人员在诊疗活动中应当向患者说明病情和医疗措施。需要实施手术、特殊检查、特殊治疗的，医务人员应当及时向患者说明医疗风险、替代医疗方案等情况，并取得其书面同意；不宜向患者说明的，应当向患者的近亲属说明，并取得其书面同意。医务人员未尽到前款义务，造成患者损害的，医疗机构应当承担赔偿责任。"手术特殊检查特殊治疗，医务人员应当说明告知"四要件"，即病情、医疗措施、医疗风险和替代治疗方案，并取得患者或其家属的书面同意,换句话说,医务人员术前谈话告知及手术同意书的目的就在于,说明告知上述问题,履行告知义务,保障患者知情同意权,防止因侵害患者知情同意权造成患者损害而承担法律责任。

需要注意的是,并非所有的手术都需要进行公证,一方面公证程序复杂、费用较高、确实需要花费一定的人力物力财力,而且在一定程度上还需要相应的时间,有可能不利于患者的及时手术治疗;另一方面,并非所有的告知说明都需要公证,很多告知说明通过书面的知情同意书就完全可以达到证明效力。目前手术公证的情况主要集中在疑难复杂、手术风险极高、患者情况复杂、手术并发症出现几率极大的一些手术例,因为上述情况属于极有可能导致患者损害的情况,医疗机构出于对自身的保护而选择公证以求增强证明力度。但是,手术公证的具有很强的局限性,因为诊疗行为造成患者损害,承担侵权赔偿责任的核心是医疗机构及其医务人员是否具有过错,亦即《侵权责任法》第54条所规定的,"患者在诊疗活动中受到损害,医疗机构及其医务人员有过错的,由医疗机构承担赔偿责任。"即使医务人员完全尽到了告知说明义务,但是手术中存在过错或违规操作,导致患者损害的,依然需要承担损害赔偿责任,公证也只能证明其履行了说明告知义务,并不代表其诊疗行为没有过错,所以,医疗机构不应当盲目选择进行手术公证,因为其在法律上的作用意义并不大。

另外,医疗损害赔偿有一般免责事由和特殊免责事由之分,一般免责事由是指《侵权责任法》第三章"不承担责任或减轻责任的规定"中的不可抗力、紧急避险、受害人故意、第三人侵权等事由,适用于所有侵权行为。而医疗损害赔偿的特殊免责事由则是基于《侵权责任法》第7章第60条的规定:"患者有损害,因下列情形之一的,医疗机构不承担赔偿责任:(一)患者或者其近亲属不配合医疗机构进行符合诊疗规范的诊疗;(二)医务人员在抢救生命垂危的患者等紧急情况下已经尽到合理诊疗义务;(三)限于当时的医疗水平难以诊疗。"故法定免责事由中并无手术公证的相关规定,那么手术公证属于当事人约定的免责事由吗？显然也不是，手术公证仅仅是一种公证、一种证明行为，不产生免责的效力，手术公证的对象——知情同意书也不完全具有免责效力。依据《合同法》第53条规定"合同中的下列免责条款无效：（一）造成对方人身伤害的；（二）因故意或者重大过失造成对方财产损失的。"

　　由此可见，手术知情同意书造成他人人身损害的约定条款无效，公证手术知情同意在法律上仅能起到增强证据证明效力的作用，而不是公证后的手术就可以免责，没有经过公证的手术同意书本身也具有证明效力。因此，手术公证书仅仅表明医方履行了有关事项的告知义务。对于手术等医疗行为是否具有过错，依据手术公证本身是无法判断和证明的，还是需要人民法院根据全案证据材料、法律行政法规规章和诊疗护理规范常规综合判断，或委托医疗技术鉴定或司法鉴定进行辅助判断。

第四章 病案病历资料的法律问题

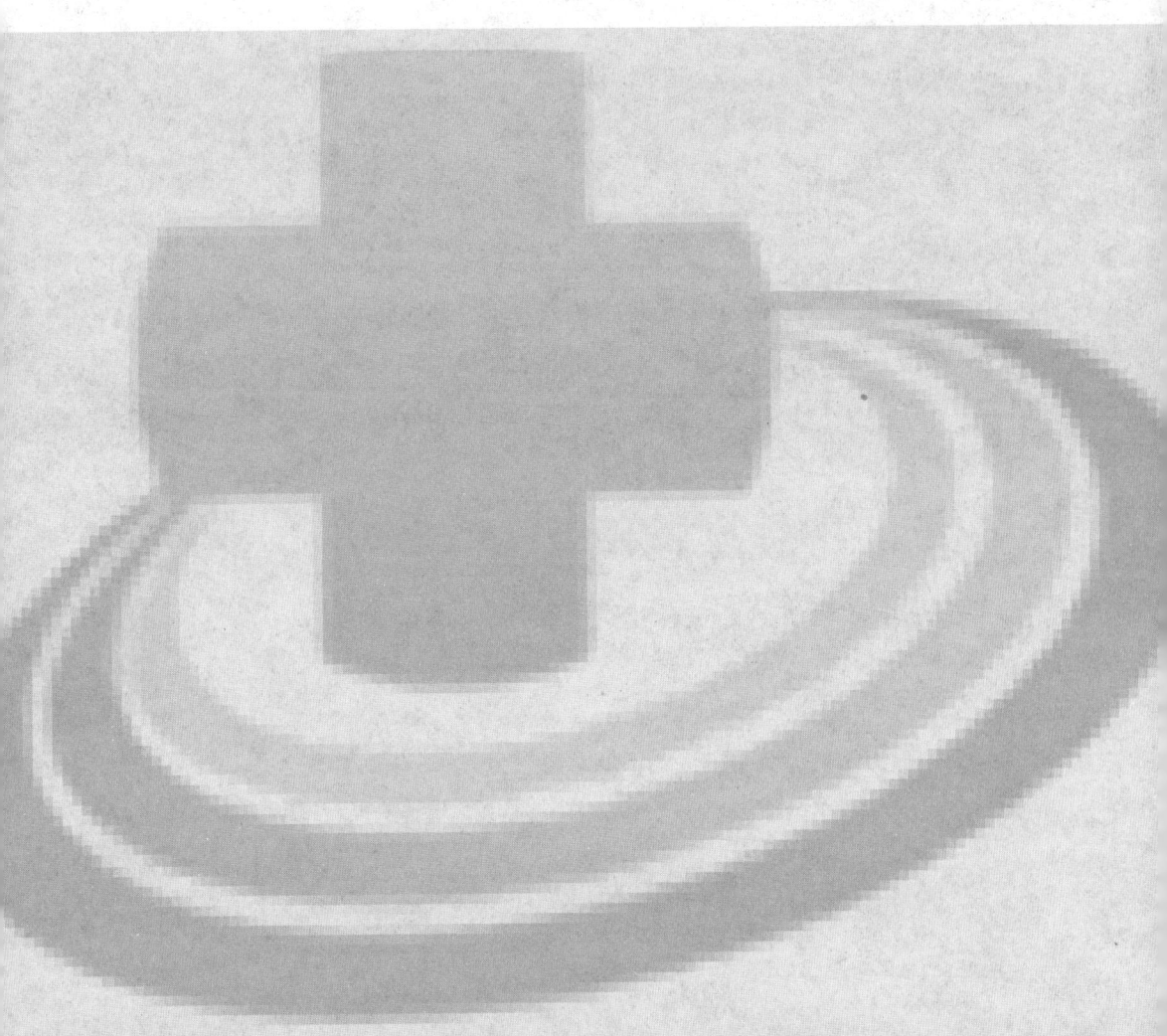

第四章 病案病历资料的法律问题

  63.医疗机构对病历材料承担哪些法律义务？

依据《侵权责任法》第61条的规定，医疗机构及其医务人员应当按照规定填写并妥善保管住院志、医嘱单、检验报告、手术及麻醉记录、病理资料、护理记录、医疗费用等病历资料。患者要求查阅、复制前款规定的病历资料的，医疗机构应当提供。同时《医疗损害责任解释》第6条规定："侵权责任法第五十八条规定的病历资料包括医疗机构保管的门诊病历、住院志、体温单、医嘱单、检验报告、医学影像检查资料、特殊检查（治疗）同意书、手术同意书、手术及麻醉记录、病理资料、护理记录、医疗费用、出院记录以及国务院卫生行政主管部门规定的其他病历资料。"侵权责任法规定了医疗机构对住院志、医嘱单等病历资料的制作、保存及向患者提供的义务。由于医疗服务具有不公开的特点，无论是基于医学科学的考虑，还是从保护患者隐私的角度看，除医患双方外，与医疗行为无关者不得进入医疗现场。鉴于医疗行业的这一特点，由医务人员填写、制作的病历、住院志、检验报告、手术及麻醉记录、病理资料、护理资料等病历资料，在发生医患纠纷时，就成了医疗侵权诉讼中极为关键的证据。同时，考虑到这类资料的制作、保管均由医疗机构一方完成，从证据角度讲，医疗机构一方对于证据的掌握和控制是强势的，因此，必须在合理的限度内赋予患者查阅和复制这类资料的权利，以平衡双方在举证责任能力上的悬殊。

除此之外，原卫生部《医疗机构病历管理规定》还规定医疗机构应当建立健全病历管理制度，设置专门部门或者配备专（兼）职人员，负责病历和病案的保存与管理工作。建有门（急）诊病历档案的，其门（急）诊病历由医疗机构负责保管；没有在医疗机构建立门（急）诊病历档案的，其门（急）诊病历由患者负责保管，住院病历由医疗机构负责保管。医疗机构应当严格病历管理，严禁任何人涂改、伪造、隐匿、销毁、抢夺、窃取病历；除涉及对患者实施医疗活动的医务人员及医疗服务质量监控人员外，其他任何机构和个人不得擅自查阅该患者的病历；因科研、教学需要查阅病历的，需经患者就诊的医疗机构有关部门同意后查阅，阅后应当立即归还；不得泄露患者隐私等。

 64. 医疗机构将病历丢失，要承担什么法律后果？

病历保管可以分为门（急）诊病历的保管和住院病历的保管，《医疗机构病历管理规定》第10条规定："门（急）诊病历原则上由患者负责保管。医疗机构建有门（急）诊病历档案室或者已建立门（急）诊电子病历的，经患者或者其法定代理人同意，其门（急）诊病历可以由医疗机构负责保管。"第13条规定："患者出院后，住院病历由病案管理部门或者专（兼）职人员统一保存、管理。"由此可见，一般门（急）诊病历均由患者本人保管，归患者一方完全占有使用。住院病历均由医院专门负责保管，患者需要按照规定进行复制和使用。关于病历保管的年限，《医疗机构管理条例实施细则》第53条规定："医疗机构门急诊病历的保存期不得少于十五年，住院病历的保存期不得少于三十年。"同时《临床输血技术规范》也规定"输血科（血库）要认真做好血液出入库、核对、领发的登记,有关资料需保存十年。"由此可见，我国法律法规严格要求医疗机构需要妥善保管患者病历，不得毁损、遗弃、非法处理患者的病历材料。对于新闻中所涉及的患者检查单据和门诊票据应当及时分类保管，属于患者应当保管的材料，应当及时通知患者领取，或者暂时予以保管。属于医院保管的，应当及时归入相关病历。

实践中，医院依据病历情况和价值，将住院病历分为永久和长期两类三级病案，一级病案是珍贵的病历，指国家、省级党政领导人和社会名流的病历，医疗机构重大医疗事故病历，以及有影响的复杂、疑难和罕见病历等病案，永久（50年以上）保存。二级病案是患者死亡病案、近20年内的病案和新上架的病案，长期（30～50年）保存，到期及

第四章 病案病历资料的法律问题

时销毁。三级病案是超过20年的普通及无纠纷的病案，可以定期销毁。根据医院内部的管理规定，销毁病历需要集中销毁，做好相关记录登记，不得随意销毁和处置。同时根据《医疗机构病历管理规定》第28条"医疗机构可以采用符合档案管理要求的微缩技术等对纸质病历进行处理后保存"，现实中部分医院对患者纸质病历进行扫描、复制，制作成电子病历光碟予以保存后，再对纸质病历进行合法销毁。

门（急）诊和住院病历是由患方或医方分别占有并保管，并直接关系到诉讼中举证责任的分配，举证之所在则败诉之所在，从某种意义上说，病历保管问题直接关系到医疗诉讼的审理结果。《最高人民法院关于适用〈中华人民共和国民事诉讼法〉的解释》（以下简称《民事诉讼法解释》）第112条规定："书证在对方当事人控制之下的，承担举证证明责任的当事人可以在举证期限届满前书面申请人民法院责令对方提交；对方当事人无正当理由拒不提交的，人民法院可以认定申请人所主张的书证内容为真实。"无论是患方还是医方如果不妥善保管病历材料、销毁病历材料，将会在相关诉讼中承担不利的法律后果。同时，《民事诉讼法解释》113条还规定："持有书证的当事人以妨碍对方当事人使用为目的，毁灭有关书证或者实施其他致使书证不能使用行为的，法院可以依照民事诉讼法第一百一十一条规定，对其处以罚款、拘留。"因此，医院灭失患者病历的，可能会面临司法惩戒。

 65. 诉讼中，病历资料的真实性如何审查？

根据《医疗事故技术鉴定暂行办法》的规定，禁止鉴定病历的真实性，患方主张病历不真实时，依据《司法鉴定程序通则》规定，鉴定机构将终止鉴定，鉴定机构并不承担病历真实性的认定责任。根据《民事诉讼法》的规定，人民法院应当按照法定程序，全面地、客观地审查核实证据。证据的真实性、合法性、关联性认定属于法院对证据属性认证的法定职责。

最高人民法院公布的《"八民会"纪要》第12条规定："制作方对病历资料内容存在的明显矛盾或错误不能作出合理解释的，应承担相应的不利后果；病历仅存在错别字、未按病历规范格式书写等形式瑕疵的，不影响对病历资料真实性的认定。"如果病历的瑕疵并不属于可以通过笔迹鉴定、墨迹鉴定等技术手段认定的医方伪造篡改病历的情况（上述情况可以通过司法技术鉴定对真实性进行认定），病历记载内容的前后不一致、形式上的缺漏少补均属于法院依法可以查明的问题，应当由人民法院依据全案证据材料，综合认定相关证据的真实性。所以在对病历真实性认定的过程中，第一步是要区分患方提出的病历瑕疵是否属于经司法鉴定技术手段可以鉴定的瑕疵，如果可以鉴定确定首先应当委托司法鉴定，如针对患方提出的知情同意书中患者签名为别人代签、病历记载为后补或修改等异议，法院可以通过委托司法鉴定机构进行笔迹鉴定、墨迹鉴定等文书鉴定方法确定病历材料的真实性。如果不属于上述情况，则病历真实性的认定责任仍在法院。

在对病历真实性进行认定的过程中应遵循"印证原则"，如认定具体的医疗行为时，既要参考术前小结、医师讨论记录等主观病历，也要查看病程记录、护理记录、麻醉记录等客观病历，还要参照患者或家属选择医疗行为的知情同意书以及医疗费用清单等材料进行综合考量。如果其他病历材料可以与之相互印证，并形成完整的证据链，能够确定待证事实，则可以认定该瑕疵病历的真实性。如果该病例记录与其他记录存在矛盾，或不符合医学诊疗常规，则应否定该瑕疵病历的真实性。

66. 诉讼中，瑕疵病历一定不能够作为证据吗？

首先，我们必须认清，病历的瑕疵不完全等于伪造篡改的病历，病历的真实性也不完全因为存在病历瑕疵而被否定。根据《"八民全"纪要》第12条规定:"制作方对病历资料内容存在的明显矛盾或错误不能作出合理解释的,应承担相应的不利后果;病历仅存在错别字、未按病历规范格式书写等形式瑕疵的,不影响对病历资料真实性的认定。"由此可见,在司法实践中,我们需要区分病历的瑕疵是属于一般的形式瑕疵,还是影响真实性的严重瑕疵。

那么在司法实践中,病历的瑕疵主要有哪些类型呢?

常见的病历形式瑕疵有病案号、姓名、身份证号的记录错误,医生未签名、仅有实习医生签字主治医师未签字确认、住院科别记载错误等等。形式性的病历瑕疵,发生原因一般是医院内部对病历书写的管理存在疏漏,此时,人民法院往往要求对上述存疑病历单独进行双方质证,由医方对上述瑕疵作出合理解释。如果能够作出合理解释,且法院认定该瑕疵与本案的实体争议并无直接影响,则可以认定相关病历的真实性;若经医方作出解释后,法院认为解释不合理、不成立,仍然对相关病历的真实性存疑,则应当在认定时排除相关存疑病历,但不影响其他没有瑕疵的病历的真实性。

与形式瑕疵相对应的是实质性瑕疵,常见的实质性瑕疵如手术同意书上的患者或家属签字的真伪、病情诊断的结论修改、治疗方案或用药记录的存疑等。因为上述病历瑕疵的真伪直接关系到医院是否存在过错,如是否履行告知义务、是否存在误诊误治、是否用药不当或错误用药等关键性问题,此时,人民法院往往结合全部证据材料对病历的真实性进行明确的认定,而不再对病历的形式瑕疵进行真实性的司法鉴定。

67. 电子病历能够作为证据吗?

国家卫生计生委、国家中医药管理局印发的《电子病历应用管理规范（试行）》（以下简称《规范》）于2017年4月1日起正式实施，这意味着电子病历与纸质病历一样，成为了独立的病历类型，具有同等的法律效力。电子病历并不完全属于诉讼法上电子数据证据，《规范》第3条规定"电子病历是指医务人员在医疗活动过程中，使用信息系统生成的文字、符号、图表、图形、数字、影像等数字化信息，并能实现存储、管理、传输和重现的医疗记录，是病历的一种记录形式，包括门（急）诊病历和住院病历"，《民事诉讼法解释》第116条规定："电子数据是指通过电子邮件、电子数据交换、网上聊天记录、博客、微博客、手机短信、电子签名、域名等形成或者存储在电子介质中的信息。存储在电子介质中的录音资料和影像资料，适用电子数据的规定。"

由此可见，电子病历的核心是信息的电子化记录，电子数据证据的核心是电子介质储存的信息。电子病历通过信息系统生成信息数据，如果通过电子记录存储、管理、传输、重现，则完全符合电子数据证据的范畴；如果电子化生成的数据最终还是通过打印电子版、纸质病历的方式记录、展现，则仍属于诉讼法上的书证。相反，如果传统的纸质病历通过PDF扫描归档，通过光盘、优盘等电子介质储存、提交，因其提交的证据属电子介质储存的信息，则属于诉讼法上的电子数据证据种类。判断电子病历是否属于电子数据证据，核心不在于是否以电子系统记录，而在于是否以电子介质储存并提交。

68.如何保障电子病历的可靠?

实践中，电子病历因其本质上属于电子记录的信息，可以进行精确复制和在虚拟空间里传播，容易被删除、篡改且难以被发现，易引发对其真实性的异议。国家卫生计生委、国家中医药管理局印发的《电子病历应用管理规范（试行）》（以下简称《规范》）第8条至第16条，分别从电子病历记录规范、系统身份识别、电子签名认证、时间源（时

第四章 病案病历资料的法律问题

间戳）、患者身份标识、全程记录留痕等方面作出了具体规定：

（1）规范电子病历记录。《规范》第8条规定："电子病历使用的术语、编码、模板和数据应当符合相关行业标准和规范的要求，在保障信息安全的前提下，促进电子病历信息有效共享。"电子病历是病历的一种特殊形式，其制作、记录内容、修改等方面没有特殊规定的，应符合《病历书写基本规范》和《中医病历书写基本规范》规定的书写基本规范，所涉及的特殊术语、编码、数据等，又要符合《中华人民共和国电子签名法》（以下简称《电子签名法》）等标准、行业标准甚至业内习惯等。

（2）操作身份识别。《规范》第9条规定："电子病历系统应当为操作人员提供专有的身份标识和识别手段，并设置相应权限。操作人员对本人身份标识的使用负责。"电子病历必须是使用电子病历系统进行记录操作的，而不能使用一般的编辑软件，只有电子病历系统才是唯一的编辑程序。病历的编辑记录人（有相应权限的医务人员）必须具有特定的用户名、密码，或者外接密钥等身份识别，才可以登录系统进行操作。

（3）电子签名认证。《规范》第10条规定："有条件的医疗机构电子病历系统可以使用电子签名进行身份认证，可靠的电子签名与手写签名或盖章具有同等的法律效力。"同时《电子签名法》规定："本法所称电子签名，是指数据电文中以电子形式所含、所附用于识别签名人身份并表明签名人认可其中内容的数据。"可靠的电子签名应当具备：（1）电子签名人专有；（2）制作数据仅由电子签名人控制；（3）对电子签名的任何改动能够被发现；（4）对数据电文内容和形式的任何改动能够被发现。所以电子病历数据系统中设置专属于签名人专有的签名，进行身份验证，仅能由其本人使用，且全程留痕，是可以增强其法律可靠性的。

（4）可靠时间源（可靠时间戳问题）。时间源、时间戳是两个不同的概念，时间源是指通过卫星或其他授权系统作为时间基础源，通过时间基础源服务器提供的标准精确的时间作为依据，以确保操作系统或软件的时间与时间基础源一致，常见的时间源有GPS卫星、北斗卫星、IRIG-B码、铷原子钟、CDMA等。可信时间戳（TSA）是由权威可信的时间戳服务中心签发的一个能够证明数据电文在一个时间点已经存在的、完成的、可验证的，具备法律效力的电子凭证。目前，时间戳已经在司法领域被应用于电文数据的证据保全之中，具有较强的证据可信度和证明力。《规范》第11条规定："电子病历系统应当采用权威可靠时间源"，但时间源可以变更或修改，并不唯一，如果能够在电子病历中采用可信时间戳（TSA）+电子认证授权（CA）的双重技术，则可以确保电子数据的可靠性。

（5）患者身份识别。《规范》第13条规定："医疗机构应当为患者电子病历赋予唯一患者身份标识，以确保患者基本信息及其医疗记录的真实性、一致性、连续性、完整性。"患者的电子病历身份标识应是唯一的，患者身份标识的唯一性可以有效杜绝病历材料的混杂，确保电子病历的内容均与患者的某次特定诊疗行为有关，关联性也可以得到有效保障。

（6）全程记录留痕。《规范》第14条规定："电子病历系统应当对操作人员进行身份识别，并保存历次操作印痕，标记操作时间和操作人员信息，并保证历次操作印痕、标记操作时间和操作人员信息可查询、可追溯。"比之前的《电子病历基本规范（试行）》要求更为严格，从保存历次修改痕迹、修改时间和修改人信息扩大到保存历次操作痕迹、操作时间和操作人信息。这样可以对操作过的病历可以比对看到操作前后的全过程，大大提高电子病历的真实性和完整性。

第五章
医疗损害鉴定的法律问题

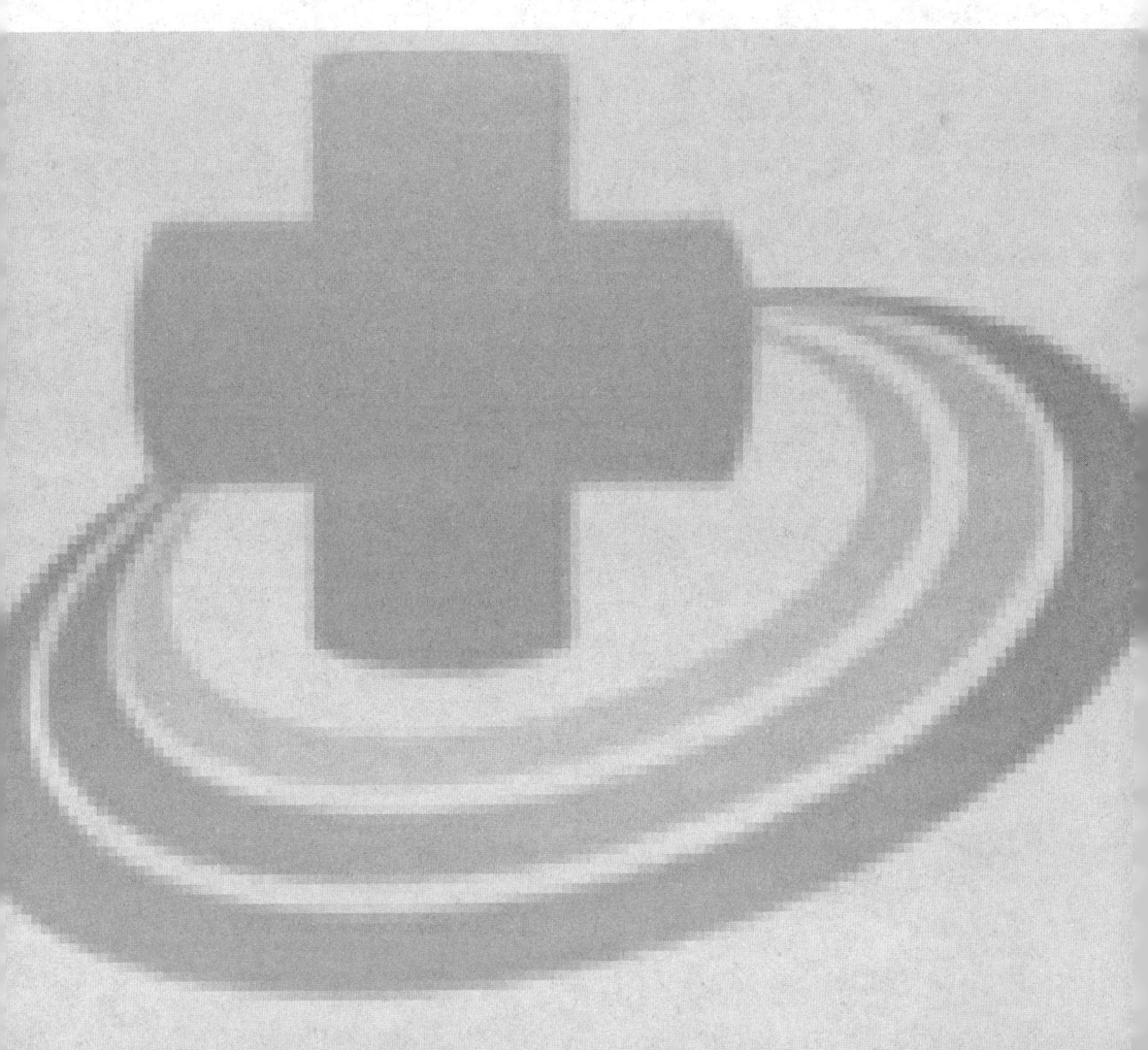

69. 医疗鉴定和司法鉴定有什么不同吗？

《侵权责任法》实施之后，法律适用和赔偿标准的"双轨制"得以终结，但是鉴定双轨制却在实践中长期存在，因为医疗行为是一种高度专业化的职业行为，医务人员都是经过职业化训练的人员，在医疗侵权纠纷发生时，对于医疗过程中注意义务的判断、侵权行为的发生、过错的认定、因果关系的判断、原因力的大小等等，都需要由专门机构和专业人员进行认定和判断。

根据我国现行的法律，在对医疗侵权行为的鉴定领域，存在着医学鉴定（医疗事故鉴定）和司法鉴定（医疗过错鉴定）的双轨制。而这两种鉴定方式在鉴定的启动、鉴定人员的组成、鉴定的方式、鉴定的内容、鉴定的监督等方面都不相同。从实践来看，医学鉴定是认定医疗纠纷是否属于医疗事故的必经程序，也是卫生行政处理医疗事故必经的环节；但是从诉讼的角度来看，司法鉴定又确实优于医疗鉴定。医学鉴定更具有临床实践性，但是司法鉴定更具有公平性，这些差异一直造成医疗侵权鉴定领域的混乱。而在医疗侵权损害赔偿案件中，专业鉴定的重要性是毋庸置疑的，一般情况下，鉴定意见对于医疗损害赔偿案件的结果将起到至关重要的作用。

《最高人民法院关于适用〈中华人民共和国侵权责任法〉若干问题的通知》第3条规定："人民法院适用侵权责任法审理民事纠纷案件，根据当事人的申请或者依职权决定进行医疗损害鉴定的，按照《全国人民代表大会常务委员会关于司法鉴定管理问题的决定》《人民法院对外委托司法鉴定管理规定》及国家有关部门的规定组织鉴定。"原卫生部于2010年6月28日下发的《关于做好〈侵权责任法〉贯彻实施工作的通知》指出：在2010年7月1日之后，对于司法机关或医患双方共同委托的医疗损害责任技术鉴定，医学会应当受理，并可参照《医疗事故技术鉴定暂行办法》等有关规定，依法组织鉴定。医疗损害责任技术鉴定分级参照《医疗事故分级标准（试行）》执行。

从法院的审判实践看，由于医疗纠纷数量的上涨，有些地方出现了鉴定机构鉴定周期过长的问题。为解决这一问题，考虑医疗损害责任技术鉴定也有其优势，所以，根据上述规定的精神和要求，医疗损害赔偿纠纷案件在保留原有的司法鉴定机构所作的医疗损害责任过错鉴定的基础上，人民法院可以委托医学会组织进行医疗损害责任技术鉴定。

也就是说，目前而言，为解决实践中的问题，缩短鉴定周期和审理周期，医疗损害责任技术鉴定仍然是司法鉴定机构和医学会均可进行。

70. 医学会能否进行医疗过错技术鉴定？

随着《侵权责任法》的颁布实施，卫生计生行政管理部门、医学会与各地人民法院积极协调，有的地区已经达成了一致意见，中华医学会也有新的规定，那就是可以由医学会组织的医疗事故技术鉴定委员会，实施医疗损害过错鉴定。

最高人民法院的意见认为，司法鉴定的根本在于借助专家的专门知识、技能和经验，辅助法官对专门性事实问题作出判断，以妥当地处理案件，保证案件裁判的公正。因此，专家鉴定的能力才是重点，而鉴定机构的资质方面的争论，法院不必介入，只要符合法律规定的鉴定意见，都可以采纳。实践中，社会上的司法鉴定机构的鉴定意见质量总体上不能让人满意，中华医学会的专家库则包括了全国水平最高的临床医学专家，能够保证鉴定意见的水平和质量。

医学会组织医疗过错鉴定的范围和主要内容如下：

一是医学会负责的医疗事故技术鉴定委员会可以受理各地人民法院的委托，对医疗损害赔偿责任纠纷案件组织医疗损害过错鉴定。鉴定程序依照医疗事故技术鉴定的相关办法执行。

二是医学会组织的医疗过错司法鉴定中,鉴定结论为是否构成医疗损害、如果构成医疗损害则参照医疗事故分级标准评定医疗损害的等级,以及医疗单位应当承担的责任程度,同时规定在完全责任、主要责任、次要责任、轻微责任和无责任这五种责任程度以外,再增加医疗单位承担同等责任的分级。

三是人民法院在委托此类鉴定时,可以突破原来在辖区范围组织鉴定的习惯,在一定区域内委托异地鉴定,避免来自医患各方可能的干扰,尽量保证鉴定的独立性和公正性。

 71. 医疗纠纷中哪些问题可以申请专业鉴定?

诉讼过程中,法官会按照法定程序,全面客观的审核证据。在这一过程中,法官将依照法律规定,运用逻辑推理和日常生活经验,对证据有无证明力和证明力大小进行判断,并公开判断的理由和结果。但是在判断事实和证据的时候,一些专业型的问题就需要通过鉴定进行辅助认定。

《中华人民共和国民事诉讼法》(以下简称《民事诉讼法》)第76条规定:"当事人可以就查明事实的专门性问题向人民法院申请鉴定……当事人未申请鉴定,人民法院对专门性问题认为需要鉴定的,应当委托具备资格的鉴定员进行鉴定。"鉴于法官专业知识领域的限制,在判断医务人员在诊疗活动中是否尽到与当时的医疗水平相应的诊疗义务时涉及的专门性事项,必须借助医疗鉴定的方式作出认定。

依据《医疗损害责任解释》的第11条的规定,医疗损害责任纠纷案件中,涉及下列专门性问题可以作为申请医疗损害鉴定的事项:

(1)实施诊疗行为有无过错;

(2)诊疗行为与损害后果之间是否存在因果关系以及原因力大小;

(3)医疗机构是否尽到了说明义务、取得患者或者患者近亲属书面同意的义务；

（4）医疗产品是否有缺陷、该缺陷与损害后果之间是否存在因果关系以及原因力的大小；

（5）患者损伤残疾程度；

（6）患者的护理期、休息期、营养期；

（7）其他专门性问题。

由此可见，医疗损害赔偿纠纷虽然涉及到许多专业性的问题，但是当事人可以申请鉴定，人民法院也可以依职权委托鉴定，以辅助法官对专业性的问题进行判断和认证。

72. 如何认定当事人自行委托的鉴定意见的法律效力？

《医疗损害责任解释》第15条规定："当事人自行委托鉴定人作出的医疗损害鉴定意见，其他当事人认可的，可予采信；当事人共同委托鉴定人作出的医疗损害鉴定意见，一方当事人不认可的，应当提出明确的异议内容和理由。经审查，有证据足以证明异议成立的，对鉴定意见不予采信；异议不成立的，应予采信。"

实践中，当事人自行委托医疗鉴定的情形不在少数，对此效力认定的问题，存有一定争议。普遍认为，当事人自行委托鉴定存在明显的弊端，原因在于当事人自行委托鉴定的鉴定意见往往仅会对委托鉴定的一方当事人有利，欠缺公正性，因此，往往存在另一方当事人不予认可的情形。针对这一问题，我国台湾地区就不允许当事人自行委托鉴定，其"医疗纠纷鉴定作业要点"中明确："本署办理医疗纠纷鉴定案件，依医疗法第七十三条（现为第九十八条）规定，以司法或检察机关之委托为限。下列情形，不予受理：当事人或非司法、检察机关之委托。"对单方自行委托的鉴定意见采取了比较保守的做法。但是自行委托鉴定对于诉前解决医疗纠纷具有一定的积极意义。为保证鉴定意见的信服力，推动当事人依法启动鉴定程序，司法解释规定了一方当事人自行委托鉴定作出的医疗损害鉴定意见，仅在另一方当事人认可的情况下，人民法院可以对该鉴定意见直接予以采信。但对于对方当事人不认可的自行委托作出的鉴定意见作为一个普通书证对待。

《最高人民法院关于民事诉讼证据的若干规定》（以下简称《民事诉讼证据规定》）第28条规定："一方当事人自行委托有关部门作出的鉴定结论，另一方当事人有证据足以反驳并申请重新鉴定的，人民法院应予准许。"即一方当事人对另一方当事人自行鉴定的反驳，必须提供证据。反驳的证据应当围绕鉴定资格、鉴定程序、鉴定依据的真实性、合法性、科学性、公正性来进行证明。只要能证明自行鉴定的结论在上述某个方面存在疑点，具有不可采性，并申请重新鉴定的，人民法院应当重新鉴定。

对于双方当事人共同自行委托鉴定的情形，基于当事人的处分权原则，对此应予准许。而且鼓励双方当事人诉前共同委托鉴定，在价值导向上也有利于通过诉前调解等方式化解矛盾。如果一方当事人不认可的，应当提出明确的异议内容并予以质证。在异议不成立的情况下，人民法院仍然应当采信该鉴定意见。

 73. 患者一方坚持不申请鉴定的，人民法院会如何处理？

《民事诉讼法》第76条规定："当事人可以就查明事实的专门性问题向人民法院申请鉴定。当事人申请鉴定的，由双方当事人协商确定具备资格的鉴定人；协商不成的，由人民法院指定；当事人未申请鉴定，人民法院对专门性问题认为需要鉴定的，应当委托具备资格的鉴定人进行鉴定。"由此可见医疗损害鉴定的启动，一般分为"以当事人申请委托鉴定"和"法院依职权委托鉴定"。

根据"谁主张、谁举证"的原则，涉及专业性问题的，应当由负有举证责任一方的当事人向法院提出鉴定申请，并先行垫付鉴定费用，待法律责任确定后，再根据实际情况确定鉴定费的最终负担。根据侵权责任法的基本原理，原告负有过错、因果关系、损害结果等侵权要件的证明责任，但是在实践中，经常会遇到患者一方因为各种原因而不愿意申请鉴定，医疗机构也不申请鉴定的情况，但是该医疗损害纠纷涉及医学专业性问题不通过专业性鉴定又无法查明，此时，人民法院是否有权主动委托鉴定机构进行鉴定呢？

《医疗损害责任解释》第8条规定："当事人依法申请对医疗损害责任纠纷中的专门性问题进行鉴定的，人民法院应予准许；当事人未申请鉴定，人民法院对前款规定的专门性问题认为需要鉴定的，应当依职权委托鉴定。"由此可见，人民法院在当事人不申请鉴定的情况下，如认为确有必要，有权依职权委托鉴定。

74. 如何确定医疗损害鉴定的鉴定人？

《民事诉讼法》第76条规定："当事人可以就查明事实的专门性问题向人民法院申请鉴定。当事人申请鉴定的，由双方当事人协商确定具备资格的鉴定人；协商不成的，由人民法院指定；当事人未申请鉴定，人民法院对专门性问题认为需要鉴定的，应当委托具备资格的鉴定人进行鉴定。"

《医疗损害责任解释》第9条规定："当事人申请医疗损害鉴定的，由双方当事人协商确定鉴定人。当事人就鉴定人无法达成一致意见，人民法院提出确定鉴定人的方法，当事人同意的，按照该方法确定；当事人不同意的，由人民法院指定。鉴定人应当从具备相应鉴定能力、符合鉴定要求的专家中确定。"

简而言之，医疗损害鉴定中鉴定人确定的原则就是"先协商、协商不成法院提出方法、不同意的法院指定"。依照当事人的处分权原则，当事人协商确定鉴定人成为启动鉴定程序的首要模式。但是一般情况下，医患双方因为发生医疗纠纷往往存在一定程度的不信任，多数情况下患者不同意医疗机构提出的鉴定人，患者提出的鉴定人，医疗机构也往往不同意，双方经常无法协商一致。所以，司法解释进一步明确了如果当事人就鉴定人无法达成一致意见的，人民法院可以提出确定鉴定人的方法，当事人对此同意的，可以按照这一方法确定；当事人不同意的，再由人民法院指定。

在实践中，鉴定人的确定采取先确定鉴定机构，再以此为平台确定鉴定专家，以此来选择合格的鉴定人。但其实，只要鉴定人是双方当事人自愿选择的，并且不违反法律的强制性规定，中间采取什么方法在所不论。诉讼过程中，为了保证确定鉴定人这一过程的公平性，各地法院均采用了摇号确定鉴定人的方法，提供具有鉴定资质的鉴定人名册，双方当事人可以提出明确的回避意见和理由，回避一些鉴定人，在剩下的鉴定人中随机摇号抽取选定鉴定人。

75. 如何确定医疗损害鉴定的鉴定人资质？

鉴定人是否具备鉴定能力，是鉴定意见是否科学准确的基础。实践中对如何确定鉴定人的做法不一，其中争议较大的是鉴定人的资质要求以及当事人是选择鉴定机构还是鉴定专家的问题。

司法鉴定的根本，在于借助专家的专门知识、技能和经验，辅助法官对专门性事实问题作出判断，以妥当地处理案件，保证案件裁判的公正。因此，专家鉴定的能力才是重点，而鉴定机构的资质方面的争论，法院不必介入，只要符合法律规定的鉴定意见，都可以采纳。

实践中，社会上的司法鉴定机构的鉴定意见质量总体上不能让人满意，中华医学会的专家库包括了全国水平最高的临床医学专家，能够保证鉴定意见的水平和质量。

应当强调的是,在确定鉴定人时,法院会对鉴定专家组成进行审查,以确保鉴定专家具备鉴定能力,不能委托给鉴定机构特别是社会司法鉴定机构后就任凭鉴定机构自己决定鉴定人。

76. 医学会组织鉴定过程中,医疗机构应当提交哪些材料?

根据《医疗事故处理条例》第 28 条的规定,负责组织医疗事故技术鉴定工作的医学会应当自受理医疗事故技术鉴定之日起 5 日内通知医疗事故争议双方当事人提交进行医疗事故技术鉴定所需的材料。当事人应当自收到医学会的通知之日起 10 日内提交有关医疗事故技术鉴定的材料、书面陈述及答辩。

医疗机构提交的有关医疗事故技术鉴定的材料应当包括下列内容:

(1) 住院患者的病程记录、死亡病例讨论记录、疑难病例讨论记录、会诊意见、上级医师查房记录等病历资料原件。

(2) 住院患者的住院志、体温单、医嘱单、化验单(检验报告)、医学影像检查资料、特殊检查同意书、手术同意书、手术及麻醉记录单、病理资料、护理记录等病历资料原件。

(3) 抢救急危患者,在规定时间内补记的病历资料原件。

(4) 封存保留的输液、注射用物品和血液、药物等实物,或者依法具有检验资格的检验机构对这些物品、实物作出的检验报告。

(5) 与医疗事故技术鉴定有关的其他材料。

在医疗机构建有病历档案的门诊、急诊患者,其病历资料由医疗机构提供;没有在医疗机构建立病历档案的,由患者提供。

医患双方应当依照本条例的规定提交相关材料。医疗机构无正当理由未依照本条例的规定如实提供相关材料,导致医疗事故技术鉴定不能进行的,应当承担责任。

第五章 医疗损害鉴定的法律问题

77. 鉴定人出庭作证与鉴定意见的法律效力有直接关系吗?

《民事诉讼法》第78条规定："当事人对鉴定意见有异议或者人民法院认为鉴定人有必要出庭的，鉴定人应当出庭作证。经人民法院通知，鉴定人拒不出庭作证的，鉴定意见不得作为认定事实的根据；支付鉴定费用的当事人可以要求返还鉴定费用。"

《全国人民代表大会常务委员会关于司法鉴定管理问题的决定》第11条的规定："在诉讼中，当事人对鉴定意见有异议的，经人民法院依法通知，鉴定人应当出庭作证。"

《医疗损害责任解释》第13条规定："鉴定意见应当经当事人质证。当事人申请鉴定人出庭作证，经人民法院审查同意，或者人民法院认为鉴定人有必要出庭的，应当通知鉴定人出庭作证。双方当事人同意鉴定人通过书面说明、视听传输技术或者视听资料等方式作证的，可以准许。鉴定人因健康原因、自然灾害等不可抗力或者其他正当理由不能按期出庭的，可以延期开庭；经人民法院许可，也可以通过书面说明、视听传输技术或者视听资料等方式作证。无前款规定理由，鉴定人拒绝出庭作证，当事人对鉴定意见又不认可的，对该鉴定意见不予采信。"

由此可见，鉴定人出具的鉴定意见必须经过质证，当事人可以申请鉴定人出庭作证。人民法院具有审查决定权，认为鉴定人有必要出庭的，通知鉴定人出庭，鉴定人无法定理由不能拒绝出庭作证；如果具有法定事由无法出庭，可以延期审理，但是经双方当事人同意，鉴定人通过书面说明、视听传输技术或者视听资料等方式作证的，人民法院也可以准许。

任何证据不经质证不能作为定案的依据，鉴定意见也不例外，鉴定人出庭作证是诉讼"直接言词原则"的要求。鉴定人出庭作证是为了便于双方当事人充分质证，同时为鉴定意见的科学性和公正性提供保障。案件审理过程中，如果患方申请鉴定人出庭接受质询，但鉴定人未出庭，亦未书面答复患者的质询意见的，不仅会损害患者的诉讼权利，也会导致鉴定意见的质证过程存在瑕疵，对案件处理结果可能造成影响。

但是，司法解释也针对特殊情况进行了规定，鉴定人如果确实因为健康原因、自然灾害等不可抗力或者其他正当理由不能按期出庭的，可以延期开庭。经人民法院准许，双方当事人也可采用书面说明、视听传输技术或者视听资料等方式作证的。

鉴定人无正当理由拒不出庭作证的，将承担以下法律后果：第一，该鉴定意见不得作为认定案件事实的根据，即鉴定意见失去证据能力。第二，支付鉴定费用的当事人可以要求返还鉴定费用。鉴定人拒不返还时，可以通过另行起诉来获得相应救济。第三，省级人民政府司法行政部门可视情节给予鉴定人或鉴定机构警告，责令改正，给予停业三个月以上至一年以下的处罚；情节严重的，给予撤销登记的行政处罚。

78."具有专门知识的人"发表的专业意见如何认定？

《民事诉讼法》第79条规定："当事人可以申请人民法院通知有专门知识的人出庭，就鉴定人作出的鉴定意见或者专业问题提出意见。"

《医疗损害责任解释》第14条规定："当事人申请通知一至二名具有医学专门知识的人出庭，对鉴定意见或者案件的其他专门性事实问题提出意见，人民法院准许的，应当通知具有医学专门知识的人出庭。前款规定的具有医学专门知识的人提出的意见，视为当事人的陈述，经质证可以作为认定案件事实的根据。"

需要有专门知识的人出庭的，当事人需要提前向法院提出申请，并说明理由。法院接受申请后，应当进行审查，如果符合法律规定，理由充分，就应当通知有专门知识的出庭；如果不符合法律规定或者理由不成立，就应当驳回当事人的申请。另外，有专门知识的人出庭，只能在当事人申请的情况下才能启动，法院不能依职权主动通知。

诉讼过程中,"具有专门知识的人"出庭,主要是在以下两方面提出意见:

(1)对鉴定人作出的鉴定意见提出意见

作为一种证据种类,鉴定意见存在其一定的局限性。需要鉴定的专门性问题错综复杂,鉴定过程容易受到各种因素的影响,鉴定发生错误的情况难以避免。同时,在一个专门性问题领域,对同一个问题、不同的鉴定人也可能会有不同的鉴定意见。而鉴定工作的专业性较强,仅凭其他诉讼参与人自身的知识又难以发现鉴定中存在的问题,很难对鉴定意见进行质证,当事人对鉴定意见有异议的只能通过重新鉴定来解决;对鉴定意见高度依赖最终也会损害司法的权威。因此,为保证鉴定意见的科学性、准确性和公正性,当事人可以申请法院通知有专门知识的人出庭,由其根据其专业知识,对鉴定意见提出意见,寻找鉴定中可能存在的问题,从而为法官甄别鉴定意见、作出科学判断提供参考,保证案件的公正审理。

(2)对专业问题提出意见

在民事诉讼中,有些专门问题无法或者无须通过鉴定解决,但对于审理案件、认定案件事实又具有一定甚至决定性的作用。此时由有专门知识的人出庭,就专业问题进行说明,回答询问,提出自己的意见,就能够帮助法官和当事人对这些专业问题作出适当理解,澄清不当的认识、解决法官因知识结构的局限性和特殊专门经验的贫乏性对于正确认定案件事实所产生的不利影响,从而使得对案件事实的认定更为科学和客观,保证案件判决的公正、合理。

79.为什么要在医疗损害鉴定中针对原因力大小进行鉴定?

在高度风险性的医疗行为的评价中,如果患者本身具有一定的原发疾病，再加上医疗机构的诊疗行为以及多家医疗机构共同的治疗行为，患者的损害极有可能是由于自身因素、不同医疗机构的原因混同而造成。

在多因一果的案件中，数人的行为分别对损害结果的发生起不同的作用。各行为对损害结果所起作用大小不同，其"原因力"就不一样。原因力是指在引起统一损害结果的数个原因中，每一个原因对于该损害结果发生或扩大所发挥的作用力。原因力理论适用于多因情况下各行为人侵权责任份额的承担或赔偿义务人与受害人之间对损害后果的分担。一般说来，其行为原因力大的，承担更多的赔偿份额；反之则承担较少的赔偿份额。比较行为人行为的原因力通常与比较当事人之间的过错结合运用，以最后确定责任分配。由于在医疗损害侵权案件中，患者的损害完全是医疗机构的诊疗行为导致的情况相对较少，患者损害后果的发生往往都有病情的原因和患者自身的原因，因此，在责任承担中要充分考虑原因力的比例和过错的大小。

《医疗损害责任解释》第12条规定："鉴定意见可以按照导致患者损害的全部原因、主要原因、同等原因、次要原因、轻微原因或者与患者损害无因果关系，表述诊疗行为或者医疗产品等造成患者损害的原因力大小。"

由此可见，鉴定机构是可以对诊疗行为与患者损害后果之间的因果关系做原因力大小的鉴定意见的，其鉴定意见可大致分为"全部原因""主要原因""同等原因""次要原因""轻微原因"或者"与患者损害无因果关系"六种情况，通过原因力的鉴定，可以判断医疗机构的诊疗行为与患者损害有无因果关系。如果有因果关系，其对损害后果产生的原因力是多大，解决该专业性的问题，有助于法院认定医疗机构和患者之间的法律责任大小。

例如，患者陈某，女，68岁，因桡骨远端骨折就诊，经治医生施行手法复位，因患者不能忍受疼痛而复位不够理想，后改用夹板复位。医嘱：不得负重，两周后复诊。患者数月后复诊，医生发现患者已自行拆除固定用的夹板，骨折端严重错位，骨折畸形愈合，影响了手腕部的功能，而引发医疗纠纷。经医疗事故鉴定，结论为：患者自行拆除固定用夹板，导致骨折端严重错位，医疗行为没有过错，不构成医疗事故。该案中医疗机构的诊疗行为与患者的损害后果不存在因果关系，因而医疗机构不承担侵权责任。假设医院在实施夹板固定术中有过错，那么患者的损害既有诊疗行为的原因，也有患者本身的过错，此时就属于多因一果。又如，某甲误伤某乙随即将某乙送进医院治疗，但医院疏于医护，导致伤口感染化脓并造成某乙严重后遗症。在此，某甲的行为与医院的行为均为原因，共同导致了某乙的损害后果。

当然，在司法实践中法院也不会仅仅依据原因力鉴定意见的结论，就直接套用认定医疗机构的法律责任大小，这是因为，法律责任不仅仅要考虑到因果关系原因力大小的问题，还要综合考虑当事人的过错程度、损害程度等因素。

80. 为什么医疗损害鉴定的鉴定材料需要先行质证？

《民事诉讼法》第 68 条规定："证据应当在法庭上出示，并由当事人互相质证。对涉及国家秘密、商业秘密和个人隐私的证据应当保密，需要在法庭出示的，不得在公开开庭时出示。"

根据《医疗损害责任解释》第 10 条规定："委托医疗损害鉴定的，当事人应当按照要求提交真实、完整、充分的鉴定材料。提交的鉴定材料不符合要求的，人民法院应当通知当事人更换或者补充相应材料。在委托鉴定前，人民法院应当组织当事人对鉴定材料进行质证。"

《民事诉讼证据规定》第 47 条规定："证据应当在法庭上出示，由当事人质证。未经质证的证据，不能作为认定案件事实的依据。"

由上述法律和司法解释可以得知，证据材料一定需要经过法院的质证程序，方能具有证据效力，才有可能被法院采信，未经质证的证据，不得作为认定案件事实的依据。

在医疗损害责任纠纷中，病历资料是确定诊疗行为过失、患者损害结果和诊疗行为是否具有因果关系等核心事实问题的关键证据，也是医疗鉴定的重要鉴定检材和依据。所以，病历资料是需要进行质证的，在委托鉴定之前，人民法院会组织各方当事人进行庭前质证谈话，确定委托鉴定的病历材料的真实性、关联性和完整性，以确保以该病历材料委托进行的专业性鉴定所依据的鉴定材料的合法性真实性，确保鉴定意见的正确性。经过质证不能达成一致意见的，人民法院有权决定是否提交鉴定。

当事人异议的内容需要专门技术确定是否成立的，人民法院可以告知当事人先就异议问题进行相应的鉴定、评估或者检测。如在司法实践中，经常出现患方质疑病历资料的真实性和完整性，主张存在伪造、篡改、隐匿部分或全部病历资料，并要求先行委托对病历的真实性、完整性进行鉴定，此时，人民法院将根据案件实际情况，确定患者对病历提出的异议是否需要进行专业鉴定。如果其提出的异议经过被告医疗机构的合理解释，可以确定仅仅属于病历瑕疵、不影响病历材料的真实性，将不再委托真实性鉴定，但可以委托鉴定机构进行医疗鉴定。如果患者的异议经医疗机构的解释或没有合理解释的，法院认为应当对患者异议的病历问题先行进行专业性鉴定的，可以委托文检、笔迹墨迹、真实性和完整性鉴定等，以先行查明病历材料的真实性和完整性，进而根据相关情况决定是否委托医疗鉴定。

第六章
诊疗注意义务相关法律问题

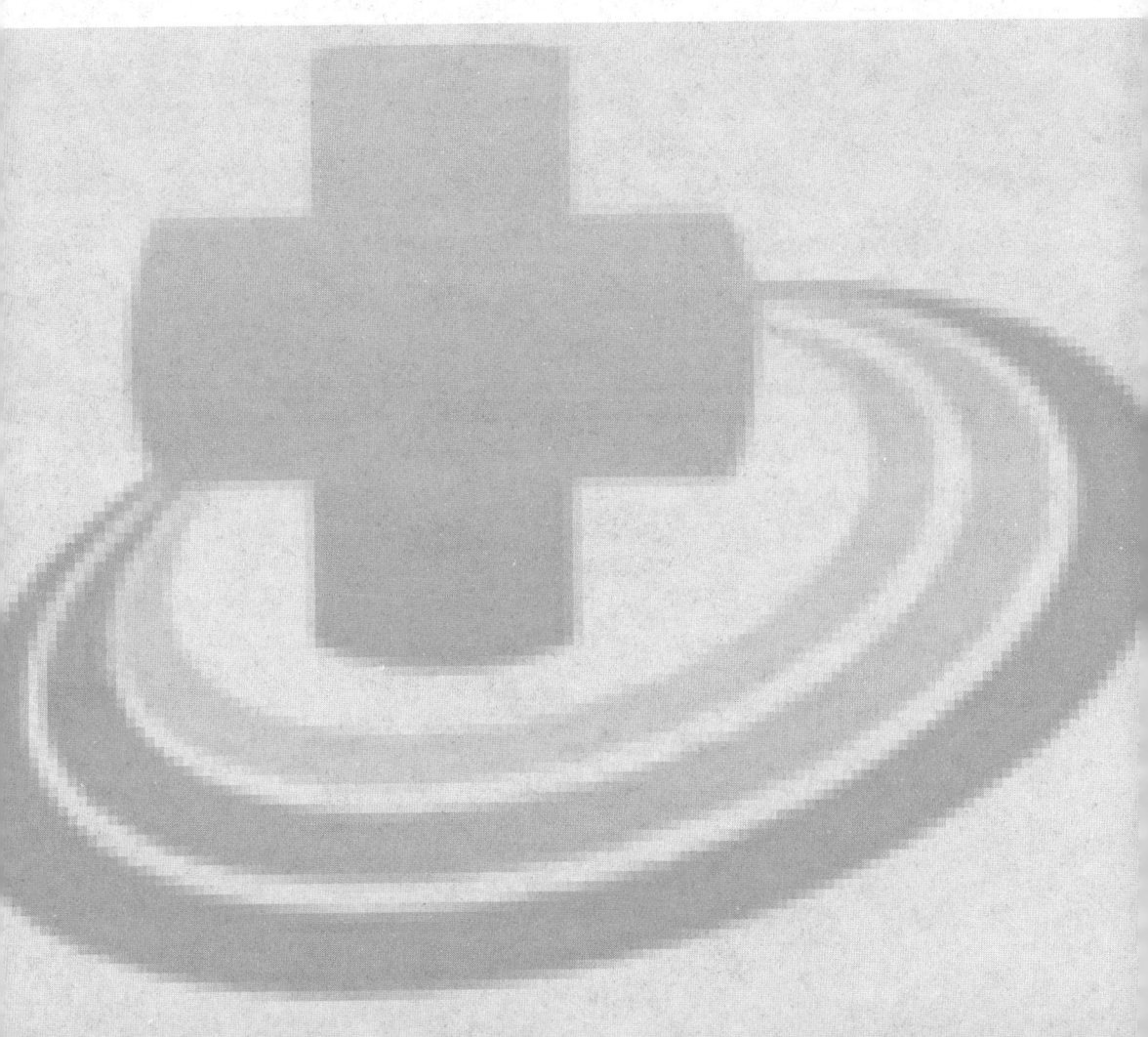

第一节 注意义务概述

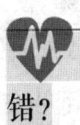
81. 如何综合考虑、科学认定医务人员在诊疗活动中的过错？

《侵权责任法》第 57 条将医疗机构及其医务人员过错的认定标准界定为"未尽到与当时的医疗水平相应的诊疗义务"。

《医疗损害责任解释》第 16 条规定："对医疗机构及其医务人员的过错，应当依据法律、行政法规、规章以及其他有关诊疗规范进行认定，可以综合考虑患者病情的紧急程度、患者个体差异、当地的医疗水平、医疗机构与医务人员资质等因素。"

那么，在认定诊疗行为过错时，也就是判断医务人员违反注意义务时，应当具体把握哪些标准呢？

（1）医疗条件

医疗条件与治疗能力密切相关，综合性大医院往往技术先进、设备齐全、人才丰富，而小医院在设备、技术、人才等方面，都与综合性大医院有所差距，而且治疗能力和医疗技术水平也有所不同，因此，在认定过失时必须考虑到医疗条件对医疗行为产生的影响。

（2）医疗水准

医疗水准可以分为学术上的医疗水准和临床中的医疗水准，前者为研究水准为学术界所认可，后者为实践中的经验水准，属普通实施的技术。医务人员在实施特定医疗行为时，不得低于其行为在临床上应有的医疗水准；否则，医务人员就违反了其应负的注意义务，而存在医疗上的过失，如果造成就诊人死亡或者严重损害就诊人身体健康的，就有可能构成医疗事故，引起对患者的侵权责任。可见，医疗水准直接关系到医师注意义务的认定。判断医生是否履行注意义务的基准，应当以实践中的医疗水准为依据。

（3）医疗的地域性因素

落后地区在资金技术、人才、药品等方面，都不同程度的落后于经济发达地区，经济发达地区与经济落后地区存在医疗水平上的差异，落后地区受到当地种种不利因素的影响，故而落后地区的医疗技术水平，不可能达到发达地区的水平，判断医疗过失应结合该地区具体情况。依据该地区的标准进行判断，考虑降低落后地区医方的注意义务。

（4）医疗的专门性因素

随着经济发展和科技进步，现代医疗技术日趋高度专业化，其具体表现在，医院的专门化和医生分工日益专业化。医务工作者有医生、护士、检验师、麻醉师、药剂师等之分，综合性医院分为内科、外科、儿科、妇产科等科室，每个科室都有专门的医师，他们的注意标准应以其所属的专业而加以判断，从专业分工的角度，专科医师对其专门领域内的注意义务，要高于一般医师的注意义务，而对其专业领域之外的医疗行为，其注意义务不能等同于该领域的专门医生，法律应结合该医生的具体情况加以衡量，法律对某领域内的专门医生所要求的注意义务，应该以该领域的一般医疗水准为判断标准。如果医生因医疗技术水平低于该领域的一般水准而造成患者损害，则可以认定医生存在医疗过失。

（5）医疗紧急性因素

因为伤病多有突发性抢救，故而很难要求采取紧急救治时与正常治疗达到一样完备的水准。医疗上的紧急性主要体现在：危急重症的抢救或治疗过程中出现的难以预见，或即使遇见也难以避免的紧急情况。在紧急情况下，医生往往无法做到对患者的病情及症状做详细的检查诊断，而只能凭借自己的经验和技术对病症迅速作出判断，并及时安排抢救，以尽可能排除危险，挽救患者的生命。在紧急情况下医生的判断能力、思维能力和预见能力普遍低于正常情况，其注意义务一般应也低于一般的医疗情况。

（6）医疗特异性因素

特异性因素是指，特殊体质和病态表现，患者因自身体质差异、发病时表现症状，有时是医疗机构难以作出准确判断，在此时不应仅从事后的结果进行反推，判断是否存在误诊，而应当以就诊时的症状表现作为判断依据，一般情况下，即使从结果分析属于误诊，但只要基于病发时的症状，医生严格履行职责，无过失违反诊疗常规，仍应属于并未违反医疗注意义务。

 82. 医务人员在诊疗活动中应该履行哪些注意义务？

《侵权责任法》第 57 条规定："医务人员在诊疗活动中未尽到与当时的医疗水平相应的诊疗义务，造成患者损害的，医疗机构应当承担赔偿责任。"医疗活动作为一种专门性的技术和知识，医疗活动的从业人员一般均受过专门的训练，并且通过了一定的资格考试，取得了某种资格，所以，对于医务人员注意义务的判断标准，比一般普通人的标准要高，即应达到医务人员普遍的专业水准，才能够认为是尽到了注意义务。由于医方对患者进行诊疗的整个过程是由多种具体的医疗行为构成的复杂过程，因而每一项具体的诊疗措施，都应当尽到相应的注意义务。医务人员具体的注意义务主要包括说明义务、正确诊断和治疗义务、制作保存病历的义务等。

医疗活动中注意义务包括一般注意义务和特殊注意义务。一般注意义务是指医务人员在医疗服务过程中对患者的生命与健康利益的高度责任心，对患者人格尊重，对医疗服务工作的敬业、忠诚和技能追求上的精益求精。特殊注意义务，是指在具体医疗服务过程中，医务人员对每一环节的医疗行为所具有的危险性加以注意的具体要求。

一般来说，普通医务人员有下列注意义务：

（1）有义务具备同一地区或相似地区且在相同条件下从业的医务人员通常所具有的学识和技术。

（2）有义务使用同一地区或相似地区且在相同条件下从业的医务人员在相同的病例中通常使用的注意和技术。

（3）有义务在实施技术或应用学识时使用合理智慧和最佳判断。

例如，内科医师有义务采集适当的病史，进行适当的体格检查，要求必要的实验室检查，并对检查结果予以适当的解释和建议，对症状和体征进行详细的鉴别诊断。在选择治疗措施和制定治疗方案时，应告知病人可能取得的治疗效果和存在相关风险，即医疗行为中不良结果的预见义务和回避义务，必要时应取得病人的知情同意。对本领域之外或超出本人能力的危重患者负有作出转医说明的义务。选择药物时，应遵循安全有效和经济的原则。医疗机构应尽的注意义务是提供合格的医疗护理人员，提供合格的设备和仪器，建立必要的安全和保障系统等。

83. 医务人员在诊疗活动中应该如何履行结果预见义务？

医务人员的注意义务是指处于一般水平的医师所应具备的医学学识、治疗经验、与诊疗疾病时能够预见结果的发生以及防止结果的发生而采取必要措施。结果预见义务，是指医务人员集中注意力，保持足够的谨慎，认识到自己的医疗行为可能产生的后果。实践当中，把握结果预见义务应当注意以下几点：

（1）结果预见义务的范围，包括诊断检查治疗方案的选择、治疗行为后处理、疗养指导等,预见的内容应当全面,如疾病的类型、并发症、大致的医疗费用等。

(2)医师应具有最基本的医学知识,危险是否有预见的可能,以一般医师的医学知识为判断标准,不能以医师自己的主观医学知识及经验作为判断标准,医师没有达到相当的知识水平,本身就是注意义务的违反。

(3)预见特定结果,对于医师来说就是要采取特定的治疗手段,如必要的检查、治疗等,如医师应采取必要的医疗行为,而没有进行,也是违反结果预见义务。

84. 医务人员在诊疗活动中应该如何履行结果避免义务?

一般说来,医疗行为有侵袭性,往往对患者存在一定的危险,这种危险对患者的组织器官往往造成严重的损害,乃至成为威胁患者生命安危的医源性损害,具体分类如下:

第一,急性危险和惯性危险。急性危险是患者的急性疾病所具有的危险性;慢性危险是指患者慢性疾病所具有的危险性。

第二,定型危险和偶发危险。定型危险是指某种疾病所具有的特定危险,或必然伴随的危险,这种危险的出现是可以预见并可加以防范;偶发性危险是指某种疾病所具有的特定危险,或非必然伴随的危险,这种危险的出现往往是难以预见和加以防范的。

第三,药物危险和感染危险。药物危险是指治疗药物对机体组织器官所具有的特定损害作用而导致的危险。这种危险通常在药物说明书以及临床医学报告中有提示。绝大部分药物危险属于可知的、定型的危险,少数属于不可知的、偶发的危险;感染危险是指由于病原体如细菌、病毒等感染人体后导致的危险。

第四,高度危险和一般危险。高度危险是指为患者提供的药物治疗、手术治疗所具有高度概率和可能性，或必然会带来严重损害组织器官甚至危及生命的危险性；一般危险是指给患者提供的药物治疗、手术治疗必然会造成组织器官轻度损伤，或一般毒副作用反应，不存在危及生命的危险性。有时由于患者的特殊体质，特殊病情，一般危险也可转化为高度危险，因此，需要医师密切观察，综合判断。

因此，医师仅尽到结果预见义务是不够的，还必须基于其对医疗行为产生的危险方式和危险程度的认识和估计，为避免该危险的发生采取适当的措施，这就是医务人员的结果避免义务。一般而言，医护人员履行结果避免义务有两种方式：一为舍弃危险行为；二为提高注意并采取完全措施。

（1）舍弃危险行为

结果回避的义务的另一基本要求是：对病人采取的一切诊疗措施都以必要为原则。特别是那些可能对病人造成较大风险的医疗措施，无确切疗效、副作用尚不清楚的药物，一定要谨慎而为。行为人因为其内在的注意而认识或预计其行为危险性，履行其外在的注意义务，最简单的方法是立即舍弃做出该危险行为。这种单纯的不做某种危险行为，即属于外在注意义务的履行。

行为人已履行内在的注意义务，但欠缺外在注意义务的能力，却仍不舍弃为该危险行为，则此行为可因违反客观的外在注意义务而承担责任。简而言之，行为人既不具有特定行为所必要的技术条件，又没有紧急情况，仍然承担特定医疗行为，就可能违反结果回避义务。如医师自知不具有某种专科医师的手术能力，又欠缺其它阻却违法的事由，仍冒然行事，而致病人死伤，即属注意义务的违反。

（2）提高注意并采取安全措施

行为人认识或预见其行为的危险，仍继续为其行为，这并不意味着行为人就有过失。这是因为，在科技发达的社会，任何先进新产品或技术的运用，均伴随有相当的危险性，并不能因为其有危险性就舍弃先进的科技设备。

第六章 诊疗注意义务相关法律问题

若行为人已保持必要的注意并采取措施，防止这种危险，但不利结果仍然发生，医师并不因此而承担责任，如护士为病人注射青霉素，过敏试验为阴性，而注射青霉素后却迟发过敏反应，病人因过敏性休克，经抢救无效死亡。这种结果是无法避免的，医师并不因此承担责任。

 **85. 医疗机构和医务人员所处的地域对判断注意义务有何影响？**

《医疗损害责任解释》第 16 条规定："对医疗机构及其医务人员的过错，应当依据法律、行政法规、规章以及其他有关诊疗规范进行认定，可以综合考虑患者病情的紧急程度、患者个体差异、当地的医疗水平、医疗机构与医务人员资质等因素。"

不同地域的差异，直接影响着不同地区的医疗机构和医务人员的医疗水平，进而影响注意义务和诊疗过错的判断标准。

我国地域广阔，地区间经济发展不平衡，各地医疗技术水准有所差异。经济落后地区医疗设备相对较差，诊断的辅助手段也受到这种因素的制约，而且在落后地区医疗技术的普及程度较低，这使得准确判断疑难杂症更加困难。落后地区在资金技术、人才、药品等方面，都不同程度的落后于经济发达地区，因此，在判断医疗水准时，会结合该地区具体情况进行判断，考虑降低落后地区医方的注意义务。

医学的不断进步会带动医疗水准的不断提升，因而时间不同，医疗水准也具有差异。另外，各地的医疗水准并不是都随着医学的进步而同步提升，有的地区发展快些，有的地区发展慢些。因此，我们应当注意到医疗水准这种时间和地域上的区别。

123

 86. 医疗机构和医务人员的资质对判断注意义务有何影响？

《医疗损害责任解释》第16条规定："对医疗机构及其医务人员的过错，应当依据法律、行政法规、规章以及其他有关诊疗规范进行认定，可以综合考虑患者病情的紧急程度、患者个体差异、当地的医疗水平、医疗机构与医务人员资质等因素。"

医疗机构分为不同的等级，其医疗条件、医护人员的专业水平和从业能力在不同等级的医疗机构之间差距较大，一些等级较高、资质较好的医疗机构可以进行疑难复杂的手术、检查和治疗，而等级较低、资质较差的乡镇卫生所、社区卫生服务中心则只能进行与其医疗设备与水平相适应的医疗行为。

医务人员分为全科医师与专科医师。所谓"全科医师"，是指不分诊疗科别为患者实施医疗行为的医师；所谓"专科医师"，是指以特定诊疗科为范围，仅在该科范围内为患者实施医疗行为的医师。就我国医疗体制现状而言，虽然对医师实行统一的临床执业证资格制度，但通常情况下，医疗机构都内设内科、外科、儿科等不同科室，这其实就是专科医师制度。而在医疗卫生条件比较落后的地区，更多的是全科医师。在认定医师的注意义务时，专科医师和全科医师一般以不同的医疗水准为基准。

另外，医疗机构的资质也有很大差异，在一定程度上也会影响到对医务人员注意义务的医疗水准。

第二节　诊断过失

（一）医疗误诊问题

87. 哪些误诊容易引发医疗纠纷？

误诊的发生，极易导致医疗事故，进而引发纠纷。常见的易引发诉讼的误诊情形包括以下情况：

（1）急、危重患者诊断不明死亡。

（2）急、危重患者误诊、误治发生严重后果。

（3）疑难病、罕见病误诊。

（4）疑难病长期反复多处、多级医院误诊，延误病情，发生严重后果。

（5）常见病已具备诊断条件发生误诊、误治发生严重后果。

（6）已具备诊断条件，延误诊断，贻误手术时机造成严重后果。

（7）以主诉疾病就诊，遗漏非主诉重要疾病，发生严重后果。

（8）以主诉疾病就诊，遗漏非主诉重要疾病，治疗过程中使漏诊疾病加重或发生严重后果。

（9）不具备诊断条件误诊，如疾病早期构成诊断的症状、体征、辅助检查都不具备，特殊检查才能确诊又无法实现特殊检查。

（10）虽然误诊，但是未误治仍有严重后果。

88. 诊疗过错中的误诊有什么具体表现？

诊断是治疗的前提和基础，只有诊断正确，才能实施有针对性的、行之有效的治疗措施，否则，不仅不能达到治疗目的，还会给患者造成不同程度的损害。

误诊是一种医疗过失，后果可轻可重，轻者延误治疗，重者导致患者残疾或死亡。值得注意的是，诊断错误并不一定都是误诊，由于各种疾病均具有复杂的发展过程，在典型的症状和体征还没有表现出来的时候，再高明的医生也难以确诊，只有疾病充分发展后，各种支持诊断的表现才逐渐明朗化，此时确立的正确诊断，并不能说明先前的不明诊断或错误诊断是误诊。

人民法院在判断是否存在误诊时，一般从以下两个角度考虑：

第一，医生在诊断过程中是否存在不负责任，如不认真采集病史、不全面进行查体等。

第二，医生是否存在不钻研业务、技术水平较低、对应该而且可以认识的疾病没有认识。

误诊是指由于医务人员工作不负责任或者专业技术水平没有达到应该达到的标准而导致的诊断错误，一般包括：判断错误，即对疾病的判断错误；延误诊断，即在应当对疾病做出诊断的时间内，没有及时做出诊断，其具体表现为以下两类情况：

（1）责任性误诊

责任性误诊是指医生马虎从事、疏忽大意、对工作不负责任造成的误诊。在临床工作中，各科均有各自的一套采集病史和检查检验程序，医生必须遵照执行，结合不同患者的特点，认真完成诊断工作，否则就有可能造成误诊。常见的责任性误诊错误有下列几种：采集病史草率，不详细询问病史，不重视患者或家属提供的情况；忽视其他医疗单位或其他科的资料，不重视陪送医务人员的意见；不认真分析病因，放弃关键性的检查项目；盲目自信，不听取他人意见，甚至不执行上级医生的指示；对疑难问题不及时请示或会诊，擅自鲁莽行事。

医务人员的工作与人民群众的生命健康息息相关，医者仁心，多一些细致和耐心，不仅是对患者负责，也是对自身最大的保护。

（2）技术性误诊

技术性误诊是指因医生的专业技术水平所造成的误诊。医学各学科均有自身的一整套科学规律，各级医生必须达到技术水平的要求才能胜任医疗工作。否则，尽管医生使出浑身解数，也仍然难以避免误诊的发生。为了提高医生的专业技术水平，卫生行政部门设立了各种考试制度和一系列专业教育的规定，并且在临床工作中，建立了查房、会诊、病例讨论等规章制度，努力降低技术性误诊的发生率。另一方面，医疗机构应该对此高度重视，除严格遵循各项规章制度，在医院内部的人才交流培养方面，可以通过常规培训、交流研讨、观摩手术等方式，提升医务人员的业务能力。医务人员也要注意提高自己的能力素质，尽可能避免技术性误诊的发生。

89. 医疗损害中误诊产生的主要原因有哪些？

现实中误诊产生的原因主要有：

（1）问诊不全的误诊

问诊全面是对一个临床医师的基本要求，一般包括主诉、现病史、既往史、个人史等等。临床常常有问诊不全而导致误诊，如外科医生没有进行常规询问病人外伤史，而仅凭在下腹有压痛而做急性阑尾炎手术，手术中未能作腹腔探查，导致病人因回肠近盲肠处穿孔而死亡，明显违背医师注意义务。

（2）检体诊断不仔细而误诊

医师对病人经过仔细观察和全面的体格检查得出的临床诊断叫检体诊断，体格检查是医师运用自己的感官或借助于简单的诊断工具来了解病人身体状况的最基本的检查方法,方法有视、触、扣、听、嗅等,可真正要做到熟练运用这些方法,并使结果可靠,必须具有丰富的医学基础知识和反复的临床实践。在检查诊断中,常见的违反注意义务情况有:体格检查不仔细,遗漏病人重要的体征;由于医师本身的能力限制,不能正确认识患者相关体征;病人的体征随疾病发展的过程中,医师未能及时采集信息而误诊。如某患者肩背痛前来就医,医师只粗略的检查一下就诊断为肩周炎,最终患者因心肌梗塞而死亡。如果初诊时医师能够认识到患者的疼痛属于心肌梗塞的放射痛,开具一个心电图检查以辅助诊断,就有可能避免患者的死亡。

(3)对检查结果盲目相信而误诊

现代医学日益发达,许多疾病的病因、病理、器官功能状态、血生化等资料可以通过各种技术手段检查出来。先进的检查仪器不断涌现,检查在诊断中的价值日趋重要,已成为临床诊断非常重要的组成部分。实际上,不论检查仪器如何先进,其使用范围都有一定的局限性,也可能因标本的采取、保存、仪器的稳定性和技术人员操作的熟练程度不同而导致数据差异。医师通常可对检查结果合理信赖,但当检查结果与临床表现不符时,切不可盲目依赖检查,必须结合病史和体格检查全面系统的考虑。偶然的阳性、阴性不应视为肯定或否定临床诊断的依据。

  90. 医务人员责任性误诊的,可能承担何种法律责任?

责任性误诊,是指医生马虎从事、疏忽大意、对工作不负责任造成的误诊,出现"有过错的误诊",即责任性误诊,则可能承担以下法律责任:

第一,行政法律责任。结合《医疗事故处理条例》第2条的规定可以得知,医疗活动中存在过失,即违反了医疗卫生管理法律、行政法规、部门规章和诊疗护理规范、常规,造成患者人身损害的不良后果,损害程度达到《医疗事故处理条件》规定的医疗事故等级,以及原卫生部《医疗事故分级标准(试行)》的规定要求,且过失行为与不良后果之间存在因果关系,则构成医疗事故,应当承担医疗事故的法律责任。

第二,民事法律责任。医疗机构存在过错的误诊行为,如果确有患者损害的事实,患者的损害后果和误诊医疗行为存在因果关系,符合民事侵权构成要件的,应当依照《侵权责任法》确定医疗机构责任承担。

第三,刑事法律责任。是针对医务人员的职务过失造成严重后果的情况的。根据《中华人民共和国刑法》(以下简称《刑法》)第335条关于医疗事故罪的规定:"医务人员由于严重不负责任,造成就诊人员死亡或严重损害就诊人身体健康的,处三年以下有期徒刑或拘役。"所以,如果医务人员的误诊行为,导致就诊人死亡或严重损害其健康的后果,则有可能需要承担刑事责任。

 91. 延误诊断的,法律责任如何承担?

延误诊断主要有以下两种情况:

其一,急、危重患者延误诊断。即起病急骤,病情危急,预后凶险,要求医生分秒必争,迅速、准确做出正确诊断和采取有效抢救措施,数分钟延误即可导致死亡。

其二,一般疾病延误诊断。即疾病的典型症状、体征、辅助检查结果构成诊断依据需要一定时间,医生对患者的询问、检查、观察、思考、判断也必须有一定时间,应该在疾病的表现已构成诊断依据时及时做出诊断,并且不贻误治疗。

医疗过失是医疗机构及其医务人员在实施医疗行为的过程中,违反其应尽的注意义务,从而导致患者遭受人身或者财产损害。这里的注意义务，主要是指医疗机构及其医务人员在从事诊疗活动时，应当按照法律、法规、诊疗规范的规定，以最谨慎的态度诊断病情，以防止避免损害结果发生的义务。因此，对于医疗过失而言，医疗机构是否尽到注意义务，是判断过失成立与否的前提条件，如果医疗机构因未尽到应有的注意义务，做出错误诊断，导致患者延误治疗时机的，可以认为医疗机构具有过错。此时，如果延误治疗时机与患者所受的损害具有因果关系，医疗机构应对患者遭受的损害承担一定的赔偿责任。

92. 未尽到合理诊疗义务而发生的误诊，医疗机构是否需要承担法律责任？

医疗机构作为专业技术机构，法律赋予其一定的特殊义务。《侵权责任法》第55条规定："医务人员在诊疗活动中应当向患者说明病情和医疗措施。需要实施手术、特殊检查、特殊治疗的，医务人员应当及时向患者说明医疗风险、替代医疗方案等情况，并取得其书面同意。"据此，医疗机构在对患者进行检查、治疗以及其他医疗措施时，应该向不具有该方面专业知识的患者进行具体的说明，必要的情况下应予以解释，以确保患者能够对自身的诊疗作出明确的选择、判断。

特殊情况下，医疗机构及医务人员负有特殊的诊疗义务。例如,《母婴保健法》第18条规定："经产前诊断，有下列情形之一的，医师应当向夫妻双方说明情况，并提出终止妊娠的医学意见：（一）胎儿患严重遗传性疾病的；（二）胎儿有严重缺陷的；（三）因患严重疾病，继续妊娠可能危及孕妇生命安全或者严重危害孕妇健康的。"《母婴保健法实施办法》第4条则规定："公民享有母婴保健的知情选择权。国家保障公民获得适宜的母婴保健服务的权利。"根据上述规定，为维护夫妻双方的生育选择权，医疗机构在产检时发现胎儿存在遗传性疾病、严重缺陷等情形时，负有告知夫妻双方的义务，否则应当为此承担相应的民事责任。医疗机构在产前已经检查出胎儿存在先天缺陷，根据医学诊疗规范和常规也可以诊断出相关缺陷，却因为误诊未能诊断或未能明确告知，导致分娩缺陷婴儿，是存在医疗过错的，此时，医疗机构侵犯了孕妇的健康生育选择权，对孕妇的生活及婴儿将来的生活造成了严重的侵害，孕妇有权向医疗机构主张损害赔偿责任。

93. 尽到合理诊疗义务仍发生的误诊，医疗机构是否需要承担法律责任？

从医学发展角度来看，因医疗技术的发展具有高度复杂性、高风险性和局限性，患者的病情又十分复杂多样，医疗机构无法保证能够完全准确无误地诊断出患者的病情，在一定范围内的误诊是被接受的。但是，可以被接受的误诊必须是客观上因现代医学技术的局限所不能避免的，而非违反诊疗护理常规导致的有过错因素的误诊。

《侵权责任法》第54条规定，患者在诊疗活动中受到损害，医疗机构及其医务人员有过错的，由医疗机构承担赔偿责任。同时《侵权责任法》第60条规定："患者有损害，因下列情形之一的，医疗机构不承担赔偿责任：……（二）医务人员在抢救生命垂危的患者等紧急情况下已经尽到合理诊疗义务；（三）限于当时的医疗水平难以诊疗。"根据上述规定，医疗机构在医疗损害责任纠纷中承担赔偿责任首先要满足的条件是医疗机构和医务人员在诊疗和护理过程中存在过错，即医疗机构是否已尽客观上的注意义务并采取了避免损害结果发生的适当措施；对于误诊而言，由于其属于医疗活动中可能发生的概率事件，故不能一概认定属于医疗机构的过错。

因此，只要医疗机构尽到了法定的注意义务，且根据其现有的医疗技术确实难以准确判断，那么即使医疗机构误诊，也不应认定其具有过错，更不能简单的认定医疗机构承担赔偿责任。

（二）医疗漏诊问题

94. 诊疗过错中的漏诊有什么具体表现？

漏诊，即同一患者同时存在不同种疾病，医生遗漏某种疾病的诊断。漏诊包括：

（1）漏诊主要疾病。即同一患者有多病或多种损伤，只对次要疾病做出诊断，而漏诊了主要疾病。如患者慢性支气管炎、肺癌，仅对慢性支气管炎做出诊断；患者多处创伤，诊断软组织损伤却漏诊了颅脑损伤。

（2）漏诊次要疾病。即同一患者有多病或多处损伤，对主要的做出诊断而漏诊了次要的，如患者患浸润型肺结核、慢性迁延性乙肝，仅对肺结核作出诊断。

（3）漏诊原发病的并发症。对疾病诊断治疗过程中，发生了原有疾病的并发症，漏诊了该并发症。如伤寒治疗过程发生了肠穿孔；糖尿病治疗过程中发生了眼底出血；急性心肌梗塞治疗过程中发生心脏破裂。

（4）漏诊诊断治疗措施造成的并发症。即没有发现因诊断、治疗措施引起的并发症。如氨基糖苷类抗生素造成急性肾功能衰竭，胸腔穿刺造成气胸，冠状动脉造影造成心包积血，急性心肌梗死溶栓治疗造成脑出血。

（5）漏诊新发生疾病。即在诊治过程中，漏诊了新发生的、与原发病及诊断治疗无关的疾病。如肺癌治疗过程中，发生了急性阑尾炎没及时诊断。

（6）漏诊疾病的某一临床表现或同一疾病某一器官的表现。如类风湿病仅诊断治疗关节病变，对心、肺或肾脏表现遗漏，冠心病仅注意心绞痛的诊治，漏诊同时存在的心律失常。

（7）病因诊断错误。如肝硬化有多种病因，把慢性酒精中毒误诊为病毒性肝炎；乙型肝炎同时患有丙型肝炎仅诊断其中一种。

（8）遗漏病原诊断。如肺炎、肝炎不作病原诊断。

（9）疾病的性质诊断错误。如急性胰腺炎出血坏死型误诊为水肿型；肠梗阻绞窄性误诊为单纯机械性。

（10）疾病的病理诊断误诊。如肾病综合征的病理分型漏诊或误诊，急性非淋巴型白血病分型错误。

95.因漏诊导致患者的损害加重的，医疗机构如何承担责任？

医疗活动本身具有很强的专业性，并具有高度危险性，故医疗机构在实施医疗行为时，对患者负有高度的注意义务，在对患者进行诊断时，应根据当前的科学水平作出正确、及时、准确的诊断结果，从而使患者得以恢复健康或减轻病痛。因此，医疗机构未能作出正确、及时、准确的诊断结果时，其行为已构成医疗过错，而患者因此受到相应人身损害的，医疗机构要承担相应的过错赔偿责任。

现实中，漏诊并非导致患者损害的唯一原因，常常出现的情况是患者自身存在严重的疾病，因医疗机构的错误诊断导致疾病更加严重，从而引发新的损害。而对于患者损害加重的情况，我们需要进行具体问题具体分析。

首先，如果因为患者身患疾病被医疗机构漏诊，医疗机构延误治疗或错误治疗，造成患者损害结果的主要原因是医疗机构的过错，则医疗机构一方需对患者的全部损害承担赔偿责任。

其次，如果患者本身的疾病非常危急，漏诊虽然具有一定的过错，但是根据患者的实际情况，即使诊断正确、治疗得当也不能够避免损害结果的发生时，那么患者损害结果发生的主要原因就是患者自身病情的自然转归，医疗机构仅仅就起因误诊漏诊的过错行为承担相应的责任，而并不对患者的全部损害承担责任。

如果患者在多家医院进行救治，最先治疗的医疗机构对患者存在漏诊行为，未能履行以专业知识作出准确诊断的义务，应属过错行为，该行为造成患者病情延误并最终死亡的，应认定二者之间存在一定因果关系，最先治疗的医疗机构应承担相应责任。而患者后就诊的医疗机构存在延误诊断且未及时根据患者的病情为其实施手术治疗行为的，亦未履行其应尽到的及时诊断的义务，对造成患者死亡的结果亦应承担相应责任。若患者最后就诊的医疗机构诊断正确并选择为患者及时实施手术的治疗方式，履行了完整的诊疗义务，对造成患者死亡的结果无需承担责任。

96. 多家医疗机构均存在漏诊或治疗不当行为的，医疗机构如何承担责任？

多家医疗机构对患者救治发生漏诊或其他治疗不当的行为，导致患者损害时，一般需要根据患者的损害与多家医疗机构的诊疗行为之间的因果关系和原因力大小，来综合判定各自的赔偿责任。

《侵权责任法》第54条规定："患者在诊疗活动中受到损害，医疗机构及其医务人员有过错的，由医疗机构承担赔偿责任。"由此可知，医疗机构在医疗过程中存在过错是承担赔偿责任的前提。多家医疗机构的诊疗行为在无意思联络的基础上，均存在过错的，各自承担相应的责任。一般而言，医疗机构的医疗行为以确定患者疾病的本质，并施以针对性的治疗而使患者病情好转为目的，故应以此义务的履行来衡量医疗机构是否存在医疗过错。

《医疗损害责任解释》第2条规定："患者因同一伤病在多个医疗

机构接受诊疗受到损害，起诉部分或者全部就诊的医疗机构的，应予受理。患者起诉部分就诊的医疗机构后，当事人依法申请追加其他就诊的医疗机构为共同被告或者第三人的，应予准许。必要时，人民法院可以依法追加相关当事人参加诉讼。"

《侵权责任法》第12条规定："二人以上分别实施侵权行为造成同一损害，能够确定责任大小的，各自承担相应的责任；难以确定责任大小的，平均承担赔偿责任。"多家医疗机构分别实施医疗行为，虽然共同造成同一损害后果，但各医疗机构不存在共同的意思联络，则根据查明的责任大小，由各医疗机构按份承担责任。《侵权责任法》第8条规定，二人以上共同实施侵权行为，造成他人损害的，应当承担连带责任。这里的"共同"，指的是有共同的意思联络。

在司法实践中，一般情况下各家医疗机构的诊疗行为都是独立的，并无意思联络，但是也不排除共同会诊并共同诊疗的情况发生，如果多家医疗机构存在意思联络并且共同实施了诊疗行为，因漏诊导致患者损害的，将由各家医疗机构共同承担连带责任。

97. 误诊了难以诊断的疾病，对患者造成损害的，医疗机构是否承担责任？

医学不是万能的，现在的医学技术水平也不可能实现所有病症百分之百的正确诊断，有些疑难杂症或特殊疾病客观上可能确实无法正确诊断。此时，如果医疗机构错误诊断是因为患者自身所患的难以诊断的疾病，即便患者因此遭受损害，也不应苛责于医疗机构。

但是，对这种情况进行严格把握，如果确实属于现代医学技术仍无法进行诊断，则构成法定免责，不承担赔偿责任。

根据《侵权责任法》第60条的规定，患者有损害，但限于当时的医疗水平难以诊疗的，医疗机构不承担赔偿责任。"当时的医疗水平"

是指医务人员在同一时间、同等地域内等客观条件下，通常所应具备的医学知识和技能。在同等条件下，医务人员诊断同类疾病所使用的技术和检查手段，在同等条件下对疾病做出最恰当的诊断、最合理的治疗。虽然当今医学已经达到了前所未有的水平，但医疗行为仍具有高度技术性、高风险性、复杂性及局限性，目前尚有许多疾病的发病原因和机制不明，缺乏早期特异性的诊断手段，许多检查有创伤性、风险性，许多疾病缺乏有效的治疗方法。

在现有的医疗条件下，医务人员虽已尽到谨慎的注意义务，但医疗行为仍不免可能造成不能预料或者虽能预料但不能防范的不良后果，目前还不能达到百分之百的准确诊断和治愈率。如果医疗机构或医务人员已经尽到了合理的注意义务，并且实施了符合当时医疗水平的诊断和治疗行为，即使因难以诊断而导致患者发生了损害，医疗机构和医务人员的诊疗行为也没有法律上的过错，不承担赔偿责任。

第三节　用药过失

 98.用药错误指的是患者按医嘱用药后出现不良反应吗？

用药错误，是指药品在临床使用及管理全过程中出现的、任何可以防范的用药疏失，这些疏失可导致患者发生潜在的或直接的损害。

用药错误与药品不良反应有着很大的差别，用药错误和药物不良反应（ADR）同样会导致患者伤害，二者是药物不良事件的重要组成部分。

但是，"药物不良反应"，是指合格药品、在正常用法用量下出现的与用药目的无关的有害反应。用药错误和药物不良反应的区别在于，药物不良反应是药品的自然属性，而用药错误存在者较为明显的用药使用上的过错，是违反用药常规和诊疗规范的，具有主观过错。一般而言，医务人员报告药物不良反应无须承担损害赔偿责任，药物不良反应事件是无过错的；而用药错误属于人为疏失，具有主观过错，如果因为用药过失导致患者损害，医疗机构需要承担相应的损害赔偿责任。

99. 医疗机构不合理用药有什么具体表现？

（1）存在用药的适应症，而未得到治疗。这里的没有得到治疗，包括得不到药物和因误诊而未给予需要的药物这两种情况。

（2）选用药物不当。包括患者存在药物适应症，但选用的药物不对症，对特殊患者有用药禁忌或者合并用药配伍不适当。

（3）用药量不足。包括计量较小和疗程不足，多发生在因为避免药物不良反应，预防用药和以为病情减轻过早停药的情况。

（4）用药过量或过分给患者使用对症药物。如剂量过大或者疗程过长，给轻症患者用药量过大，联合用药过多等。

（5）不适当的合并用药。包括未根据治疗需要和药物特性，设计合理的给药方案，无必要和不适当的合并使用多种药物。

（6）无适应症用药。包括患者并不存在需要进行药物治疗的疾病或并非属于适应症，医生安慰性的给患者开药，患者保险性用药等。

（7）存在给药时间、间隔、途径不适当等情况。

（8）重复给药。包括多名医生给同一患者开具相同的药物，并用含有相同成分的复方制剂和单方药物，或者提前续开处方。

总之，凡属于人为因素造成的非安全、有效、经济、适当的用药行为，都可能构成用药过失。

100. 医疗行为中，如何分级判断用药错误？

（1）用药错误 A 级：客观环境或条件可能引发错误（错误隐患）。

判断标准：当满足下列条件时可归为该类型：第一，无差错发生；第二，环境或事件有可能造成差错的发生。经常发生在易混淆药品（如形似，音似药品）、高危药品等无警示标识的情况中。

（2）用药错误 B 级：发生错误但未发给患者，或已发给患者但患者未使用。

判断标准：同时满足以下①和②，或①和③时，可判断为 B 级错误：①差错确实发生；②差错未累及患者；③患者未用药前，差错已经发现或被阻止。具体情况如：患者，男，58 岁，诊断为皮肤疱疹病毒感染。医生为患者开具利巴韦林注射液，急诊药师错发为利巴韦林片。护士在给患者用药前发现药品和处方不符，更正错误，最后患者拿到正确药品。

（3）用药错误 C 级：患者已使用，但未造成伤害。

判断标准：同时满足下列情况时可判断为 C 级错误：①差错确实发生；②差错累及患者；③患者未受到伤害。具体情况如中药房门诊药师误将脑血康胶囊错发成脉血康胶囊，患者服用 1 次药物后发现药品错误，要求换药。此错误未引起患者任何不适。

（4）用药错误 D 级：患者已使用，需要监测错误对患者的后果，并根据后果判断是否需要采取措施预防和减少损害。

判断标准：①差错确实发生；②差错累及患者；③需要进行监测以确保患者不受损害或能够及时介入以阻止损害发生。例如，患者肺部感染合并心力衰竭，医生查房时口头医嘱为加用地高辛 0.125mg，qd。临床药师审核医嘱时发现电脑医嘱为 0.25mg，qd，与医生口头医嘱所述剂量不符，于是，及时通知医生更正，但此时患者已使用 1 次。监测患者地高辛血药浓度为 1.5ng/ml（正常值 0.8~2.0ng/ml）。

（5）用药错误 E 级：错误造成患者暂时性伤害,需要采取处置措施。

判断标准：同时满足下列情况时可判断为 E 级错误：①差错确实发生；②差错累及患者；③差错可能对患者造成暂时性伤害；④差错发生后患者需要干预治疗。具体情况如：患者行血药浓度检测时药师发现地高辛达到中毒浓度 6.7ng/ml（正常值 0.8~2.0ng/ml），仔细询问病史，发现患者住院后除服用医嘱的地高辛 0.125mg/d 外，还服用自带药品地高辛 0.25mg/d，而患者本人并不知晓自带药品中也有地高辛，以致地高辛中毒。（本例患者需要干预治疗，但未延长住院时间，也未发生永久性伤害。）

（6）用药错误 F 级：错误对患者的伤害可导致患者住院或延长患者住院时间。

判断标准：同时满足下列情况时可判断为 F 级错误：①差错确实发生；②差错累及患者；③需要住院或延长住院时间；④造成暂时性伤害。具体案例：患者，男，11 岁。因皮疹、鼻炎到医院就诊，医生处方氯苯那敏片等，但收费处计价员在向电脑传送处方时，将氯苯那敏片误输入为格列齐特缓释片，药房药师也发成格列齐特缓释片（达美康）。患者服用格列齐特缓释片第二天胃口大增，饭量猛增 3 倍，第 3 天早上突然出现嗜睡、口吐白沫、呼之不应，出汗、四肢发冷等情况，父母立刻将其送往被告医院急诊。经检查，患者血糖大大低于正常值，医生认为是误服格列齐特缓释片所致低血糖反应。患者经对症治疗后康复。

（7）用药错误 G 级：错误导致患者永久性伤害。

判断标准：同时满足下列情况时可判断为 G 级错误：①差错确实发生；②差错累及患者；③可能造成或导致永久性伤害。永久性伤害是指肉体和（或）精神上的永久性损害。如患者因右耳听力下降、堵塞感到耳鼻喉科就诊，诊断为"卡他性中耳炎"，医师予耳膜穿刺抽液后，用庆大霉素 8 万单位+地塞米松 5mg+糜蛋白酶滴耳，之后患者出现头晕、头重脚轻等症状。后到医院就诊，诊断为右耳前庭功能丧失，怀疑右耳庆大霉素中毒。后到权威医院进行诊断，诊断结果为右侧前庭功能低下。

（8）用药错误 H 级：错误导致患者生命垂危，须采取维持生命的措施(如心肺复苏、除颤、插管等)。

判断标准：同时满足下列情况时可判断为 H 级错误：①差错确实发生；②差错累及患者；③采取必要措施维持患者生命。具体情况如：患者，女，26 岁，到医院做人流手术。医生给患者开具头孢米诺等药。在注射头孢米诺前，护士没有给患者做皮试。在注射头孢米诺后，随即患者感到头痛、恶心并伴有抽搐、呕吐。医生随即采取抢救措施。经医生诊断患者属过敏性休克、急性左心衰竭、肺水肿。经及时抢救治疗，患者避免死亡。

（9）用药错误 I 级：错误导致患者死亡。

判断标准：同时满足下列情况时可判断为 I 级错误：①差错确实发生；②差错累及患者；③可能是导致患者死亡的直接原因。如患者，男，40 日（新生儿）。因轻度咳嗽 10 天，间断性抽搐 3 天入院进行治疗，医院诊断为佝偻病性低钙血症、上呼吸道感染、药物性皮疹，医嘱给予 10% 葡萄糖 7ml 加 5% 氯化钙，缓慢静脉注射。药师取药时将 10% 氯化钾注射液 10ml/ 支误认为 5% 氯化钙 10ml/ 支发出。护士在配液过程中误将氯化钾当作氯化钙吸取了 5ml，加入到 10% 葡萄糖 7ml 中，给患儿静脉缓慢注射。静脉给药后，患儿病情加重，面色苍白、口周发灰，继而双瞳孔散大、对光反射消失、呼吸心跳停止死亡。

101. 患者因药物过敏导致损害，医疗机构是否承担责任？

药物过敏，是由药物引起的过敏反应，属于非正常的免疫反应。常见的药物过敏反应本身不属于医疗机构过失诊疗行为导致，而是患者自身的体质导致，仅为正常诊疗活动难以避免的结果之一，且该过敏反应可以通过进一步的治疗得以缓解或消除。但是特殊情况下，由于医疗机构并未进行药物过敏的检验,并未询问患者过敏史就使用诸如青霉素等药物导致患者过敏,如头孢菌素类一般不要求做皮试,但头孢米诺头、孢替安等少数品种,需要做皮试。头孢米诺说明书上写明:有可能引起休克,事前应做皮肤试敏反应为宜。头孢替安说明书上写明:由于有发生休克的可能性,给药前应详细问诊,最好在注射前做皮肤敏感试验。如果因为医疗机构未进行过敏测试,存在用药过失,从而出现患者死亡等严重损害后果的,应该对其过错的诊疗和用药行为承担相应的法律责任。

认定医疗机构应当对患者的损害承担责任应当满足以下情况:

(1)患者与医疗机构存在诊疗事实。

(2)患者确实在诊疗活动中遭受了损害。

(3)医疗机构的相关诊疗行为确实存在过失或过错(可申请鉴定)。

(4)患者的损害与诊疗机构的过错诊疗具有一定的因果关系(可申请鉴定)。

患者因疾病前往医疗机构接受治疗期间出现药物过敏反应,如属于正常药物反应且医疗机构明确告知患者及其家属药物过敏情况及拒绝治疗的风险,此时,如果患者仍然不予配合治疗,因此导致病情恶化的,医疗机构的诊疗行为不存在过错,无需承担损害赔偿责任。如果在诊疗用药过程中,医疗机构和医务人员对患者过敏存在过错,如未做脱敏反应实验、未询问患者过敏史等,则具有医疗过错,如果造成患者损害并且损害结果与诊疗行为具有因果关系的,医疗机构需要承担相应的诊疗责任。

102. 患者因超药品说明书用药导致损害，医疗机构是否承担责任？

在临床实践中，经常存在医务人员超常规、超剂量、改变给药途径、扩大适应症的行为，或超说明书用药的情况。原卫生部《处方管理办法》第6条第1款第9项的规定："药品用法用量应当按照药品说明书规定的常规用法用量使用，特殊情况需要超剂量使用时，应当注明原因并再次签名。"

如果药品本身不存在质量缺陷，医疗机构就可能对因超药品说明书用药所致的损害承担过错责任。如果药品本身存在质量缺陷，医疗机构可能与缺陷药品生产者承担按份或连带责任。

实践中，超药品说明书用药主要表现为以下几种情况：

第一，超出药品说明书规定适应症。如临床使用非降压药物用于高血压治疗等。

第二，超出药品说明书规定的给药途径。在临床中，将抗菌药、激素等药品以雾化器雾化吸入给药的做法较为常见，将抗菌药物稀释后外用、灌肠等亦有案例，医疗机构在纠纷中常以符合医疗用药惯例抗辩。

第三，超出药品说明书规定的剂量。根据《药品管理法》第27条的规定，医疗机构的药剂人员调配处方，必须经过核对，对有配伍禁忌或者超剂量的处方，应当拒绝调配；必要时，经处方医师更正或者重新签字，方可调配。意味法律允许医师超出药品说明书规定的剂量用药，但是必须注明或者重新在处方上签字。至于超出剂量给药的依据则必须有医师提供，否则可能对所致损害承担侵权责任。

依据《医疗机构药事管理规定》第18条的规定，医疗机构应当遵循有关药物临床应用指导原则、临床路径、临床诊疗指南和药品说明书等合理使用药物；对医师处方、用药医嘱的适宜性进行审核。由此可见，按照行政法规规章的规定，药品应当按照相关临床原则和实际情况进行用药，药品说明书实际上属于诊疗护理规范的一部分。如果医疗机

构或医务人员超出药品说明书的规定进行用药，实际上属于构成《侵权责任法》第58条中规定的"诊疗行为违反法律、行政法规规章和诊疗护理规范的行为"，应当推定过错。但是，如果医疗机构或医务人员能够提供证据合理说明超药品说明书用药的具体原因和情况，并对此作出合理解释，则可以认定医疗机构和医务人员无过错。相应的，如果无法证明是在有充分且正当的理由的情况下进行的超药品说明书用药，则可以推定医疗机构存在过错，造成了患者的损害，医疗机构还需要承担损害赔偿责任。

103. 未经许可或备案擅自配置、使用"秘方药"，医疗机构是否承担责任？

医疗机构未经许可或备案擅自配置、使用"秘方药"的，除了承担相应的行政责任，给患者造成人身和财产损害的，还要承担相应的赔偿责任。患者入院就诊，医院可能会推荐自制"秘方药"，针对这类医疗机构配制的制剂，我国《药品管理法》规定，此类制剂需经所在地省、自治区、直辖市人民政府卫生行政部门审核同意，经省、自治区、直辖市人民政府药品监督管理部门批准，发给《医疗机构制剂许可证》并标明有效期，到期还要重新审查发证。同时，配制制剂的医疗机构必须具有能够保证制剂质量的设施、管理制度、检验仪器和卫生条件。该类制剂必须根据规定进行质量检验，检验合格的，凭医生处方在本医疗机构使用。在特殊情况下，经国务院或者省、自治区、直辖市人民政府的药品监督管理部门批准，医疗机构配制的制剂可以在指定的医疗机构之间调剂使用。但是，医疗机构配制的制剂，不得在市场进行销售。现实中，医院自制的药剂，尤其是中药类药物，存在监管无统一标准的现实问题，而一旦因使用自制药剂不当，造成患者人身损害，作为药剂的制作、保管、管理方的医院将承担损害赔偿的责任。

104. 孕妇因被使用禁用药物而自行决定流产的，医疗机构是否承担责任？

在认定诊疗行为与损害后果之间具有相当因果关系时，应当考虑是否具备以下两个要件：

行为是损害后果发生不可缺少的条件，一般情形下，某行为将必然会引发损害结果，即可认定两者之间具有条件性。

依据社会共同经验的标准，行为可能造成损害后果，与实际发生的后果之间具有相当性，也就是行为与后果之间具有联系性，联系性越大则相当性越高。

在医疗纠纷中，认定医疗过错与损害结果之间的因果关系需要较强的技术水平，通常都难以准确认定。为了保护患者的权益，应当适用相当因果关系的标准来考察医疗过错与损害结果之间的因果关系。也即若同时具备上述的条件性与相当性，则可认定存在因果关系，医疗机构承担过错责任。

根据上述理论，医疗机构在明知妇女怀孕的情况下，开具了本应禁止孕妇使用的药物，可以认定医疗机构对此存在过错，其行为违反了医疗常规和注意义务。孕妇在得知自己被使用了该种可能对胎儿有致畸作用的药物后，决定引产的行为符合科学规律、社会常识与常理，属于一般人都会作出的选择。因若在胎儿出生之后再认定损害，会导致损害的扩大，而且对胎儿、孕妇及其亲属也会造成更大的影响。

因此，医疗机构对孕妇使用孕妇禁用药物的行为与孕妇接受引产手术之间存在法律上的因果关系，医疗机构应对其过错给孕妇及其亲属造成的损害承担赔偿责任。作为医务人员，用药应当对症、谨慎，孕妇属于特殊人群，在对特殊人群用药时，更应该尽到高度的注意义务。

第四节 手术过失

（一）术前环节过错

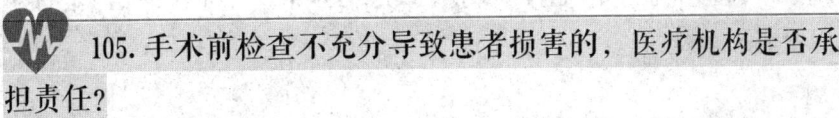
105. 手术前检查不充分导致患者损害的，医疗机构是否承担责任？

《侵权责任法》第54条规定："患者在诊疗活动中受到损害，医疗机构及其医务人员有过错的，由医疗机构承担赔偿责任。"因此，在医疗损害责任纠纷中，对医疗机构的责任认定适用过错责任原则，即只有在医疗机构及其医务人员存在过错的情况下，医疗机构才承担责任。

所谓医疗过错行为，是指医疗机构及医务人员在医疗活动过程中，因故意或过失而未履行应尽的注意义务，从而导致患者人身或财产利益受损的行为。医疗机构存在过错行为造成患者遭受相应的损害后果的，应承担相应的过错责任，该责任属于侵权责任，应当满足侵权责任的基本构成要件。

术前诊断错误、术前准备不充分导致手术决策错误、手术效果不良或者患者死亡以及混淆不同患者、弄错手术部位等，都是较为常见的术前失误。手术前检查的错误问题，严格意义上属于误诊漏诊等错误诊断导致的，但是因错误的诊断从而导致错误的治疗和手术，进而导致患者的损害时，错误诊疗与错误治疗成为了一个不可分割的诊疗活动。

因此，在判断术前检查过错时，需要着重审查两点：一是术前检查的诊疗行为是否符合临床诊疗护理常规,是否存在医疗过错,二是手术并发症的出现,是否由术前检查过失所导致,是否具有因果关系。如果手术前对患者身体状况检查不充分而采取不当手术措施,并且依据相关鉴定结论,该并发症的出现确实是由于术前准备不充分、手术中采取了不当措施导致的,该并发症的发生与医疗行为(术前检查行为)之间存在因果关系,则符合医疗侵权的构成要件,医疗机构应当承担相应的赔偿责任。

106. 手术前准备不充分导致患者损害的,医疗机构是否承担责任?

手术前准备与病人手术的轻重缓急、范围大小以及病人生理状况有密切关系。病人的手术可分为三种:一是择期手术:如胃、十二指肠溃疡病的胃大部切除术;二是限期手术:如恶性肿瘤的手术;三是急诊手术:如外伤脾破裂手术。可能影响病人手术耐受能力的各种潜在因素包括心、肺、肝、肾、内分泌、血液、免疫系统功能以及营养和代谢状态等,据此,可将病人分为手术耐受力良好和手术耐受力不良两种。

手术前的准备分为一般准备和特殊准备两种:

(1)一般术前准备,包括心理方面准备和生理方面准备。心理方面准备包括医务人员和病人及家属两方面。生理方面准备使病人能够维持良好的生理状态,以安全度过手术。一般包括:

①适应手术后变化的锻炼:如练习床上大小便,练习正确的咳嗽和咳痰方法,术前2周开始停止吸烟等。

②备血和补液:纠正术前水、电解质代谢和酸碱平衡失调及贫血状态,术前做好血型鉴定及交叉配血试验,备好一定量的血液制品,有条件患者可预采自体血。

③预防感染:应包括病人避免交叉感染,医务人员注意无菌原则

和术中轻柔操作以减少组织损伤。预防性使用抗生素的指征有：第一，涉及感染病灶或切口接近感染区的手术；第二，胃肠道手术；第三，操作时间长的大手术；第四，污染的创伤清创时间较长或难以彻底清创者；第五，癌肿手术和血管手术。

④胃肠道准备：主要针对胃肠道手术，病人应在手术前1~2天开始进流质饮食，如果行胃部手术，术前应清洁洗胃。如果行结直肠手术，则应行清洁灌肠，并于术前2~3天开始口服肠道杀菌药物，以减少术后感染机会。其他手术，病人从手术前12小时开始禁食，从术前4小时开始禁水，以防因麻醉或手术过程中呕吐引起误吸、窒息或吸入性肺炎。

⑤热量、蛋白质和维生素：择期手术最好在术前1周左右，经口服或静脉提供充分的热量、蛋白质和维生素，以利于术后组织的修复和创口的愈合，提高防御感染的能力。

⑥其他准备：手术前一天或手术当日早晨，检查一次病人，如有发热或女病人月经来潮，应延迟手术日期；手术前夜给以镇静剂，保证病人的充分睡眠；进手术室前排空尿液，必要时留置导尿管；手术前取下义齿，以防误咽等。

（2）特殊术前准备，主要是针对特殊疾病的患者应当注意的特殊事项，在此不进行赘述。

外科手术，包括麻醉术对人体的损害作用以及可能出现危及患者生命的危险性并非不可预知和防范的。诊治医师必须熟知伴随有危险性的治疗方法和仪器。因此，主治医师应具有预测和防范手术危险的义务。不能在毫无认识与准备的情况下,或准备与防范不充分的情况下，冒然实施手术。手术前应详细的核对病史，进行必要的肝功、心电图检查，进行必要的分工。术前要作好器械的准备与灭菌工作，对特殊患者的疾病要采取特殊的检查和准备，做好应急预案和工作。

如果医疗机构或医务人员未能在手术前进行必要合理的检查，防止患者的损害后果的发生，属于结果预见义务和结果避免义务的违反，可以确定其存在诊疗过错，应当承担相应的赔偿责任。

107. 手术时机选择不当导致患者损害的，医疗机构是否承担责任？

手术时间的选择主要是针对手术时间的确定而言的，这一过程中，可能存在过失主要表现为：因为误诊或没有及时做好必要的准备以及其他原因而延误手术实施的时间，延误手术时机；或者在患者的身体并不具备手术条件或者手术行为人尚未做好手术准备的情况下过早地实施手术。简而言之就是，延误手术时机或过早实施手术。

在实践中，手术时间的确定是一个非常临床、极其专业复杂的问题，在大多数情况下，患者的病情可以在一定的时间之内选择确定合适的手术时间，但是在特殊情况下，因为患者的情况危机、情况特殊或者其他准备工作的原因，也需要根据客观的实际情况及时或延后进行手术。

例如，患者孙某经诊断为"左股骨闭合性骨折"，在某医院进行了"切开复位＋钢板内固定术"，术后孙某持续高热。感染治疗未有效，后转院到其他医院后被诊断为"低毒性骨感染"，经多次手术，骨折仍不能愈合。后孙某起诉该医院要求赔偿，经医疗事故技术鉴定认为，该例诊断明确、具有手术指征，但手术时机选择不当，患者左股骨的开放性骨折与骨感染存在一定因果关系，医方的医疗行为违反了闭合性骨折的诊疗常规，应待患者全身情况好转后再择期手术，手术时间选择不当导致患者损害，具有医疗过错。

由此可见，在手术时间的选择上，医疗机构或医务人员应当按照患者个人的身体情况，严格按照诊疗规范选择手术时机，否则很可能会承担一定的赔偿责任。

108. 手术前的履行告知义务不充分，医疗机构是否承担责任？

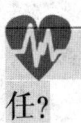

根据《侵权责任法》第55条的规定，医务人员在诊疗活动中应当向患者说明病情和医疗措施。需要实施手术、特殊检查、特殊治疗的，医务人员应当及时向患者说明医疗风险、替代医疗方案等情况，并取得其书面同意。手术前医疗机构或医务人员必须要向患者说明病情、医疗措施、医疗风险和替代治疗方案，这是医务人员履行告知义务的具体表现。

患者知情同意权，是指具有意思表达能力的患者在诊疗活动中所享有的知悉各类与自身疾病相关的诊疗信息，并基于此而对诊疗计划自由选择的权利。侵犯知情同意权的法律责任，独立于因医务人员过失导致患者人身权损害的侵权责任。换言之，一般医疗侵权责任，重在考察治疗行为在医学上是否存在瑕疵和该过程中医务人员是否尽到足够的注意义务；而侵犯患者知情同意权的责任，则重在考察医务人员履行告知义务的质量好坏，只要未尽到告知义务并因此造成了患者损害，患者就有权要求医疗机构承担损害赔偿责任。

医务人员需要履行告知义务的范围因诊治活动对患者影响的强弱而不同。通常的诊疗活动中，医务人员主要需要履行告知（说明）义务的范围包括病情与医疗措施；而在较为重要的诊治活动中，如需要手术、需要特别检查或治疗的情况下，医务人员除了履行上述一般告知义务外，还必须及时向患者或其近亲属说明医疗风险、替代医疗方案等情况。医疗风险主要是指可能出现的并发症、后遗症、不良反应等，替代医疗方案主要是指可供选择的手术方案及其利弊。因此，医务人员履行告知义务的质量好坏，就在于这种告知是否充分、完全。

医院在诊疗过程中的行为是否侵犯患者的知情同意权以及侵权责任的大小，与其履行告知义务的程度有关，即侵犯知情同意权的法律责任大小与履行告知义务的程度成反比关系。如果医院及其医务人员完全履行了告知义务，则医院无法律责任；相反，如果履行不充分甚至根本几乎没有履行任何必要的告知义务，则医院将要承担较高或全部的法律责任。

（二）手术环节过错

**109. 手术中操作不当导致患者损害的，医疗机构是否承担责任？**

手术是外科治疗的主要及关键性措施，要做好手术，需要熟悉有关的基础医学和其他科学知识。手术基本操作的规则是做到准确、细致、轻巧和迅速。

基本操作时如切开、分离、显露、止血等，应尽可能减少组织创伤、失血或细菌感染等。例如止血，首先要看清出血点和出血性质，选用压迫、钳夹或阻断血管等方法控制出血，随后用结扎、缝合等确定性止血法。结扎血管时不应同时结扎其他大块组织。未看清出血点时勿可盲目地钳夹，以免造成严重的血管损伤。再如，胸腹腔手术，操作规程要求手术前对器械、用品和敷料应认真计数，术中因意外情况突然增加用品数量也应计数清楚，术后应清点核对无误方可关闭胸腹腔。

手术是一项严密而细致的工作，操作中更应该严格遵守规程，否则会出现严重的医疗过失。例如，某胆管癌患者出现了梗阻性黄疸，行剖腹探查术。术中需分离出胆总管，由于粘连肥厚，先用小纱球剥离未能奏效，后改用拇食指钝性剥离，不慎撕破了门静脉，造成大出血。因手指压迫不能控制，慌乱中忘记了操作规程，误施钳夹止血，因而造成门静脉完全离断。后不得不将门静脉与胃网膜右动脉吻合，致患者出现急性肝功能衰竭。医务人员违背手术基本操作规程的要求，构成医疗过失，直接造成了损害后果的发生。

第六章 诊疗注意义务相关法律问题

根据《侵权责任法》第 54 条的规定，患者在诊疗活动中受到损害，医疗机构及其医务人员有过错的，由医疗机构承担赔偿责任。手术作为危险性较高的诊疗活动，医疗机构及其医务人员应当尽到高度注意义务，手术的创伤性大，一旦失误，对患者造成的损害将是巨大的，作为医务人员，一定要在手术过程中，严格按照手术操作规程的要求进行，尽到高度注意义务和谨慎注意义务，如果因为手术中的过失导致患者损害，应当承担侵权赔偿责任。

**110. 手术中麻醉不当导致患者损害的，医疗机构是否承担责任？**

手术中的麻醉术风险很高，全身麻醉及局部麻醉的术前、术中及术后失误均可导致麻醉过错。麻醉科作为临床科室，也是医疗纠纷与医疗事故多发的科室。

产生麻醉过失的原因大致有以下几个方面：

（1）术前准备不充分。术前讨论不认真，尤其是危重疑难病例和新开展的手术病例，错误估计患者的实际情况以及患者对手术和麻醉的耐受力。麻醉方案制定不周密、选择不当，术前麻醉医师不访视和检查患者，不做必要的解释工作，以致因患者对麻醉心理准备不足，不能和好配合，导致麻醉出现失误。未能根据患者体重和病情给药，盲目应用麻醉药造成相对和绝对过量。安排麻醉人员不当，所实施麻醉超过了实施麻醉人员的技术水平。麻醉器械、药品和必要的监测仪器准备不足，影响术中使用或是性能不佳未发现，以致乱中出错或延误抢救时机。

（2）麻醉过程中的失误。不坚持查对制度用错麻醉药物。药量不当，由于操作不当，在单位时间内用量较多、观察患者不仔细，没有及时发现患者呼吸抑制，而使麻醉过深、药物配伍不当，增强了药物的毒性和对药物的适应症掌握不好而影响过失。擅离职守、延误抢救，在手术期间麻醉人员不能离开患者，必须坚持对患者的连续观察，以便随时调整麻药剂量或发生意外时进行抢救；麻醉操作的失误，如气管插管失败或插管过猛穿通气管、错误连接气源、局部麻醉注入血管引起中毒、连续硬膜外麻醉平面过高、误注入蛛网膜下隙而致全脊髓麻醉或损伤神经丛。

（3）术后处理不当。手术结束后，放松对患者麻醉情况的观察，在患者呼吸循环功能尚未恢复的情况之下，急于送回病房。送患者特别是全麻患者和危重患者回病房时，麻醉师并未亲自护送。并未向值班医护人员交代手术麻醉情况及注意事项或交代不清，导致损害的发生。

目前全国麻醉师短缺，这就导致麻醉师工作强度大、压力大，常常连续工作，十分辛苦，但是即便如此，从法律风险防控的角度而言，还是要严格恪守和遵循操作规范，认真对待每一场麻醉，这不仅仅是对患者负责，也是对参与手术的其他医生和自己的保护。

111.手术中器械使用不当导致患者损害的，医疗机构是否承担责任？

在外科手术中，将手术器械或用具遗留在患者体内的情况时有发生。具体而言，应当分清以下不同情况进行处理：

（1）如果是医疗机构或医务人员因违反手术安全核查制度、术后发现手术用物遗留患者体内的，医疗机构需要承担侵权责任。原卫生部办公厅颁布的《手术安全核查制度》第5条"实施手术安全核查的内容及流程"第（三）项规定："患者离开手术室前：手术医师、麻醉医师和手术室护士三方共同核查患者身份（姓名、性别、年龄）、实际手术方式，术中用药、输血的核查，清点手术用物，确认手术标本，检

第六章 诊疗注意义务相关法律问题

查皮肤完整性、动静脉通路、引流管，确认患者去向等内容。"该核查制度第 6 条规定："手术安全核查必须按照上述步骤依次进行，每一步核查无误后方可进行下一步操作，不得提前填写表格。"由此可见，医务人员要严格执行手术安全核查制度，术后清点手术用物，按照规定步骤核查无误后结束手术。如果上述三方没有及时清点相关手术用物，事后发现某器械等遗留在患者体内，是严重违反诊疗护理常规的，具有诊疗过错，应当对患者的损失承担赔偿责任。

（2）如果手术过程中、手术结束前，发现手术用物因折断等原因难以取出、留在患者体内的，也要具体问题具体分析。如果术前因医务人员未完善相关检查、术前选用器械不当、术中对器械操作不当等原因，导致手术用物滞留体内且无法取出的，医院应该承担相应法律责任。根据侵权责任法的规定，医生的诊疗行为应该符合相应的法定诊疗规范。外科手术前，针对不同的手术，完善不同的术前检查，是诊疗规范的要求，也是手术成功的前提。如果因为相关医生未进行相关的必要检查，对手术相应情况认识或估计不足，导致术前选用器械不当，或因为相关医师术中操作不当等原因，导致类似于钻头折断体内、且不易取出等情况的发生，医院应该承担法定赔偿责任。根据《医疗器械监督管理条例》第 35 条规定，医疗机构对一次性使用的医疗器械不得重复使用；使用过的，应当按照国家有关规定销毁，并作记录。即如果相关诊疗机构违规重复使用一次性医疗器械，导致相关产品在硬度或韧性等等方面丧失应有的品质，导致轻易折断、滞留患者体内且无法取出等情形的，医疗机构应该承担全部赔偿责任。如果因手术器械等手术用具的质量缺陷原因，导致其损坏后滞留体内、不易取出的，医院也要承担相应赔偿责任。

（3）根据《医疗器械监督管理条例》第 76 条的规定，"医疗器械"，是指直接或者间接用于人体的仪器、设备、器具、体外诊断试剂及校准物、材料以及其他类似或者相关的物品，包括所需要的计算机软件；其效用主要通过物理等方式获得，不是通过药理学、免疫学或者代谢的方

153

式获得,或者虽然有这些方式参与但是只起辅助作用;其目的是:①疾病的诊断、预防、监护、治疗或者缓解;②损伤的诊断、监护、治疗、缓解或者功能补偿;③生理结构或者生理过程的检验、替代、调节或者支持;④生命的支持或者维持;⑤妊娠控制;⑥通过对来自人体的样本进行检查,为医疗或者诊断目的提供信息。医院应选用合法合规的医疗器械进行治疗,医疗机构不得使用未经注册、无合格证明、过期、失效或者淘汰的医疗器械。如果医疗机构违反上述条例规定,擅自使用无产品注册证书、无合格证明、过期、失效、淘汰的医疗器械的,或者从无《医疗器械生产企业许可证》《医疗器械经营企业许可证》的企业购进医疗器械的,医疗机构也应该与医疗器械生产者承担连带法律责任。

(三)术后环节过错

112. 手术后的观察存在过错导致患者损害的,医疗机构是否承担责任?

医务人员对患者进行手术后,此时术后的观察和处置也非常重要,尤其是对特殊病症的患者,可能需要持续观察、监测,并对可能出现的术后并发症等进行有效评估和预防。如果医疗机构或医务人员在术后并未尽到谨慎合理的观察义务,则可能存在医疗过错。具体而言,术后观察阶段可能出现的过失主要有以下两种:一是术后观察不认真,未发现病情变化,或发现病情变化,未做及时处理。二是对术后早期并发症认识失误,延误抢救时机。

现实中曾发生这样的案例:

2012年7月20日,原告因"高处坠落伤疼痛2小时"转院至被告医院骨科就诊。经X线摄片提示:右跟骨骨折、腰2椎体压缩骨折,

第六章 诊疗注意义务相关法律问题

遂收治住院。入院查体：右足跟及踝部肿胀、皮下瘀斑、足弓变平；足跟周围压痛、纵向叩击痛；踝关节活动受限；足背动脉搏动好，肢端感觉无明显减退；腰2棘突压痛，腰部活动受限；双下肢肌力4级，感觉无明显减退。初步诊断：双跟骨骨折；腰2椎体压缩骨折。入院后，被告给予七叶皂甙钠、甘油果糖消肿治疗。7月21日，原告血常规示：白细胞$9.4×10^9$/L（参考值$3.7-10.0×10^9$/L），中性细胞百分比69.3%（参考值42.2—75.2%）。7月22日，右跟骨CT平扫示：双侧跟骨粉碎性骨折。7月24日，原告一般情况可，疼痛减轻。查体：患肢肿胀且有水泡，双跟骨压痛明显，下肢活动受限，血运减退，皮肤感觉减退。腰椎MRI平扫示：L2椎体压缩性骨折，T12、L1椎体骨髓水肿；腰背部软组织肿胀；腰椎轻度骨质增生。被告予以对症支持治疗，硫酸镁湿敷，待肿胀消退后手术治疗。7月27日，被告继续予以对症支持治疗，待肿胀消退后手术治疗，邀脊柱外科主任查看，告知原告及家属腰椎骨折可能所致相关并发症，原告及家属经考虑后决定暂不进行腰椎骨折手术治疗，要求保守治疗并签字。7月30日，被告在全麻下为原告施行双跟骨骨折切复内固定术：取右足跟外侧L型切口，长约9厘米，切开皮肤，骨膜下锐性剥离向近侧掀起皮瓣，显露跟骨及跟距关节，将骨折复位，跟骨钢板固定；C臂机多角度透视下骨折复位，内固定在位牢固；常规冲洗手术切口，逐层缝合，留置引流，患肢敷料加压包扎。同理取左侧跟骨切口，切开、复位、固定。术后予以头孢呋辛钠、淡红、骨肽、鹿瓜多肽补液及伤口换药。8月4日原告出院。被告出院诊断：双跟骨骨折；腰2椎体压缩骨折。出院时情况：原告各项生命体征平稳，手术切口情况良好，骨折复位良好，内固定牢靠。出院后用药及建议：每两天换药一次，术后2周拆线；术后1月专家门诊随访，脊柱外科随访；建议可转当地或下级医院继续康复治疗；患肢避免负重，功能锻炼及负重时间等具体情况待门诊复查后确定。

原告出院后，伤口处发生严重感染，经诊断为：双跟骨骨折术后，双足跟术后伤口感染；腰 2 椎体压缩性骨折。入院行双跟骨骨折术后取内固定＋清创＋VSD 覆盖引流术，后又行右跟骨清创＋VSD 覆盖引流术，术后均予抗炎治疗，但效果不佳，X 线示：右跟骨局部死骨形成，骨质破坏硬化。原告接受右跟骨骨髓炎病灶清除植骨术，术后行抗炎治疗。原告向法院起诉认为被告的医疗过错造成原告右跟骨手术伤口感染并发骨髓炎的损害后果，要求被告承担赔偿责任。

经委托某市医学会出具鉴定意见认为：被告在医疗活动中存在术后观察处理欠严密的医疗过错，与患者右跟骨创口不愈合、窦道形成的人身损害结果存在一定的因果关系。诊疗过程存在以下过错：术前病程记录显示"患肢肿胀且有水泡"，7 月 30 日患者手术，8 月 4 日医方给予出院。时隔 4 天（8 月 8 日）患者在其他医院的入院体征记录"右足跟切口稍红肿，部分皮缘发黑"。8 月 4 日至 8 月 7 日期间四天失联，医方对有感染风险的病人未给予妥善处置即安排出院，观察处理欠严密，与患者伤口未愈合、需行清创术有一定的因果关系。骨折损伤的预后与损伤程度、部位、机体全身情况等均有关。由于跟骨部位解剖结构特殊，手术后周围血供相对差，因而手术后有一定的感染发生率，故高处坠楼外伤所致的严重粉碎性骨折也是导致伤口感染的主要原因。医方承担医疗损害的次要责任，法院根据鉴定意见，综合考虑全案证据材料，最终判决被告医院承担 30% 的赔偿责任。

113. 手术后的处置存在过错导致患者损害的，医疗机构是否承担责任？

外科手术是一个非常复杂、严密、系统的工作，手术的完成并非意味着手术的成功，手术后的观察和处置以及护理等工作，也对患者最终的治疗效果起到关键的作用。即使手术非常成功，但是术后观察和处置发生疏忽，也极有可能造成患者的损害，进而承担损害赔偿责任。

所以，手术后的注意义务非常重要，医疗机构和医务人员应当尽到审慎的注意义务，预防手术后的观察和处置疏忽，防止患者病情恶化造成损害。

关于医疗机构术后处置的过错，现实中曾发生如下案例：2014年2月25日，患者潘某因"反复上腹部不适2月余，加重2天"入被告医院治疗，2月26日胃镜病理诊断为（窦部）腺癌。3月2日接受"胃窦癌根治术"。3月5日潘某有咳嗽、咳痰；胃肠减压150ml。3月7日夜间因咳嗽影响睡眠；胃肠减压920ml无色液体；予借助胃管加用肠内营养，停胃肠减压。3月9日潘某诉夜间咳嗽、咳痰无法入睡，咽部不适；左侧引流管引出清亮的血浆样液体，右侧引出咖啡色粘稠的液体；医院予抗感染治疗，继予肠内营养。潘某无排便排气，诉腹胀，3月10日切口下段有淡血性渗出，切口皮肤裂开3~4cm，深层见小肠，予缝合、束缚；CT示：两下肺感染，两侧胸腔少量积液，胃癌术后改变，切口见部分肠管，腹腔少量游离气体。潘某腹胀，进食后呕吐，予禁食、胃肠减压、营养支持等治疗。后行"腹壁切口裂开缝合术"，术中见胃空肠吻合口、胃残端与横结肠及其系膜粘连较重，无法显示吻合口。复查CT示：两肺感染，腹腔见片絮状渗出，胰周积液；右侧引流液淀粉酶测定超过10000U／ml，考虑十二指肠残端瘘。随后潘某病情危重转院治疗，因病情加重死亡。患者潘某的家属将被告医院诉至法院，认为医方围手术期处置不当致患者死亡，应当承担损害赔偿责任。

法院委托省医学会鉴定认为，医院存在以下过错：①患者术后出现咳嗽、咳痰，夜里不能安睡的情况，医方未予重视。②3月7日胃肠减压920ml液体，医方予停胃肠减压并行胃腔内滴入营养液无依据。③3月9日右侧腹腔引出咖啡色粘稠的液体，患者此时的临床表现提示有十二指肠残端瘘的存在，但医方未予重视。④患者3月11日切口皮肤裂开，CT示两下肺感染，两侧胸腔少量积液，3月12日在全麻下行"腹壁切口裂开缝合术"，当时选择全麻手术，手术时机不当。综上，医院在诊疗过程中存在未能及时诊断和处理十二指肠残端瘘，第二次手术时机选择不当、腹腔引流不充分、肺部感染处理措施不力等过错,与患者死亡之间存在一定的因果关系,因患者肥胖,有长期吸烟史,术前肺部基础状况不佳,术后发生肺部感染和腹腔感染不易控制,故医方承担主要责任。据此,法院确定医院在患者术后诊疗过程中存在术后处置失误,未尽到与当时医疗水平相应的诊疗义务。排除患者的年龄、身体条件以及其本人所患原发疾病的因素外,医院对损害后果承担70%的赔偿责任。

上述案例我们可以看出,医院虽然对患者的诊断明确,且有手术指征,并没有证据支持医院术中操作不当。但患者术后出现严重咳嗽,医方并未予以重视,并对切口裂开和吻合口瘘术后处理不及时,医院在围手术期存在处置不当的过错。

第五节 检查过失

114. 检查环节中的过错有什么具体表现?

检查包括体格检查和辅助检查。检查的过错分为实施检查的过错和未实施检查的过错。

实施检查的过错包括四种情形:一是实施了不必要的检查;二是应实施检查但选择错误或检查不充分而迟于准确诊断;三是在实施检查过程中操作错误而致患者器官受损;四是分析研判检查结果发生失误。 未实施检查的过错包括两种情形:一是医师未依当时的医疗水准实施相当的检查;二是怠于适切相当的检查。

具体而言,检查中的过错大致可以分为如下三种:

（1）体格检查的过错。体格检查，简称体检，也称做身体检查、理学检查或健康检查，是医生运用自己的感官、检查器具、实验室设备等来直接或间接检查患者身体状况的方法，其目的是收集患者有关健康的客观资料，及早发现、预防疾病隐患。其内容包括：一是运动史和疾病史；二是形态指标测量；三是生理机能测试；四是身体成分测定；五是特殊检查（化验、X光、心电、脑电、肌电、超声心动、肌肉针刺活检等）。在体格检查阶段，主要审查医务人员是否按照医学诊断的规范和要求进行，是否全面查体及有针对性地进行专科查体。

（2）辅助检查的过错。辅助检查是医务人员进行医疗活动、获得有关资料的方法之一，即通过医学设备进行身体检查，是一种辅助的检查方法。在辅助检查中，重点对医务人员是否根据患者病史、体格检查结果得到的初步判断来给予、开具有针对性的辅助检查，是否存在辅助检查的必要性和针对性。另外对价格昂贵的检查、可能对人体造成损害的检查是否取得了患者的同意。

（3）鉴别诊断的过错。在临床上，疾病是千变万化的，症状表现也是错综复杂的。只有认真研究各种常见症状、证候和病机，才能对不同病症而出现的相同症状加以鉴别。症状鉴别是从相类似的症状中，研究疾病不同的病因病机，以探求疾病的本质，这是正确进行辨证论治的关键步骤。因此，症状的鉴别，是疾病与证候诊断中的重要环节之一。临床上的病情表现常常不像教科书所描述的那样典型，同时许多疾病有相同或相近的临床表现，因此要做出一个明确的诊断，必须将具有相同或相近临床表现的其他疾病予以排除，即鉴别诊断。如果对具有相同或相近临床表现的其他疾病没有做充分的鉴别诊断，出现误诊，可以认定为有过错。

115. 临床检查过错导致患者损害的，医疗机构是否承担责任？

医务人员对患者进行检查时，一些特殊检查确实有可能会对患者的身体造成一定的损伤，比如胃镜检查可能损伤胃壁、介入性检查、造影检查、阴道检查等。如果医务人员并未尽到注意义务，对患者进行不必要的检查或者检查存在操作失误、技术失误、或检查违反诊疗护理常规进行，导致患者损害的，则医务人员的检查行为存在医疗过错，构成医疗侵权。

例如，患者李某，22岁，未婚，无男友，因月经不调至某医院就诊，医生询问了她末次月经时间及药物过敏史等问题后，诊断为炎症或者内分泌引起的月经紊乱，并为她安排了性激素六项、阴道彩超、阴道镜等检查。患者李某在行阴道彩超检查时，向医生表明自己下体有疼痛感，并发出尖叫，医生继续检查，检查报告单诊断结果为宫颈纳囊及盆腔积液。随后医生为其进行阴道镜检查，检查结束后，她的下体疼痛并开始出血，医生根据检查单诊断其患有阴道炎，建议其在该院做3到5天的冲洗，检查结束后，患者下体出血的问题没有缓解。次日，患者到某三甲医院检查，医生诊断其盆腔正常，并发现处女膜有新鲜裂伤。患者主张其曾明确告知医院8月份来了两次月经，医院并未询问她初潮时间、是否结婚及是否有性生活史等问题。但在病历本中，医生为其记录的末次月经时间为"8月6日"，并写有初潮时间"13岁""两次性生活史"等字样。患者李某认为医院并未询问自己是否有性生活史就开具相关检查导致处女膜破裂，对其身体、精神及生活都造成了不良影响，要求医院赔偿其精神损失，并赔礼道歉。

针对特殊的妇科检查如阴道镜检查，该检查极有可能对患者的身体造成一定程度的损伤，所以，医疗机构和医务人员应当严格按照诊疗规范进行。医生必须首先询问患者是否有过性生活，这是内检和阴道镜检查的前提。如果是针对没有性生活的女性进行检查，医生可以

开具B超检查,还应为患者进行性激素6项检查;如果患者有性生活史,医生也应要求患者进行尿常规检查,排除早孕和流产的可能。阴道镜检查虽然也是常规的检查手段,但是并不是用于没有性生活史的患者,如果医务人员并未询问或并未重视该问题,进而进行了可能导致患者身体损害的检查,造成患者损失,将承担损害赔偿责任。

116. 如何理解过度检查?

《侵权责任法》第63条规定:"医疗机构及其医务人员不得违反诊疗规范实施不必要的检查。"根据该法条的规定,明确了医疗机构及其医务人员不得进行过度检查行为。过度检查行为,是指医疗机构及其医务人员在医疗活动中,违反医疗卫生管理法律、行政法规、部门规章和诊疗护理规范、常规,以获取非法经济利益为目的,故意采用超越个体疾病诊断检查需要的检查手段,给就医人员造成人身伤害或财产损失的行为。

过度检查表现为医疗机构违反诊疗规范,采取过度检查的方式。过度检查可以分为两种:一是本来不需要检查的,却要求患者检查。二是本来可以采用简单诊疗技术检查,却用复杂、成本高的诊疗技术检查。过度检查具有以下特征:

(1) 为诊疗疾病所采取的检查手段超出疾病诊疗的基本需求,不符合疾病的规律与特点。

(2) 采用非"金标准"的诊疗手段,所谓"金标准",是指当前临床医学界公认的诊断疾病的最可靠方法。较为常用的"金标准"有活检、手术发现、微生物培养、特殊检查和影像诊断,以及长期随访的结果等。

(3) 费用超出与疾病对基本诊疗需求无关的过度消费。判断"检查"是否为"不必要"的标准,需要看检查行为是偶符合诊疗规范的要求。

117. 如何区分过度检查与适度检查？

因患者病情的不确定性、医生经验及知识水平的差异、治疗方案的多元化等原因，对患者的检查何为过度、何为适度，难有确定划一的标准，患者更无从判断。因此，要认定过度检查，有必要对适度检查和过度检查作一区分。一般认为，适度检查是指优质、便捷、可承受性的医疗诊查活动。

区分过度检查还是适度检查，相对客观的标准为：是否符合诊疗规范。也就是说，诊疗护理规范是判断医疗机构是否实施过度检查的标尺。

诊疗护理规范通常分为广义和狭义两种。广义的诊疗护理规范是指卫生行政部门以及全国性行业协（学）会制定的各种标准、规程、规范、制度的总称，如临床输血技术规范、医院感染管理规范、医院感染诊断标准、医院消毒卫生标准医院消毒供应室验收标准、医疗机构诊断和治疗仪器应用规范等；狭义的诊疗护理规范是指医疗机构制定的本机构医务人员进行医疗、护理、检验、医技诊断治疗及医用物品供应等各项工作应遵循的工作方法、步骤。狭义的诊疗护理规范包括从临床的一般性问题到专科性疾病，从病因诊断到护理治疗，从常用的诊疗技术到高新诊疗技术等内容。判断是否构成适度检查应考虑以下几方面的因素：

（1）是否符合患者实际需求。实际需求应因人而异、因地而异，诊疗应考虑患者病情、承受能力等方面。

（2）疗效是否最好，既非"过"，亦非"不及"。

（3）经济耗费是否最小。

（4）对患者的侵害是否最小，无伤害，或伤害最小，无痛苦或痛苦最小。能一般检查的尽量不要适用特殊检查或者手术探查。

（5）是否便捷。如果双方有约定，那么适度检查就是依约治疗，但约定不能违反法律的强制性规定，也不能违反公序良俗。

从法律的角度出发，适度检查，是指医方根据医疗合同约定或法律规定，从社会经济发展水平出发，以现有技术、水平实施的符合疾病诊断实际需要的医疗诊查活动。多数情况下，因对医术的一无所知，患者无法就合同的具体条款和医方作详细约定，只和医方形成一种事实上的合同关系，此种情况下的适度检查一般是指医方依据法律、行政法规、规章、诊疗护理规范、常规以及其他因医患关系所应负有的合理诊疗、注意等义务所施行的诊查。

需注意的是，因医疗行业的特殊性尤其是疾病的不确定性、方法的多元性等原因，适度检查和过度检查并没有一个明确的界限，医师掌握有较大的自由裁量权。因此对其认定是十分困难的，需要有专业的医疗鉴定机构予以鉴定确认。一般只有明显违反了法定或约定义务，背离适度检查要求，提供了超量的医疗服务并导致较严重的医疗损害时，才可认定是过度检查。

118. 什么是防御性医疗行为？

防御性医疗行为（Defensive Medi-cine，DM），是指医生在诊疗疾病的过程中为避免医疗风险和诉讼风险而采取的防范性医疗措施。它作为一种诊疗过程，并非医学疾病本身的需要，而是为了构造一个完整的防御体系，以应对可能发生的医疗诉讼。

防御性医疗行为的目的是避免医疗风险或诉讼风险发生，主要有两种表现形式：一是积极性防御医疗，主要表现为医生"热情"地为患者做各种各样名目繁多的检查，多套治疗方案，积极邀请会诊，哪怕是一般医生均能处理的轻微病症，也要邀请专家会诊；二是消极性防御医疗，主要表现为医生对有较大风险的危重病人，拒绝为他们治疗。虽然积极的防御医疗对治疗病人疾病有一定的积极作用，但如果医方"热情"过度，明显违反了依据医疗法律、法规、规章、诊疗护理规范、常规等应负法定义务和约定义务，检查治疗过度，造成患者人身伤害及财产损失的，仍要承担相应的民事赔偿责任。"过度医疗"更注重医疗机构"过度"行为，防御性医疗还包括医疗机构"不作为"。

119. 过度检查的赔偿责任和赔偿范围是怎样的？

《侵权责任法》第63条规定："医疗机构及其医务人员不得违反诊疗规范实施不必要的检查。"过度检查致人损害的，患者可依据《中华人民共和国民法总则》（以下简称《民法总则》）、《侵权责任法》、《合同法》、《中华人民共和国产品质量法》（以下简称《产品质量法》）、《中华人民共和国消费者权益保护法》（以下简称《消费者权益保护法》）、《医疗事故处理条例》、《人身损害赔偿解释》等法律法规、司法解释要求医疗机构承担赔偿责任。

根据《侵权责任法》第15条的规定，承担侵权责任的方式主要包括停止侵害、排除妨碍、消除危险、返还财产、恢复原状、赔偿损失、赔礼道歉、消除影响、恢复名誉等，以赔偿损失为主。损失赔偿的标准和范围，《人身损害赔偿解释》及其他法律法规有较为详尽的规定，亦可遵照执行。

过度检查的赔偿，应当将因过度检查增加的患者的经济负担、因过度检查行为给患者造成的额外的人身损害与原发疾病以及治疗原发疾病的费用相区别。具体而言，分为以下两种情况：

第一，过度检查没有造成新的人身伤害，或过度检查和新的人身伤害的形成没有因果关系，只是医疗费用不合理增加。此时，应先确定在正常情况下治疗此种疾病所应采取的措施，包括检查和手术等，然后核定大致的医疗费用。没有其他合理理由，明显超出这一标准的部分，可以认定为不合理费用，应予赔偿。

第二，过度检查造成了新的人身伤害的，包括产生新的疾病，原有病情恶化甚至死亡。此时应首先明确新的人身伤害的产生和和过度检查有没有因果关系，包括必然因果关系和相当因果关系。如果有因果关系，那么因新的人身伤害产生的一切费用包括衍生疾病治疗费用等均应赔偿。

第六节　延误治疗

 120. 如何理解延误治疗？

延误治疗，是因为医疗机构的医疗行为存在过错，误诊或无能力进行诊断，却又不告知患者，导致患者延误治疗的时机。

延误治疗期限，虽然表现为时间上的顺延，但是应该从人身生命延续上看，尤其是从患者治疗疾病和疾病仍在发展变化，人的体质也在变化的角度分析。延误治疗实际上是对人正常获得救治权利的侵害，这种正常救治的结果是拯救生命、恢复健康，非法的阻却这种救治，使患者不能正常治疗，其必然损害因救治给患者带来的利益，这种利益正是法律所保护的权利，所以延误治疗具体侵犯患者的哪项权利，应当由延误治疗所具体造成的损害结果加以确定，从延误治疗造成的损害结果看，延误治疗侵害的权利是患者的生命权、健康权、身体权，也有可能造成相应的财产损失。

延误治疗的损害后果有以下几种：一是延误治疗虽未使病情恶化，但是患者在一定时间内因无法得到正确及时的治疗，而受病痛之苦；二是在延误治疗期间支出与正常治疗无关的费用；三是延误治疗导致错过治疗时机，使病症无法得到有效治疗；四是治疗使患者死亡或身体健康受到损害。

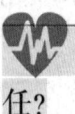 121. 患方拒不配合而导致延误治疗,医疗机构是否承担责任?

患者的治疗时机可能稍纵即逝,但是延误治疗的原因并非仅仅只有医院一方,患者或其家属也有可能出于各种原因拒不配合治疗,导致错失治疗时机,最终导致患者的损害,其中最有名的就是北京朝阳医院京西分院与产妇李丽云的案子,患者家属拒不签字拒不配合医院的治疗,最终导致患者的死亡,此时医疗机构按照法律规定是可以提出免责事由加以免责的。

《侵权责任法》第60条规定:"患者有损害,因下列情形之一的,医疗机构不承担赔偿责任:(一)患者或者其近亲属不配合医疗机构进行符合诊疗规范的诊疗;(二)医务人员在抢救生命垂危的患者等紧急情况下已经尽到合理诊疗义务;(三)限于当时的医疗水平难以诊疗。前款第一项情形中,医疗机构及其医务人员也有过错的,应当承担相应的赔偿责任。"

在患者或者其近亲属不配合医务人员的诊疗行为,并且医疗机构及其医务人员没有过错的情况下,医疗机构可以免责。如果患者或者其近亲属有不配合诊疗的行为,但医疗机构及其医务人员也有过错的,医疗机构仍应对患者的损害承担相应的赔偿责任。

具体而言,患者或者其近亲属不配合医疗机构进行符合规范的诊疗的行为,可以分为两类:

第一类比较常见,是患者囿于其医疗知识水平的局限,对医疗机构采取的诊疗措施难以建立正确的理解,从而导致其不遵医嘱、错误用药等与诊疗措施不相配合的现象。对于因患者上述行为导致的损害后果,并不能当然视为患者一方的"不配合",从而免除医疗机构的责任。

这是因为,判断患者一方是否存在过错的前提,是医务人员是否向患者一方履行了合理的说明告知义务。医务人员是否尽到了上述说明告知义务,是否使患者一方对于医疗机构采取的诊疗措施及其风险和后果具有合理的认识,是判断患者一方客观上不配合诊疗的行为是否具有主观过错的关键。关于说明告知义务,《侵权责任法》在第55条规定了手术、特殊检查、特殊治疗情况下,除告知病情和医疗措施外,还应告知医疗风险和替代治疗方案。另外,在判断是否履行说明告知义务,以及该义务的履行是否合理适当时,还要考虑医疗行业的特殊性,结合个案进行分析。

第二类是患者一方主观上具有过错,该过错又可分为故意和过失。故意的情形一般比较少见,患者就医就是为了治疗疾病、康复身体,而非追求身体损害的结果。但现实情况是复杂的,出于获得保险金等原因,也不能完全排除患者主观追求损害结果的可能。现实中,过失的情况比较常见。此时,如果医务人员已经合理尽到说明告知义务,且采取的诊疗措施并无不当,患者的行为即属于"不配合医疗机构进行符合诊疗规范的诊疗",对此,医疗机构不承担赔偿责任。

综上可以看出,因患者一方不配合医疗机构进行符合诊疗规范的诊疗而导致患者损害的,是否可以完全免除医疗机构的赔偿责任,不能一概而论。医疗损害责任的归责原则是过错责任,医务人员是否合理地履行了说明义务及相应的诊疗义务,这是医疗机构最终是否承担责任的基础。因此,尽管有患者或者其近亲属不配合医疗机构进行符合诊疗规范的诊疗行为,如果医疗机构及其医务人员也有过错的,如履行说明告知义务不充分,医疗机构仍应对患者的损害承担相应的责任;反之,若医务人员已经尽到相应义务,患者的损害是因患者或者其近亲属不配合的行为所致,则医疗机构对此不应当承担赔偿责任。

122. 远程会诊导致延误治疗，医疗机构间如何承担责任？

《医疗损害责任解释》第20条规定："医疗机构邀请本单位以外的医务人员对患者进行诊疗，因受邀医务人员的过错造成患者损害的，由邀请医疗机构承担赔偿责任。"由此可见，通常情况下，因会诊活动发生的医疗纠纷，由邀请医疗机构承担责任。

医疗行为具有高风险性，因此要求医疗机构及其医务人员在医疗活动中，必须严格遵守科学规律和相关法律法规以及诊疗护理规范和常规。因过失造成患者人身损害的，应当承担相应的法律责任，医疗机构对疑难疾病进行治疗时未给予患者够准确的诊断，可能会采取会诊的方式，由不同医疗机构或医疗机构的各科室之间充分利用各自的资源，共同参与诊疗过程，在该过程中，无论是接收患者的医疗机构，还是参与会诊的其他医疗机构，均以帮助患者恢复健康或减轻病痛为最终目的，参与诊疗过程的多方医疗机构均负有高度的注意义务。

因此，参与会诊的医疗机构及其医务人员在救助患者过程中，未尽到相应的诊疗义务，导致患者损害，如延迟救治导致患者延误治疗受到损害的，参与会诊的医疗机构应当承担损害赔偿责任，而提出会诊要求的医疗机构与患者之间有直接的医疗服务合同关系，患者也可以依据医疗服务合同关系起诉邀请会诊的医院承担责任，邀请会诊的医院则可以根据会诊双方的内部协议进行责任分担。如果邀请会诊的医疗机构也有一定的过错的，应当与接受会诊邀请的医疗机构共同承担各自过错造成患者损害的法律责任。

《侵权责任法》第12条规定："二人以上分别实施侵权行为造成同一损害，能够确定责任大小的，各自承担相应的责任；难以确定责任大小的，平均承担赔偿责任。"会诊过程中，受邀会诊的医疗机构因为自己的过错导致患者损害的，需要承担侵权责任，而邀请会诊方的医疗机构也有过错的，两家医疗机构各自承担相应的赔偿责任。

第七节 护理过失

123. 护理过失有什么具体表现?

护理人员的护理过失主要集中在以下几个方面:

(1) 执行医嘱错误。如果护士没有严格执行医嘱，那么就极易被起诉。如果护士对某个特别医嘱有疑问，应向下达医嘱的医生询问清楚，千万不可随意变动、更改或不执行。执行医嘱并将其记录下来，对护士自己也是一种保护。

(2) 用药错误。药物管理和使用是一个具有潜在危险的领域，引起的法律方面的问题也令人关注。一方面，护士使用的药物应与医嘱一致。另一方面，护士正确执行了医嘱，但如医嘱出错也不能避免责任。所以要求护士了解自己的病人，并且熟悉患者所使用的药物。

(3) 不能正确使用仪器。护士对设备应合理使用。对新设备或更新的仪器需熟悉，并进行必要的训练，不应在不熟悉的情况下使用该设备。

(4) 异物遗留在体内。异物遗留在体内主要是手术室护士和与侵袭性诊疗操作有关的护士所面临的问题。医院往往有特殊的清点手术物品的规定和步骤，遵守相关规定并认真记录非常重要，因为这些记录在诉讼中都可能作为证据。

(5) 没有提供足够的监护。没有提供足够的监护是医疗差错诉讼的常见原因，而且这种起诉可发生于医院的每一个环节。如果有特殊监护的医嘱，应让医生确定频率，并完整记录监护和所有介入情况。

（6）病人在医院内摔倒。病人在医院内摔倒是病人起诉护士的常见原因。然而病人在医院内摔倒，护士不一定有绝对的责任，必须有足够的证据证明这种伤害并非由于护士的疏忽而造成的。在此提示：护士评估病人是否有摔倒的潜在危险，并采取必要的预防措施是非常重要的。

（7）缺乏交流。护士和病人之间，以及护士和其他医务人员之间的交流对保障病人健康非常必要。护士需要及时准确地传达病人的病情和执行医嘱情况。

 **124. 护理人员准备不足导致患者损害，医疗机构是否承担责任？**

护理人员的准备工作十分重要，是医疗活动和后续护理活动的前提，如果护理人员在准备阶段出现疏忽遗漏或失误，导致患者损害的，医疗机构将承担损害赔偿责任。医疗机构作为特殊的专业机构，在为患者进行诊疗过程中，除了要尽到必要的职责外，还应尽到相应的谨慎注意义务，避免造成不良后果。

一般来说，注意义务是医疗机构及其医务人员所负诊疗义务的一部分，要求医疗机构及其医务人员在医疗过程中按照法律和规范性文件实施诊疗行为，按照临床路径和步骤，以高度注意的态度对患者进行治疗。医务人员在诊疗活动中未尽到与当时的医疗水平相应的诊疗义务，造成患者损害的，医疗机构应当承担赔偿责任。因此，即使医疗机构在选择诊疗方案、诊疗操作、告知义务时均不存在过错，但也应对其因未尽合理必要的注意义务导致的损害承担损害赔偿责任。

如在伍某诉广州某医院医疗损害责任纠纷案中，医疗机构采用适当的治疗方案为患者进行治疗，且医疗机构所采用的治疗方案、治疗中的操作均符合法律法规的规定，亦尽到了告知义务，在诊疗过程中不存在过错。但在为患者治疗前，因医疗机构未进行充分的准备，且在治疗后亦未进行必要的护理，导致患者治疗后产生严重的并发症，最终经救治无效死亡。虽然患者产生并发症及死亡的主要原因系由其本身疾病以及自身因素导致，但医疗机构未做充分的治疗准备以及未能在治疗后尽到必要的护理，是导致患者产生并发症后未能进行及时的抢救治疗的因素之一，故患者的死亡与医疗机构对其未做必要的准备和护理之间存在一定的因果关系。因此，医疗机构应对其未尽相应的准备和护理义务给患者造成的损害，应承担侵权责任。

125. 护理人员的行为不符合护理标准导致患者损害，医疗机构是否承担责任？

诊疗护理规范、常规是指国家卫生行政部门以及全国性医疗行业协会针对医疗行业的特点，制定的各种医疗标准、规程、规范、制度的总称，这些规范经卫生行政部门和全国性行业协会制定和发布后，具有技术性、规定性和可操作性，能够指导和规范医疗机构进行医疗行为，医务人员在执业活动中必须严格遵守，认真执行。

在实践中，我们衡量医院护理是否违反护理常规和标准，主要针对的是医院的分级护理制度，即按照患者病情情况区分护理等级，并按照不同等级进行护理。医院护理等级共分为4级，即特别护理（特别专护）、一级护理、二级护理和三级护理（普通护理）。病人入院后，由医生根据病情决定护理等级下达医嘱，并分别在住院病人一览表和病人床头卡上设不同标记，提示护士根据医嘱和标记具体落实，护士长进行督促检查。具体而言：

（1）特别护理（特护）。凡病情危重或重大手术后的病人，随时可能发生意外，需要严密观察和加强照顾。特护的都是重危病人。特护派专门护士昼夜守护，有时需把病人搬入抢救室或监护室。按照特护计划，定时测量体温、脉搏、呼吸、血压，密切观察病情，记录饮食和排出物的量，进行基础护理和生活护理，翻身按摩等。

（2）一级护理。重点护理，但不派专人守护。对绝大多数重危病人来说，这就算是高等级的护理。按规定，对一级护理的病人，护士每隔15~30分钟巡视1次，既了解病情和治疗情况，又帮助饮食起居。根据病情需要帮助病人更换体位、擦澡、洗头、剪指（趾）甲等。

（3）二级护理。适于病情稳定的重症恢复期病人，或年老体弱、生活不能完全自理、不宜多活动的病人。对二级护理病人，规定每1~2小时巡视1次。在这之间，如病情有变化或有特殊需要，病人可用呼唤电铃呼叫医生护士。

（4）三级护理。即普通护理，对这个护理级别的轻病人，护士每3~4小时巡视1次。

在医疗活动中，医疗机构未尽到合理注意义务，违反诊疗护理规范、常规，给患者造成损害结果的，应当承担相应的损害赔偿责任。但需注意的是，违反诊疗护理规范、常规的行为，需先经过鉴定，确认医疗机构的过错医疗行为未尽到合理护理义务，且与患者的损害结果之间存在直接的因果关系。

126. 护理人员不认真执行医嘱导致患者损害，医疗机构是否承担责任？

在实践中，护理不当的常见表现是护理人员不认真执行医嘱导致患者损害，其具体表现为：

（1）有章不循或违反操作规程。对于医嘱中的错误，护理人员有责任发现且不执行。对于正确的医嘱，护理人员则必须一丝不苟的执行，容不得半点马虎，执行医嘱时不认真履行"三查七对"，药物剂量错误、给药途径错误，可能引起患者损害或死亡。临床实践中，护理人员不能正确执行医嘱的情况依然存在，例如护士执行医嘱时误将10%的氯化钾，作为0.9%的氯化钠溶解氨苄西林，静脉注射导致患者死亡；不仔细核对药物标签，误将亚硝酸钠当作氯化钠给患者灌肠发生患者损害。

（2）盲目执行错误医嘱。当医嘱出现错误时，护理人员有责任在执行医嘱前的查对过程中发现错误，并请医生及时纠正。如果医嘱错误，护理人员也未认真查对就执行了错误的医嘱，则对此发生的不良后果，医生要负主要责任，护理人员也要对其过失承担次要责任，即护理人员应当承担没有发现或指出医嘱错误的责任。

（3）护理人员擅自改变医嘱。某些医护人员擅自更改医嘱的内容，将医嘱中的静脉注射用药改为静脉滴注，影响了药物正常效应的发挥，也有些护理人员将医嘱中分次执行的脱敏疗法改为一次执行，结果造成病人过敏性休克甚至死亡；擅自改变用药途径，护理人员擅自改变患者的用药途径导致损害，或者在没有医嘱的情况下自行施治，还有些护理人员为了个人经济利益，向住院患者兜售医嘱外的药物，造成患者用药混乱，有时甚至出现了两种相互拮抗的药物同时服用，影响医生的正常治疗等情况。

第七章
院前急救的法律问题

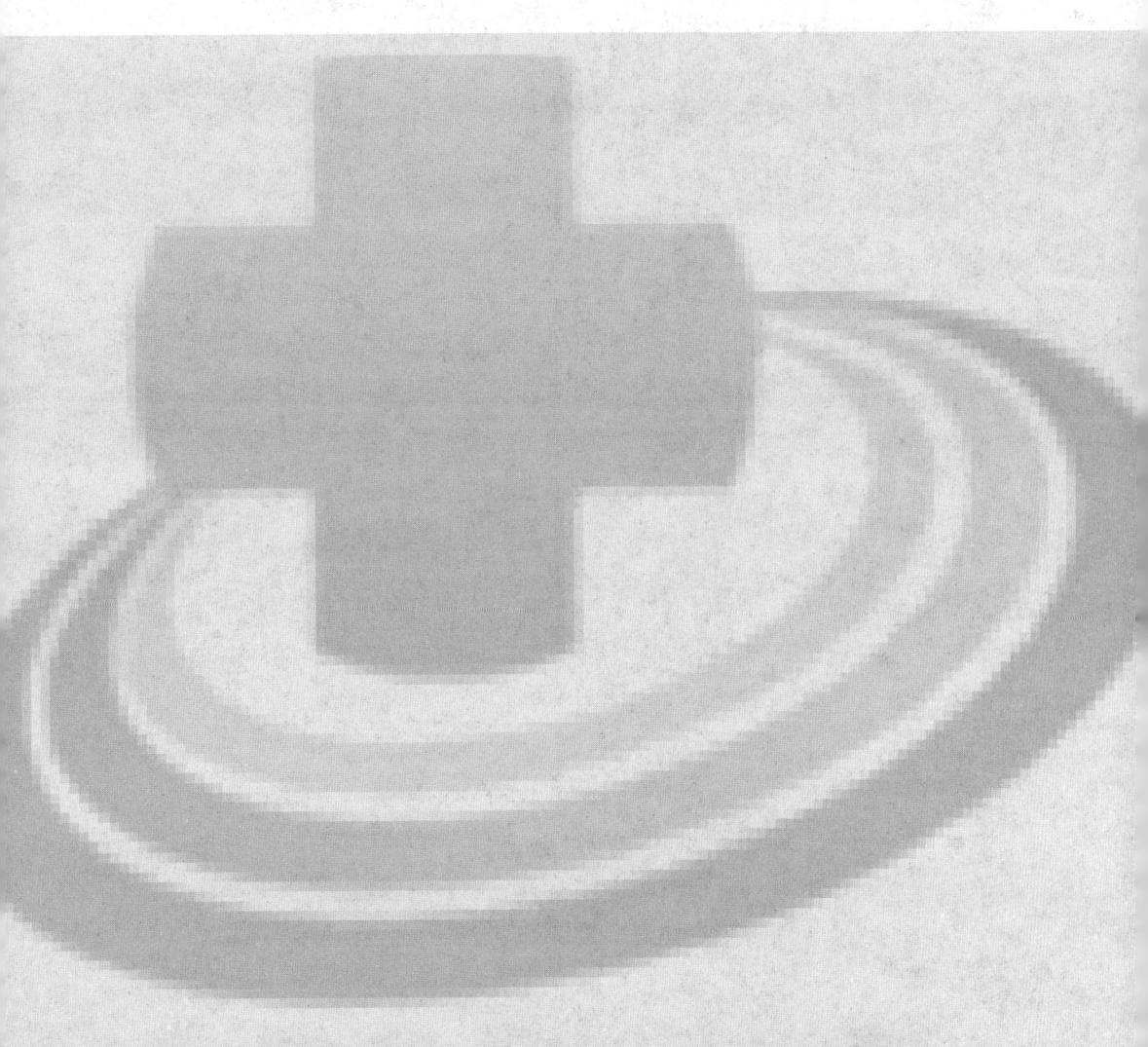

127. 院前急救在哪些环节容易产生纠纷？

国家卫生和计划生育委员会《院前医疗急救管理办法》第2条规定:"本办法所称院前医疗急救,是指由急救中心(站)和承担院前医疗急救任务的网络医院(以下简称急救网络医院)按照统一指挥调度,在患者送达医疗机构救治前,在医疗机构外开展的以现场抢救、转运途中紧急救治以及监护为主的医疗活动。"院前急救包括急救中心的处理、120急救车的接送病人、医疗救护员从事的辅助医疗救护工作,具体包括:(1)对常见急症进行现场初步处理;(2)对患者进行通气、止血、包扎、骨折固定等初步救治;(3)搬运、护送患者;(4)现场心肺复苏;(5)在现场指导群众自救、互救等。

急救医疗中患者大多具有病情紧急、危重、可控性小、涉及病谱广等特点。在病情危重的情况下,一方面患者或家属往往对急救机构寄予较大期望,希望急救机构可以对患者进行及时有效的救治,且大量疾病在救助及时的情况下,是可以有效恢复的。但另一方面,因为上述病情的危重性特点,救治本身往往即存在较大难度,加之急救设备、急救诊疗能力、路况车况等突发情况的复杂性、不确定性,救治效果可能无法达到患者或家属的预期,双方不可避免地产生矛盾。而在黄金救治时间概念日益深入人心的今天,在患者或其家属及时拨打了急救电话,但因急救中心派车不及时、救护人员缺乏资质、急救措施不当等原因使得患者没有得到及时救助而死亡的情况下,患者及其家属往往情绪激烈,矛盾难以化解。

具体而言,医疗急救行为包括多个具体环节,如救护车的调度、急救车奔赴事发现场、就地抢救、转移运送途中病情观察、救护和突发情况处置、医院之间的交接等,并涉及调度派车、医疗行为、驾驶路途的选择以及应急处置等多项环节。在任何环节均可能发生医患纠纷,如在救护车调度环节,产生纠纷的原因可能是患者家属认为车辆派遣不及时,未对是否有车可派进行告知,或在明确表示需要多辆急救车辆的情况下，仅派出一辆急救车。但是，在目前很多医疗机构中，急救车辆满足日益增长的急救需求确有困难，确实可能无法在很短时间内完成调度派车工作。在急救车奔赴事发地点环节中，可能发生因急救车辆发生车祸、车辆本身出现故障、驾驶人员突发疾病、突发交通管制等原因而只能选择绕行，导致无法及时到达事发现场。此时，患者往往认为上述情况系医疗机构故意或过失导致延误，急救机构则认为此属突发事件，不应当承担责任。

另外，在就地抢救的过程中，存在着急救医师认为患者已经死亡或不具备救治条件而放弃救治，而家属坚决要求救治，并以急救机构未尽及时救治义务未尽，或未按照自己提出的救治方案进行救治等为由，提出损害赔偿的情况；在运送过程中，患者或家属还往往会对急救医院的路线选择存在异议，认为急救车未能就近、救急进行运送，存在延误治疗。司法实践中，上述环节均可能产生争议，引发医疗诉讼。

128. 如何判断急救车是否及时到达？

院前急救事业作为公共卫生体系中紧急医疗救援的重要环节，它的快速反应作用在专业救治中日益凸显，作为专业救治过程中不可替代的组成部分，急救车辆在急救过程中发挥着载体作用，急救车辆的调度、派送是否及时，直接影响着急救工作的成败和病人的安危。具体而言，急救机构应当按照就急、就近原则调度派车，派车应当做到及时迅速。

急救派车包含两部分内容：一是急救中心接报后，及时进行车辆调度工作，及时将车辆出车任务进行派发，并依据就近原则将急救站中的急救车辆及时派出。二是急救车辆派出后，在赶往事发现场的过程中，做到及时、迅速、无延误。

对于调度车辆是否及时的问题，应考虑以下因素：急救机构接到电话后，是否对目前是否有车可派进行告知，以便于患者决定是否选择该急救机构进行救治；在附近急救站点确有急救车辆可以派送，且患者依据其疾病特点，决定选择该医疗机构急救的情况下，是否对急救车辆到达事发地点大概所需的时间进行告知，以使患者或周围亲属有一定的准备。

司法实践中，针对急救车辆是否及时到达的问题，医患双方争议的焦点往往集中在是否超过及时到达的合理时间。合理区间可以通过考虑路程远近、当时的通常交通状况等因素酌定。在超出合理路途时间的情况下，医疗机构对于存在突发恶劣天气状况，突发路况如交通管制、其他车辆突发车祸，导致拥堵等因素承担举证责任，需要作合理说明。同时，对以上突发交通状况，急救车辆应及时、得当、采取绕行等应对措施，否则应承担不利后果。对上述问题，人民法院一般会结合双方的举证，并运用社会经验综合判定。应当注意的是，即使救护车辆没有及时赶到，但以患者的病情性质及严重程度，并不会导致患者病情加剧的，急救机构不应就其时间延误承担赔偿责任。

129. 医务人员在急救转运途中措施不当导致患者损害，如何承担责任？

《侵权责任法》第54条规定："患者在诊疗活动中受到损害，医疗机构及其医务人员有过错的，由医疗机构承担赔偿责任。"据此，医疗机构承担赔偿责任应满足四个条件：（1）患者和医疗机构之间存在诊疗行为法律关系；（2）医疗机构及其医务人员的诊疗行为存在过错；（3）患者实际发生了损害后果；（4）医疗机构诊疗过错与患者遭受的损害后果之间具有因果关系。急救转运行为属于医疗机构的诊疗行为，如果医疗机构因急于履行医疗职责，未尽合理的诊疗及注意义务，并且在医疗行为中存在过错，致使患者出现损害结果的，应当承担赔偿责任。

根据《执业医师法》的规定，医疗机构及其医务人员在实施医疗活动时，必须严格遵守相关医疗卫生管理法律行政法规、部门规章和诊疗护理、规范常规，恪守医疗服务、职业道德，诊断出患者病情后，应积极履行诊疗义务。同时，由于患者对医学知识和医疗规范并不了解，处于相对弱势的地位，因此，医疗机构实施医疗行为时，应当尽到合理的告知义务，告知其医疗措施和医疗风险。医疗机构因怠于履行医疗职责，未尽合理的诊疗及注意义务，并且在医疗行为中存在过错，致使患者出现损害结果的，应当承担赔偿责任。

需急救的患者及家属往往因患者的突发疾病而拨打急救中心电话进行求救，急救中心在将患者送至医疗机构的过程中，更应尽到高度的注意义务，一旦发现患者出现病情加重的情况，应及时实施紧急救治措施，延缓患者病情危重的状况。如在转送患者过程中，急救中心发现患者病情加重后，未尽到合理注意义务，实施的救助措施与其医疗水准不相符，采取的救治措施过于简单或采取不恰当的救治措施，最终导致患者损害的，将承担相应的赔偿责任。

130. 堵车、交通事故导致急救车无法及时返回医疗机构导致患者损害，如何承担责任？

根据相关法律法规的规定，救护车执行院前医疗急救任务，可以依法使用警报器、标志灯具；使用消防通道、应急车道；在确保安全的前提下，不受行驶路线、行驶方向、行驶速度和信号灯的限制；可以在禁停区域或者路段临时停车，并免交收费停车场停车费和收费公路车辆通行费。而单位和个人在行驶中应当主动避让执行医疗急救任务的救护车，因避让违反道路交通安全法律、法规的，免予行政处罚。同时道路交通安全法和治安管理处罚法都明文规定，警车、救护车、消防车以及工程抢险车等在执行任务时，在道路上有优先通行权，社会车辆

应当避让。按照治安管理处罚法，处警告或者二百元以下罚款；情节严重的，处以 5 日至 10 日的拘留，可以并处五百元以下罚款。

尽管有上述法律规定，明确了急救车辆的优先通行权，但是现实中如果急救车遇见堵车或交通事故导致延误治疗造成患者损害时，如何确定法律责任一直是个难题。因为车辆、路况等复杂性，急救车也经常会遇到意外情况，对于急救车辆本身发生的意外情况，应该如何处理？

一般认为，对医疗机构因其自身的车辆保养不当，导致急救车辆故障，或因驾驶违章等过错导致车祸事故而发生延误的，由急救机构承担相应责任；但确属意外事故的，医疗机构则可以免责，如因严重恶劣的天气或者遇到城市拥堵、城市道路的严重交通事故等原因导致急救车无法及时到达，延误治疗时间的，应当分析驾驶员是否对天气和路况尽到了合理注意义务，以及堵车之后急救车是否穷尽其他方式进行绕行或就近前行。如果已经尽到了合理注意义务，但因天气及路况，或者穷尽一切方法也无法继续前行等客观原因延误了救治时机，则急救救治机构应当免责。

另外，如果驾驶员没有及时赶到，但因患者的病情性质和程度并不会导致患者病情加剧的，医疗机构也不会因延误而承担侵权责任。

第八章 医疗机构转诊义务的法律问题

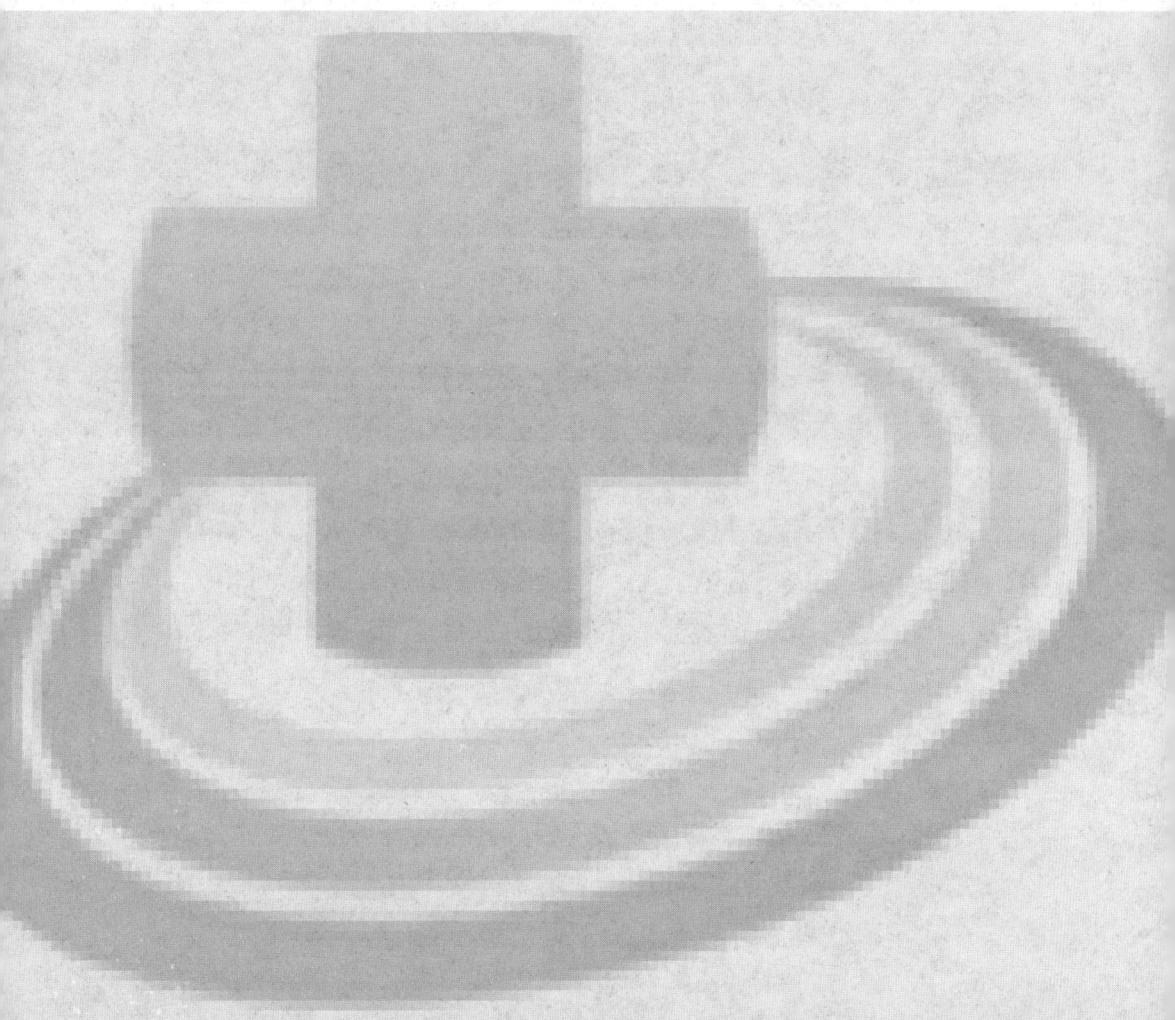

第八章 医疗机构转诊义务的法律问题

131. 转诊的法定条件是什么?

转诊作为一个特殊的诊疗活动,其发生需要具备以下条件:

(1)客观医疗技术和条件受限,确有转诊的现实需要。关于转诊的法律规范少之又少,最详细的是原卫生部颁布的《医院工作制度》第30条对于医疗机构的转院、转科制度作出的如下规定:"医院因限于技术和设备条件,对不能诊治的病员,由科内讨论或由科主任提出,经医务科报请院长或主管业务副院长批准,提前与转入医院联系,征得同意后方可转院。"由此可见,转诊发生的前提是医疗机构自身的医疗技术和设备条件受到限制,不能进行或更好地对患者进行诊治,即医疗机构客观上"不能治疗"。至于医疗机构因患者无支付能力或可能承担相关责任等原因,客观上具有治疗的技术和条件而拒绝治疗,通过将患者转院而推卸责任的情况,属于违反医疗机构强制缔约责任的行为,并不能构成合法转诊的前提。

(2)充分履行说明告知义务,确保患方知情同意。《医疗机构管理条例实施细则》第88条规定:"特殊检查、特殊治疗:是指具有下列情形之一的诊断、治疗活动:(一)有一定危险性,可能产生不良后果的检查和治疗;(二)由于患者体质特殊或者病情危笃,可能对患者产生不良后果和危险的检查和治疗;(三)临床试验性检查和治疗;(四)收费可能对患者造成较大经济负担的检查和治疗。"转诊是因为医疗机构客观上无法治疗患者病情,并且转诊具有一定的危险性,所以应该属于"特殊治疗"的范畴。同时,转诊行为属于一种综合性的医疗行为,但它又与一般的治疗行为不同,《侵权责任法》第55条规定:"医务人员在诊疗活动中应当向患者说明病情和医疗措施。需要实施手术、特殊检查、特殊治疗的,医务人员应当及时向患者说明医疗风险、替代医疗方案等情况,并取得其书面同意;不宜向患者说明的,应当向患者的近亲属说明,并取得其书面同意。医务人员未尽到前款义务,造成患者损害的,医疗机构应当承担赔偿责任。"该条明确了手术、特殊检查、特殊治疗时，医院对患者本人或家属负有法定告知义务。因此，医疗机构在转诊时，需要将患者的病情和转诊的医疗措施内容、转诊的相关医疗风险以及替代治疗方案等告知患者或家属。

（3）患者并非危急重等病症，且符合转院的临床指征。《医院工作制度》第30条规定："病员转院，如估计途中可能加重病情或死亡者，应留院处置，待病情稳定或危险过后，再行转院。较重病人转院时应派医护人员护送。病员转院时，应将病历摘要随病员转去。"《乡村医生从业管理条例》第27条规定："乡村医生应当如实向患者或者其家属介绍病情，对超出一般医疗服务范围或者限于医疗条件和技术水平不能诊治的病人，应当及时转诊；情况紧急不能转诊的，应当先行抢救并及时向有抢救条件的医疗卫生机构求助。"从上述卫生行政法规可以看出，转诊的基本要求是确保患者的生命安全，对转诊可能会对患者产生的不良影响进行有效评估，对于不适合转诊的危急重症、严重传染病等不应转诊，应该及时采取必要的紧急措施控制病情，待患者情况稳定、转诊时无生命危险且符合临床上的指征时再行转诊。

132. 如何认定转诊中的过错？

在衡量医疗机构转诊活动存在过错或转诊义务违反时，需要注意以下问题：

（1）违反转诊义务并不必然导致民事责任的产生。根据《侵权责任法》的规定，违反转诊义务的医疗机构或医务人员具有免责事由的，可以免除责任。如已向患者进到说明告知义务，患者知晓医疗机构的治疗能力达不到预期目标，仍不同意转院的，由此产生的责任应由患者自行承担，医疗机构不以"未尽转院义务"为由承担责任。但需要注意的是，免责的前提是医疗机构已尽到说明义务，即医疗机构已经向患者说明疾病的情况、治疗措施，如果涉及手术特殊检查、特殊治疗的，还应当告知医疗风险和替代治疗方案，针对转诊而言，医疗机构应当说明其不具备治疗能力的原因，转治医院的建议等内容。

（2）医疗机构履行转诊义务时，不得以转诊为名规避医疗风险，即治疗机构具备治疗能力，但患者病情危急，医疗机构为了躲避医疗风险，以自己没有治疗能力为由诱骗患者转院。如患者因转院发生延误，进而影响治疗、抢救的，医疗机构应承担相应责任。如果患者的病情已不具备转院条件，如路途遥远且患者病情危急，转院将产生危险时，可不转院，在条件许可的情况下应当请有关专家来院会诊、治疗。

（3）医院转诊义务不恰当履行时，认定医院在转诊转院过失应当综合考虑以下几个方面的因素：

一是医院客观医疗水平和技术情况。医院的客观医疗水平和技术条件不符合患者的诊治需求才产生转诊治疗的必要，此时，医院应当尽快安排转诊。但医院在转诊之前必须要穷尽自己医疗手段和技术的能力才能免除责任。比如医院的客观技术手段是可以诊断病治疗该患者的病情的，而依旧决定向其他医疗机构进行转诊或转院，则存在构成不当转院。或医疗机构因为自身的过错，导致对患者的病情误诊漏诊，误认为自己没有相关的医疗水平无法救治，而转诊转院导致患者损害的，医疗机构的诊疗行为也具有过错，不当转诊和过错诊疗行为对患者的损害均具有一定的因果关系，则医院需要承担损害赔偿责任。

二是患者个人病情转归。患者自身病情转归也是重要的影响因素。如患者所患的疾病属于"急性心肌梗死""急性冠脉综合症"等危急重症。一些疾病极易引起相关并发症和猝死，或急性期死亡率较高，但临床症状差异大，判断有一定难度时，患者在转诊转院中的损害后果，就需要考虑到其自身病情的因素。由于患者所患的病症发病急、难鉴别、不易预防、死亡率高，所以患者自身的病情也在一定程度上对其死亡结果产生了影响，是可以适当减轻医院的责任的。

三是患者和家属的配合程度。鉴于转诊必须要对患者或家属履行转院告知义务，患者本人或家属的书面同意与配合是顺利转诊的一个重要因素,根据《侵权责任法》的规定,医院若未取得患者和家属同意,在紧急情况下也享有紧急救治的权利,转诊应当属于紧急救治的方式之一。在实践中,患者和家属在转诊中不配合医院的情况有以下几种,如不配合治疗、自行错误使用药物、不同意转诊、故意阻挠医务人员转移病人等,患方如果在转诊活动中存在一定过错,按照过错相抵原则,也应当减轻甚至免除医院的责任。

四是对转诊风险评估的注意义务。为患者转诊之前,医院必须要对患者的病情进行临床检查、评估,确定患者不属于危急重症等不易转诊的情况,方能进行转诊。转诊作为一种综合性的医疗行为,同样受到法律、卫生法规、诊疗护理规范的规制。如果医疗机构或医务人员在转诊转院前,没有对患者在转诊过程中可能出现的情况进行有效评估,不能排除患者不处于病危状态或不易搬动的情况,导致患者在转诊转院中造成损害的,具有诊疗过错的,医院应当承担对转诊风险预测评估不足的责任。

133. 违反安全转诊义务,医院是否承担责任?

安全转诊义务是医疗机构的法定义务。为了更好的维护患者合法权益,降低医院在履行转诊义务中出现的风险,减少医患纠纷的发生,医院在履行安全转诊义务时应注意以下几点:

(1)应当对转诊患者进行基本急救处置。需要转诊的患者一般是危重患者,在转诊前的急救是非常重要的,直接关系到转诊的成败与接收医院对该患者实施抢救成功与否。对危重患者一旦接诊,就要对患者负责,密切观察患者基本生命体征的变化,如血压、脉搏、体温、呼吸等,结合病史及体格检查,做出正确、必要的急救处置,为转诊后接诊医院的进一步治疗赢得宝贵的时间。

(2)医院应对转诊患者的病情是否稳定进行评估,并征得接诊医

第八章 医疗机构转诊义务的法律问题

院的同意。患者转院如估计途中可能加重病情或死亡者，应留院处置，待病情稳定或危险过后，再行转院。因此，医院在决定患者是否转院前要先提前与转入医院联系，并与接诊医生讨论有关患者的诊断、治疗风险、可供选择的其他方案、转诊的理由，并记录在案。在确认患者病情稳定，可以转院并得到接诊医生或转入医院的同意接诊的答复后，方可转院，患者的病情不具备转院条件时，在条件许可的情况下应请有关专家来院会诊、治疗，对于急性传染病、麻风病、精神病和截瘫患者不得转外省治疗。

（3）注意征得患者及患者家属书面的同意。患者及其家属对转诊仍具有自主决定权。只有经过患者及其家属的同意，医方转诊才能实施，对于需要转院的患者，医院应让患者及其亲属充分了解患者疾病的诊断、治疗方案、预期结果、治疗风险，告诉患者首次就诊的性质，是单纯的检查、咨询，还是治疗，并告知转诊的理由和注意事项、转诊途中可能会发生的意外情况等，以便患者有足够的思想准备与费用准备，并拟定知情同意书请患者或其家属签署。在病情极不稳定或随时有危及生命可能情况下，无论是否转诊，均应签署一份书面文件，说明是在临床医师的充分说明下和理解基础上作出的最终决定，以确保医疗机构已经完成转诊告知义务。

（4）危重患者转诊，医院应派员随同，并随时对患者观察治疗。危重患者转诊途中，要严密观察患者的生命体征，保护好首次抢救所建立的治疗措施，带上必备的急救药品及器材，根据病情变化，及时做进一步的治疗，不可有一丝懈怠。医护人员在转诊过程中陪同在患者身旁，出现问题，随时处理。患者昏迷，要观察瞳孔的变化，对呕吐患者要保持头偏向一侧位等。抽搐患者放置牙垫，对呼吸心跳停止患者要停车复苏等。护理人员要补记院内检查，抢救过程及记录途中用药和病情变化，为接诊医院抢救提供重要的专业病史资料。同时，要求医护人员陪同转诊，还可以改善医患关系。

（5）转院应当采用就近原则，尽量避免长途转运。患者若长时间转运,往往对病情不利,耽误治疗,运送途中的颠簸、震动,也可加重病情,故应该尽量就近转诊。患者转院时,应将病历或病历摘要随病员转院。转诊医生要为患者准备好详细的书面转诊报告,包括病历摘要、治疗小结和转院记录等。重要的检查报告如 CT、X 光片等医疗资料最好也带上,可避免重复检查,减少费用。报告应包括患者详细病情、主要病史、患者的特殊需要(如镇静、心电监护等)、转诊理由、患者及患者家属的联系方法、转诊医生联系方式等,对于原始病历可办理借阅手续,随同转院,治疗终结出院时,将借阅资料再退还给医院。转诊医生用书面的方式将患者的情况客观地向接诊医生介绍,这是与接诊医生沟通的最好方式,对复杂病例来说更是如此。转诊医生也可介绍自己对病情的看法,与接诊医生讨论治疗方法,这有利于接诊医生全面准确地了解病情,做出正确的判断,为制定治最佳的疗方案提供基础信息。

134. 违反转诊说明义务,医院是否承担责任?

转诊义务是医方的法定义务,但是对医方转诊建议的接受与否是患方的权利,只有经过患者的同意,医方转送行为才能实施。因此,医方的转诊说明义务是整个转诊过程中的首要义务,只有医方履行了转诊说明义务,患方在知晓了转诊利弊后做出同意转诊的真实意思表示,医方再进行转送,整个转诊行为才得以完成。医方的转诊说明义务是其之后转送行为的先决条件,是医方对于治疗范围之外的患者或超出医疗技术、设备水平的患者,根据其病情而作出建议转诊的说明义务。

《侵权责任法》第 55 条规定:"医务人员在诊疗活动中应当向患者说明病情和医疗措施。需要实施手术、特殊检查、特殊治疗的,医务人员应当及时向患者说明医疗风险、替代医疗方案等情况,并取得其书面同意;不宜向患者说明的,应当向患者的近亲属说明,并取得其书面同意;医务人员未尽到前款义务,造成患者损害的,医疗机构应当承担赔偿责任。"因此,医方的说明义务是一项法定义务,在一般的诊疗活动应当向患者说明病情和医疗措施,在需要实施手术、特殊检查、特殊治疗时,医方必须要及时向患者说明医疗风险、替代医疗方案等情况,并取得其书面同意。

医方转诊行为的有效实施必须经过患者的同意,《侵权责任法》第57条规定:"医务人员在诊疗活动中未尽到与当时的医疗水平相应的诊疗义务,造成患者损害的,医疗机构应当承担赔偿责任。"此条规定了医务人员在诊疗活动中过错的判断标准,即是否尽到了与当时的医疗水平相应的诊疗义务。据此,对于当患者的病情超出了医方诊疗服务范围、医务人员技术水平和医疗设备水平时即发生医方的转诊义务,医方应合理的履行其建议转诊的说明义务,若此时医方未尽到其合理的转诊说明义务,则应当具有过错。但是患者虽然因转诊发生损害,有下列情形之一的,医方不承担赔偿责任:

(1)医方已经对患者的病情进行了合理的说明,并提出了转诊建议,但患者或者其近亲属不配合医疗机构进行符合诊疗规范的转诊。

(2)医务人员在在抢救生命垂危的患者等紧急情况下已经履行了合理的转诊义务。

(3)限于当时的医疗水平,医方难以判断是否应予以转诊或何时转诊。

第九章
医疗伦理损害责任法律问题

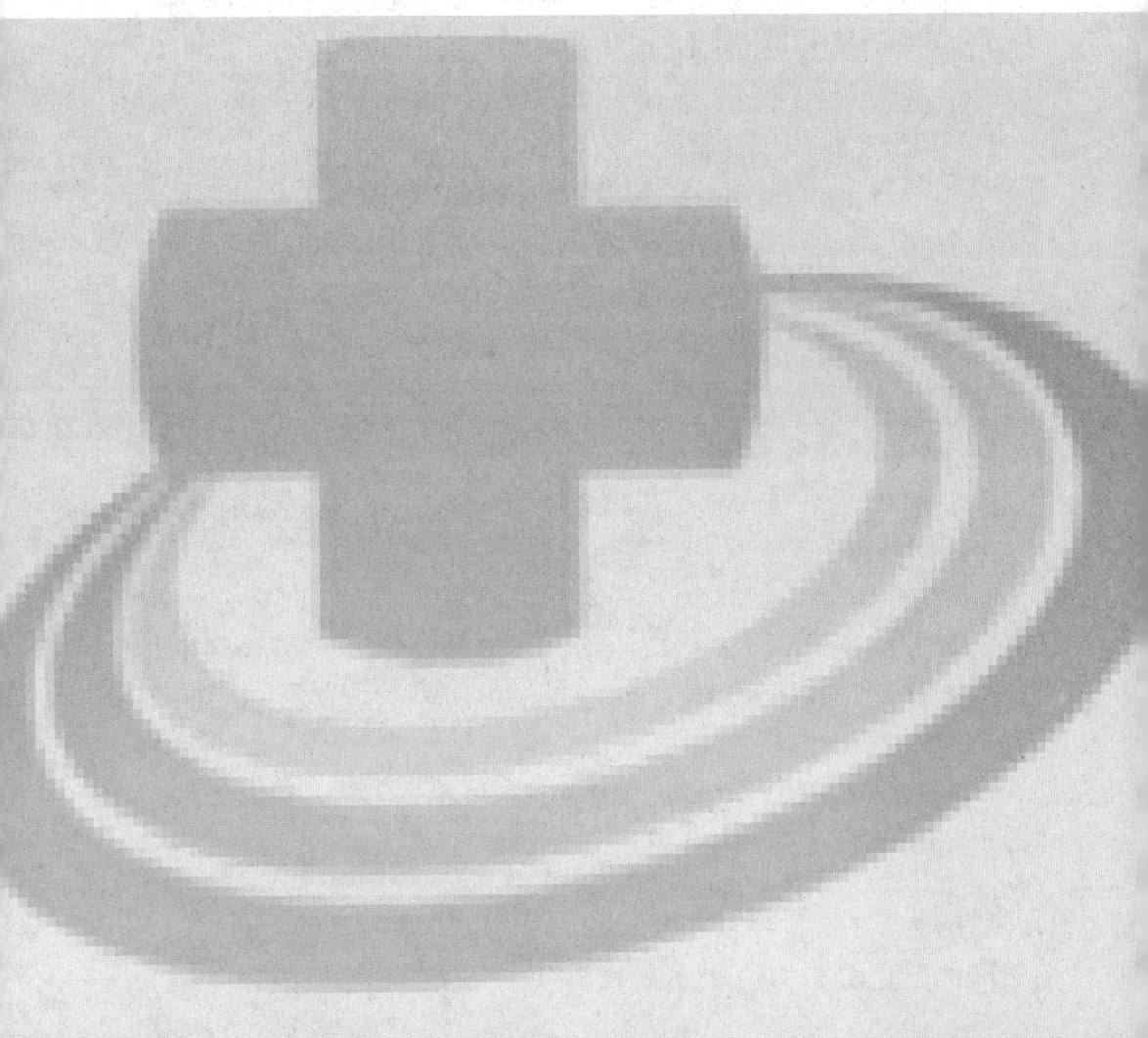

第一节 违反告知义务

135. 医疗机构履行法定告知义务的范围是什么?

医务人员履行说明义务的范围分为两种情况:

(1) 一般的说明告知义务。在这种情况下,需要说明的信息主要为病情和医疗措施。具体说来,病情包括疾病的性质、严重程度、发展变化趋势等信息,还包括诊断信息,即疾病名称、诊断依据等。医疗措施包括可供选择的医疗措施、各种医疗措施的利与弊、根据患者的具体情况拟采用的医疗措施、该医疗措施的治疗效果和预计大致所需的费用、可能出现的并发症和风险以及不采取医疗措施的危险性等。

(2) 特殊的说明告知义务。在这种情况下,医务人员除了履行向患者说明病情和医疗措施的义务以外,还应当及时向患者说明医疗风险、替代医疗方案等情况。所谓医疗风险,是指医疗措施可能出现的并发症、后遗症、不良反应等风险,代替医疗方案信息包括可选择的几种手术方案及其利弊等信息。这种特殊说明义务适用的条件是患者需要实施手术、特殊检查、特殊治疗。对于特殊检查、特殊治疗,《医疗机构管理条例实施细则》第 88 条作出具体规定,特殊检查、特殊治疗是指具有下列情形之一的诊断、治疗活动:①有一定危险性,可能产生不良后果的检查和治疗;②由于患者体质特殊或者病情危笃,可能对患者产生不良后果和危险的检查和治疗;③临床试验性检查和治疗;④收费可能对患者造成较大经济负担的检查和治疗。

在需要实施手术、特殊检查、特殊治疗的情况下,应当及时向患者说明医疗风险、替代医疗方案等情况，具体可以细化为以下五个方面的内容：

（1）患者病情之说明。病情说明包括疾病的名称、疾病的性质、严重程度、发展变化趋势等信息。除非有法定的阻却事由，医生应该明确的告诉患者对其疾病的诊断结果。

（2）医疗方法之解释。医务人员在告诉患者其病情以后，应该向患者说明可供选择的医疗措施、各种医疗措施的利弊、根据患者的具体情况拟将采用何种医疗方法治疗，同时应该说明此种治疗方法的性质、治疗的大致费用、采用此种治疗方法的必要性、预期的治疗效果、治疗方式的难易程度、此种治疗方法对病人的危险性及危险出现的几率等。医务人员应该以医疗上通用的，患者能够理解的方式加以说明，使患者充分了解该治疗行为可能产生的侵害程度，从而决定是否接受该项治疗方法。医务人员在告诉患者治疗方法时，对于治疗方法附随的可能的风险，也应该向患者加以说明。如果患者不知道将会出现何种医疗侵袭结果，既使患者在表面形式上作出了同意的意思表示，但由于其对具体的治疗方法未能充分了解，该同意就不会当然有效，而由此发生的损害结果，医院也不能够免责。

（3）医疗风险之告知。医疗风险是指医疗措施可能出现的并发症、后遗症、不良反应等风险。对于这些风险及可能出现的不利后果，及后期预防的可能性，医务人员应加以详细说明。

（4）替代治疗方法之说明。治疗疾病的方法往往有多种，为使患者采最有利的治疗方法，医生在治疗过程中，应该告诉患者有无其它可以替代的治疗方法、替代疗法的治疗效果、有效程度，替代疗法可能伴随的并发症，以及医生认为不宜采此种疗法的理由等。

（5）新技术新方法的说明。在实施新的实验性临床医疗方法时，该方法的理论依据、成熟程度、风险率、其他临床实验的结果等信息，医生应该以医疗上通用的方式加以说明，使患者充分了解该医疗行为对身体可能产生的侵害，以便决定是否同意接受该项医疗行为的实施，

第九章 医疗伦理损害责任法律问题

例如：采用某些放射疗法、化学疗法、激光疗法以及疗效尚未得到验证的药物疗法，医生必须对患者进行全面的、真实的、有效的说明，在此基础上取得患者的同意。

在治疗行为进行中，医务人员应尽的说明义务，一般包括：患者病情的发展变化；必要的治疗内容；患者应当履行的配合方法、疗养方法、药品的服用法；愈后需要预防疾病的相关知识等。还有及时转诊、转院的说明也是医务人员必须尽到的告知义务。

136. 医疗机构履行告知义务的例外是什么？

医疗机构告知义务的例外情况有如下四种：

（1）患者拒绝或者放弃知情同意权。患者对知情同意权的拒绝或者放弃，既可以表现为对知情权的拒绝或者放弃，又可以表现为对同意权的拒绝或者放弃。如果患者对知情权予以拒绝或者放弃，则无所谓同意权的有效行使，因为患者行使有效同意权的前提是有效保障知情权。所以，如果医务人员在向患者的履行告知义务时，患者因故予以拒绝或者放弃，则在事后以医务人员侵害其同意权为由提出诉讼请求就不能得到支持。同样，如果医务人员履行了告知义务，患者知情后因故作出拒绝或者放弃同意继续诊疗的决定，或者故意怠慢作出是否同意的决定，此时，因为是患者本身的原因拒绝知情或同意，医疗人员没有侵害患者的知情同意权，就不应该承担侵犯知情同意权的法律责任。

（2）基于公共利益的强制治疗行为。为了使公共利益以及他人利益免受正在发生的危险的侵害或者威胁，医疗机构依照法律法规授权，可以对正在发生特殊疾病的患者在必要情况下强制行使救护和诊疗措施，而患者必须接受，无权拒绝。这就在医疗机构和患者之间形成了强制治疗关系，医疗机构据此对患者展开救护和诊疗工作就属于强制治疗行为。根据我国目前法律法规的规定，医疗机构基于公共利益实施的强制治疗行为包括：①传染病病人接受强制治疗时的知情同意权。《传染病防治法》和《传染病防治法实施办法》都赋予各级各类医疗保健机构对传染疾病防治行使强制医疗权。②严重精神障碍者接受强制治疗时的知情同意权。由于严重精神障碍可能出现危及其自身、他人及社会的行为，因此，在经过人民法院的强制医疗法定程序后，确定对其进行强制医疗的患者，此时不不需征得严重精神障碍者本人的意见。

（3）保护性医疗措施。《执业医师法》第26条规定："医师应当如实向患者或者其家属介绍病情，但应注意避免对患者产生不利后果。"另外《医疗事故处理条例》第11条规定："在医疗活动中，医疗机构及其医务人员应当将患者的病情、医疗措施、医疗风险等如实告知患者，及时解答其咨询；但是，应当避免对患者产生不利后果。"很多情况患者的病情或者治疗方案往往会让患者望而生畏，饱受疾病折磨的患者也不一定都有心情和心理准备去聆听医生的解释，而后作出冷静、恰当的决策。此时，允许医疗人员履行说明义务时，在向患者告知的内容、对象、时机和方式上享有一定的选择权。

（4）紧急救治的情况下医疗机构无法取得患者及家属的书面同意。《侵权责任法》第56条规定："因抢救生命垂危的患者等紧急情况，不能取得患者或者其近亲属意见的，经医疗机构负责人或者授权的负责人批准，可以立即实施相应的医疗措施。"由此可见，如果在抢救生命垂危的患者等紧急情况，不能取得患者或者其近亲属意见的情况下，医疗机构进行紧急救治，此时并不存在医务人员特殊告知义务违反的问题。

137.什么情况下需要向患者家属告知？

《侵权责任法》第55条的规定："医务人员在诊疗活动中应当向患

者说明病情和医疗措施。需要实施手术、特殊检查、特殊治疗的，医务人员应当及时向患者说明医疗风险、替代医疗方案等情况，并取得其书面同意；不宜向患者说明的，应当向患者的近亲属说明，并取得其书面同意。"一般情况下，告知应当向患者本人进行，并取得患者本人的书面同意，但是特殊情况下可以向患者家属告知。《医疗损害责任解释》第5条第2款规定："实施手术、特殊检查、特殊治疗的，医疗机构应当承担说明义务并取得患者或者患者近亲属书面同意，但属于侵权责任法第五十六条规定情形的除外。医疗机构提交患者或者患者近亲属书面同意证据的，人民法院可以认定医疗机构尽到说明义务，但患者有相反证据足以反驳的除外。"

依据原卫生部《病历书写基本规范（试行）》第10条中明确规定，对按照有关规定需取得患者书面同意方可进行的医疗活动（如特殊检查、特殊治疗、手术、实验性临床医疗等），应当由患者本人签署同意书。患者不具备完全民事行为能力时，应当由其法定代理人签字；患者因病无法签字时，应当由其近亲属签字，没有近亲属的，由其关系人签字；为抢救患者，在法定代理人或近亲属、关系人无法及时签字的情况下，可由医疗机构负责人或者被授权的负责人签字。因实施保护性医疗措施不宜向患者说明情况的，应当将有关情况通知患者近亲属，由患者近亲属签署同意书，并及时记录。患者无近亲属的或者患者近亲属无法签署同意书的，由患者的法定代理人或者关系人签署同意书。

如在手术过程中可能出现临时变更手术内容或方式的情况。如剖腹探查术，预定的手术名称与医生在开腹后的情况不相符，则需要追加或临时变更手术内容和方式。在这种情况下，医疗机构及其医务人员仍应征得患者本人的同意，在患者无法行使该项权利时，应及时征得患者家属的同意。

 **138. 紧急救治情况下，有哪些不能取得患者近亲属意见的情形？**

《侵权责任法》第56条规定："因抢救生命垂危的患者等紧急情况，不能取得患者或者其近亲属意见的，经医疗机构负责人或者授权的负责人批准，可以立即实施相应的医疗措施。"法律规定了医疗机构的紧急救治义务。

对于在患者不能表达意志的紧急情况下如何施救，涉及到患者一方自主决定权和医疗机构救治义务的协调问题。医疗机构救死扶伤的公益性职责，是各国或地区的通行做法，《执业医师法》第24条规定："对急危患者，医师应当采取紧急措施进行诊治；不得拒绝急救处置。"《医疗机构管理条例》第31条规定："医疗机构对危重病人应当立即抢救。对限于设备或者技术条件不能诊治的病人，应当及时转诊。"

基于及时救治生命垂危等紧急情况下患者的考虑，《医疗损害责任解释》对《侵权责任法》第56条规定的"不能取得患者近亲属意见的"情形作了进一步细化，该解释在第18条的规定："因抢救生命垂危的患者等紧急情况且不能取得患者意见：（一）近亲属不明的；（二）不能及时联系到近亲属的；（三）近亲属拒绝发表意见的；（四）近亲属达不成一致意见的；（五）法律、法规规定的其他情形。前款情形，医务人员经医疗机构负责人或者授权的负责人批准立即实施相应的医疗措施，患者因此请求医疗机构承担赔偿责任的，不予支持；医疗机构及其医务人员怠于实施相应的医疗措施造成损害，患者请求医疗机构承担赔偿责任的，应予支持。"

 139."知情同意书"是否具有免责效力？

实践中，医疗机构往往认为知情同意书具有免责的效力，只要是

患者签署了知情同意书，出现了知情同意书中的并发症或者其他不良后果均可以免责，这种看法是错误的，知情同意书在法律上仅仅可以被看作是医务人员履行告知义务的依据，而是否承担侵权责任则需要看医疗机构及其医务人员在诊疗活动中是否具有过错，如果医疗机构或医务人员在诊疗活动中具有过错，并导致患者损害，即使签署知情同意书也并不免除医疗机构的赔偿责任。具体而言：

（1）知情同意书是一种授权行为。手术、特殊检查、特殊治疗在治疗疾病的同时，也会给患者的身体造成一定的损害，不同程度地破坏患者组织器官的完整性和功能，有时还可能会危及患者的生命，此即手术的风险性。如果医生未经患者同意而为其进行手术，就有可能会因侵害了患者的身体，而承担相应法律责任。因此，从法律的角度分析，患者签署知情同意书实际上是一种授权行为，即患者允许医生使用特殊方法治疗疾病，使医疗机构及其医务人员实施的具有一定破坏性的治疗行为合法化。

（2）知情同意书是患者行使知情同意权的书面证明。《侵权责任法》第55条的规定："医务人员在诊疗活动中应当向患者说明病情和医疗措施。需要实施手术、特殊检查、特殊治疗的，医务人员应当及时向患者说明医疗风险、替代医疗方案等情况，并取得其书面同意；不宜向患者说明的，应当向患者的近亲属说明，并取得其书面同意。"因此，如实告知是医务人员法定的义务，而知情同意是患者享有的法定权利。

（3）知情同意书不具有免责效力。在临床工作中，一些医务人员在手术同意书中向患者特别提示了这种风险的存在，同时要求患者自己承担这种可能出现的风险。例如，有的手术同意书中载有"如出现以上问题，医院概不负责"或"医院不承担任何责任"等免责条款。依据我国《合同法》第53条规定，合同中有关造成对方人身伤害的免责条款无效。因此，上述手术同意书中"医院概不负责"或"医院不承担任何责任"部分因违反了法律禁止性规定而归于无效。

如果医务人员在为患者诊疗过程中存在医疗过错并造成了患者人

身损害的后果，那么医疗机构仍应承担相应的民事责任。知情同意书不具有免除医务人员过错责任的法律效力。

140. 如何理解紧急救治义务？

《侵权责任法》第56条规定："因抢救生命垂危的患者等紧急情况，不能取得患者或者其近亲属意见的，经医疗机构负责人或者授权的负责人批准，可以立即实施相应的医疗措施。"但在诊疗活动中，患者是以平等的地位与医疗机构形成合同关系，在这一关系中，患者享有充分的自主决定权，正如《侵权责任法》第55条所规定的："医务人员在诊疗活动中应当向患者说明病情和医疗措施。需要实施手术、特殊检查、特殊治疗的，医务人员应当及时向患者说明医疗风险、替代医疗方案等情况，并取得其书面同意；不宜向患者说明的，应当向患者的近亲属说明，并取得其书面同意。"

《医疗机构管理条例》第33条规定："医疗机构施行手术、特殊检查或者特殊治疗时，必须征得患者同意，并应当取得其家属或者关系人同意并签字；无法取得患者意见时，应当取得家属或者关系人同意并签字；无法取得患者意见又无家属或者关系人在场，或者遇到其他特殊情况时，经治医师应当提出医疗处置方案，在取得医疗机构负责人或者被授权负责人员的批准后实施。"这也就意味着，实施手术时，医疗机构必须同时征得患者和其家属同意，并要求家属签字作为患方意思表示的依据。

《执业医师法》第26条规定："医师进行实验性临床医疗，应当经医院批准并征得患者本人或者其家属同意。"而未采用由患者和家属并行同意及签字的做法。《医疗事故处理条例》规定只对患者进行告知，无须向家属告知，这表明在医疗法律规定中，也逐渐趋向于将公民作为完全民事行为能力人，其可为独立的意思表示。依据我国目前法规

的规定,当无法取得患者意见时,如须对患者实施手术,仍需取得其家属的同意,而医疗机构的"特殊干预权"只有在"无法取得患者意见又无家属或者关系人在场"时才能行使。但在抢救危急患者等紧急情况下,如不能取得患者或者其近亲属的同意时,医疗机构也应当经医疗机构负责人或者授权的负责人批准,立即实施相应的医疗措施。

《医疗损害责任解释》第18条规定:"因抢救生命垂危的患者等紧急情况且不能取得患者意见时,下列情形可以认定为侵权责任法第五十六条规定的不能取得患者近亲属意见:(一)近亲属不明的;(二)不能及时联系到近亲属的;(三)近亲属拒绝发表意见的;(四)近亲属达不成一致意见的;(五)法律、法规规定的其他情形。前款情形,医务人员经医疗机构负责人或者授权的负责人批准立即实施相应医疗措施,患者因此请求医疗机构承担赔偿责任的,不予支持;医疗机构及其医务人员怠于实施相应医疗措施造成损害,患者请求医疗机构承担赔偿责任的,应予支持。"由此可见,司法解释进一步明确了侵权责任法中关于无法取得患者或其近亲属意见的具体情况,在上述五种情况出现时,经医疗机构负责人或者授权的负责人批准,可以立即实施相应的紧急治疗的医疗措施,实施紧急治疗措施造成损害的,如果医疗机构并无过错,则无需承担损害赔偿责任。

141. 如何理解保护性医疗措施?

保护性医疗措施,是指在某些特定的情况下,如医师认为告知某些信息会对患者有害,则医师有权对患者隐瞒这些信息。《医疗机构管理条例实施细则》第61条规定:"医疗机构在诊疗活动中,应当对患者实行保护性医疗措施,并取得患者家属和有关人员的配合。"《医疗事故处理条例》第11条规定:"在医疗活动中,医疗机构及其医务人员应当将患者的病情、医疗措施、医疗风险等如实告知患者,及时解答其咨询；但是，应当避免对患者产生不利后果。"《执业医师法》第26条也规定："医师应当如实向患者或者其家属介绍病情，但应注意避免对患者产生不利后果。"由此可见，保护性医疗措施在我国法律法规中已经有明确规定。

《侵权责任法》第55条规定："医务人员在诊疗活动中应当向患者说明病情和医疗措施。需要实施手术、特殊检查、特殊治疗的，医务人员应当及时向患者说明医疗风险、替代医疗方案等情况，并取得其书面同意；不宜向患者说明的，应当向患者的近亲属说明，并取得其书面同意。"其中也明确规定了"不宜向患者说明的，应当向患者的近亲属说明"的保护性医疗措施，但是法律对保护性医疗措施并未细化明确，在什么情况下属于"不宜向患者告知的"情况，实践中尚不明确。

142. 违反告知义务但与患者损害无因果关系的，医疗机构是否承担责任？

违反告知义务并不等于一定承担侵权责任，也就是说，有侵权行为未必就有侵权责任，有损害结果也未必就一定产生侵权责任。

从侵权责任的构成要件上看，侵权行为、过错、损害结果和因果关系是不能或缺的。尤其是在医疗损害责任中，患者的损害结果与医疗机构或医务人员的医疗行为之间的因果关系，是侵权责任承担的一个必要因素。由此可以得知，医疗机构如果未尽告知义务，但是患者的损害并非是因为医疗机构未尽告知义务导致的损害，比如医疗机构并未告知患者的替代治疗方案，但是手术过程中因为其过失导致患者损害的，患者则不能仅因未告知替代治疗方案而认定实际手术的医疗行为存在过错，其告知义务的违反也不必然导致患者的损害，二者并无因果关系。但此时，患者可以通过确定损害与手术过失之间的因果关系从而要求医疗机构承担赔偿责任。

第九章 医疗伦理损害责任法律问题

同时，根据《侵权责任法》的规定，患者在诊疗活动中受到损害，医疗机构及其医务人员有过错的，由医疗机构承担赔偿责任。而《侵权责任法》第55条第2款规定"医务人员未尽到前款义务，造成患者损害的，医疗机构应当承担赔偿责任。"这一法律规定体现了医疗损害赔偿以填补损害为基本原则，也就是说，患者必须有人身或者财产方面的损害，才具备了要求损害赔偿的基础。因此，即便医疗机构及其医务人员未履行告知义务或违反告知义务，但是并未对患者造成人身及财产损害的，也就不存在对患者进行损害赔偿的基础。因此患者无法以此为由要求医疗机构及其医务人员进行赔偿。

143. 违反告知义务但未造成患者人身损害的，医疗机构是否承担精神损害赔偿责任？

违反告知义务属于医疗机构或医务人员的过错，但是具有过错并不等于一定承担损害赔偿责任，《侵权责任法》第55条规定："医务人员在诊疗活动中应当向患者说明病情和医疗措施。需要实施手术、特殊检查、特殊治疗的，医务人员应当及时向患者说明医疗风险、替代医疗方案等情况，并取得其书面同意；不宜向患者说明的，应当向患者的近亲属说明，并取得其书面同意；医务人员未尽到前款义务，造成患者损害的，医疗机构应当承担赔偿责任。"由此可见，法律明确规定医务人员违反告知义务必须造成患者损害，才应当承担赔偿责任，仅仅违反告知义务并未造成患者实际损害的，患者无权要求医疗机构承担损害赔偿责任。

患者损害包括精神损害和物质损害，在现实中，医务人员违反告知义务，如果造成患者出现物质上的人身损害损害，相对比较容易认定，患者的损失范围也比较可见，故确定医疗机构承担损害赔偿责任比较容易，但当患者因医疗机构或医务人员违反告知义务，但是患者并未造成人身损害，而仅仅要求精神损害赔偿时，如何处理一直是司法实践中的难题。

《医疗损害责任解释》第17条规定："医务人员违反侵权责任法第五十五条第一款规定义务，但未造成患者人身损害，患者请求医疗机构承担损害赔偿责任的，不予支持。"

依据《侵权责任法》第22条的规定，在医疗机构未尽告知义务，侵害患者人身权益，造成患者严重精神损害的情况下，患者可以向医疗机构主张精神损害赔偿。但是本着平衡救济患者损害和有效推动医疗卫生事业发展的考虑，为避免精神损害赔偿的适用范围扩大，给医疗机构造成不必要的负担，最终影响正常的医疗秩序乃至广大患者看病就医的权利，对"严重精神损害"有必要从严把握，宜将此限定在造成患者人身伤害的范围之内。因此，司法解释明确了当医务人员未尽到说明义务，仅损害患者知情同意权，而未造成患者人身伤害的，医疗机构不承担赔偿责任。

第二节　侵犯患者隐私权

144. 如何认定医疗机构侵犯患者隐私权的行为？

医疗机构及其医务人员应当对患者的隐私保密，即医疗机构及其医务人员对其在诊疗活动中所了解到的患者的隐私负有保密义务。当医疗机构及其医务人员泄露患者隐私或者未经患者同意公开其病历资料，造成患者损害的，应当承担侵权责任。根据《侵权责任法》第62条的规定，医疗机构及其医务人员所为的侵犯患者隐私权的行为，主

要表现为以下两种情形：

（1）泄露患者隐私。泄露患者隐私，既包括医疗机构及其医务人员将其在诊疗活动中掌握的患者的个人隐私信息，向外公布、披露的行为，如对外散布患者患有性病、艾滋病的事实，导致患者隐私暴露，精神遭受巨大痛苦，也包括未经患者同意而将患者的身体暴露给与诊疗活动无关人员的行为。医护人员在执业活动中获得的患者或者其他服务对象的信息，绝大多数属于患者或其他服务对象的隐私资料。

（2）未经患者同意公开其病历资料。患者在接受诊疗服务过程中，基于对医疗人员的信赖，一般均会根据诊疗的需要和义务人员的问询而披露自己的病情、病史、症状等一系列私人信息。同时，医务人员会根据诊疗需要，筛选患者所提供的部分信息以进行记录，形成该患者的病历资料。这部分资料的披露，往往会导致患者社会评价的降低，造成患者精神痛苦。现实中，医疗机构及其医务人员未经患者同意公开其病历资料，或出于医学会诊、医学教学或者传染性疾病防治的目的，或因医疗机构本身对医学文书及有关资料的管理不善。

在第一种情况下，应当在考虑患者隐私保护的同时，还要兼顾医学本身的特点以及医疗行业公益性的需要。在该种情况下，判断侵权责任是否成立的一个关键，就是看是否造成患者的损害。一般说来，如果医疗机构及其医务人员在为医学会诊、医学教学而公开患者医学文书及有关资料的过程中，若能隐去带有能辨识患者个人信息的内容，如患者的姓名或对容易引起歧义的内容作适当掩饰，那么一般不会对患者造成损害，自然也不必承担侵权责任。

在第二种情况下，如因医疗机构对患者病历资料的管理不善，致使该资料未经患者同意而被公开，造成患者损害的，医疗机构应当承担赔偿责任。如医疗机构公开患者的病历资料系经患者的同意，即使造成损害的，也不应承担侵权责任，因为受害人的同意足以阻却该行为的违法性。

145. 如何认定医疗机构故意泄露、公开传播或侵扰患者隐私的行为？

这种情况是医患纠纷中隐私侵权的主要形式，也可能给患者造成严重身心伤害。主要表现为：

（1）医务人员故意泄露患者个人隐私。医务人员对基于其职责和诊疗需要在知情权范围内获悉的患者个人隐私，负有特定的保密义务，不得对他人（包括非医务人员和医务人员中无诊疗职责需要的人员）泄露，否则就可能构成对患者的隐私侵权。也许患者的隐私仅仅是在医院内部传播，而医务人员主观上也可能是疏忽大意或者是过于自信的认为倾听者不会继续传播，尽管是这样也是侵犯了患者隐私权的，如果对患者权益造成了损害，那么将负担相应的侵权责任。

（2）医务人员公开传播患者个人隐私。即是指以特定的医务人员为信息公开的源头，采取积极方法或放纵态度，通过在公开场合与他人相互谈论、整理归纳为文字材料传阅、上网粘贴发布供人阅读等行为，致使患者的个人隐私由第二人知悉向第三人或更多的人扩散。还有未经患者明示同意或法律明确规定，即使是出于褒奖、公益等正面性目的，医方或医务人员也不得通过新闻媒体或其他途径进行对带有患者确定性信息的医疗行为进行宣扬。

（3）直接侵扰患者个人隐私。医务人员对其通过正当途径知悉的患者个人隐私明知患者不愿外人提及或首次提及已遭患者明示拒绝，仍出于其他目的，当面多次反重提及，伤害患者自尊或影响其正常生活，构成对其隐私的直接侵扰。

146. 如何认定医疗机构未经患者同意公开其病历资料的行为？

病历档案，是指关于患者在接受医疗期间所程情节的书面记录与文件，主要包括：患者姓名、年龄、性别、职业、住址、患者的主诉、医生的诊察、诊断、治疗（包括处方、用药、麻醉与手术）以及病程的整体记录文件（包括、住院、初诊、复诊、急诊及会诊的记录在内；护理记录，检验记录、记录、身体检查记录）和其他有关文件（如手术同、住院许可证、麻醉同意书、诊断证明书、病危通知书、死亡证明书、出生证明书、出院许可证、自动出转院等文件）。

病历档案的建立为临床医生积累病历资料和治病经验，处理医患纠纷、进行医疗事件鉴定提供可靠的法律依据。保护和管理好病历档案，是医疗机构的重要工作之一，也是医院不可推卸的责任和义务。而档案中有关患者的资讯和信息又是患者隐私权的客体，病历档案的妥善管理承载了保护患者隐私权的重任。

根据原卫生部《医疗机构管理条例实施细则》第 53 条的规定，医疗机构的门诊病历保存期不得少于 15 年，住院病历的保存期不得少于 30 年。在这漫长的期间中，医院对病历的管理稍有不慎就有可能造成对患者隐私权的侵犯。而病历因为记载的内容丰富，其中不乏极具教学及科研价值的典型案例，如果一味的强调病历的私密性必将对医学的进步和医师的培养造成极大的障碍，所以合理利用病历将是医院以后的教学和科研中一个值得注意的问题。

但在患者的隐私权和科研、教学之间并非一定存在不可调和的矛盾，在合理的范围内的使用应当是被允许的。比如，在科研和教学中要求涉及人员严格保密，不得外泄患者的资料；承诺仅在科研和教学的范围内使用，不得用于商业牟利目的；不透露给不相关的人员等。建立起严格的监管制度、培养相关人员的法律意识，以达到双重保障的效果。对于披露隐私的侵权问题，实践中相关医务人员要尽到谨慎保密的义务，要保证不做、不说、不听。对于医务人员而言，要做到在任何时期、任何场合不披露自己在诊疗过程中所知悉的患者的隐私，也不听取、不主动打听别人诊治过程中所知悉的患者隐私。其次，对于医疗机构而言，也须注意在相关的评论、杂志及宣传活动中，要以严谨、负责的态度来维护患者的隐私，在做好公开工作以及业务探讨工作的同时要把患者的隐私当作自己的隐私一样严格保护。

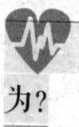
147. 如何认定医务人员超出诊疗需要刺探患者隐私的行为？

医疗活动中，医务人员主要包括在医疗机构中工作的管理者、医师、护士等从业人员。因诊疗职责需要不同，医务人员对患者个人隐私的知悉范围也应有所不同。如前述情况下，医务人员的主体特定，均为对患者负有诊疗义务的人员，与患者的告知义务相对应，其当然地享有对患者个人隐私一定的知悉权。

医务人员基于诊疗职责需要是其对患者个人隐私享有知情权的唯一抗辩事由，医务人员主体性质的差异是判定其是否享有对患者个人隐私知情以及知情范围的主要依据。因此，不负特定义务的医务人员非诊疗职责需要知悉，如骨科医务人员刺探神经科患者的个人隐私，一般情况下就可能构成对患者个人隐私的侵权。若在此基础上再进行故意泄露、公开传播和直接侵扰，承担侵权责任则更为明显。

148. 医务人员直接侵犯患者身体隐私有什么表现？

医疗活动中，医务人员根据患者病情和诊治需要，可以通过必要地眼看、手摸等行为及辅助的医学仪器与患者身体接触，查清病因，对症下药。但不可否认在医疗实践中，个别医务人员因缺乏必要的道德素质与职业操守，故意追求低级趣味，假借身体检查、B超透视之名或通过故意夸大病情、编造其他不利理由等威胁强迫本人同意后，直接窥视或接触患者身体隐私，尤其是异性患者身体的隐蔽部位。此种情况下，因患者对医学知识和医疗手段的了解处于相对弱势，医务人员的侵权行为不易被患者或他人发觉，具有很强的隐蔽性与欺骗性，一旦造成不良后果，往往对患者及其亲属的精神损害更为严重，此时，医务人员可能要承担相应的赔偿责任。

临床教学医院的实习医生教学观摩是否构成侵犯患者隐私权？

关于医疗机构内的医学生、实习医生参与教学观摩活动，是否侵犯患者隐私的问题，应当从隐私权的定义来解答这一问题。所谓患者的隐私权，是指在医疗活动中患者拥有保护自身的隐私部位、病史、身体缺陷、特殊经历、遭遇等隐私，不受任何形式的外来侵犯的权利。这种隐私权的内容除了患者的病情之外还包括患者在就诊过程中只向医师公开的、不愿意让他人知道的个人信息、私人活动以及其他缺陷或者隐情。一般来说，患者的个人情况在通常情况下都属于必须加以保密的私人信息，未经当事人允许不得向无关者公开。由此可见，患者的隐私构成的前提就是该信息是患者不想公开或不同意公开的，对于经患者许可同意公开的信息则不是隐私。

原卫生部颁布的《全国医院工作条例》第2条规定："医院必须以医疗工作为中心，在提高医疗质量的基础上，保证教学和科研任务的完成，并不断提高教学质量和科研水平。"第17条规定："医院要在保证医疗质量、完成医疗任务的基础上，积极承担高中等医药院校学生临床教学和毕业实习、以及在职人员进修培训任务。"可见完成教学任务是医疗机构的一种职责和法定义务，由于疾病诊断和治疗是一项实践性极强的活动，医学院的学生不进行必要的观摩学习以及临床学习，就很难成为一名合格的医生，因此大中城市的很多医院都承担了医学教学环节的实践工作任务，为实习的医学院学生提供观摩和实习的场所和机会。

但医疗机构的教学实践任务，并不能成为侵犯患者隐私权的合法理由，如果患者知道该医院属于教学医院或有实习医生进行临床教学观摩，并且授权同意医疗机构可以进行观摩的，则医疗机构不构成侵犯患者隐私权。如果并未经过患者同意、或者患者发现教学观摩要求禁止的，医疗机构应当对该患者停止教学观摩，或要求该患者更换其他医疗机构进行诊治，否则将可能构成侵犯患者隐私的行为。如某些医院随意组织实习生在门诊、检验、临床环节，对患者的身体尤其是隐秘部位进行观摩、讲解、教学，有时还要求实习生进行触摸、检查等。也就是说，即便是正常教学活动，也不能侵犯患者的隐私权。但是需要注意的是，如果患者的病情属于疑难病症，属于需要专家会诊的情形时，请多名医生同时检查及会诊，因不属于教学观摩活动，而是出于诊治患者病情需要，就不构成对患者隐私权的侵犯。

第十章 医疗机构管理的法律问题

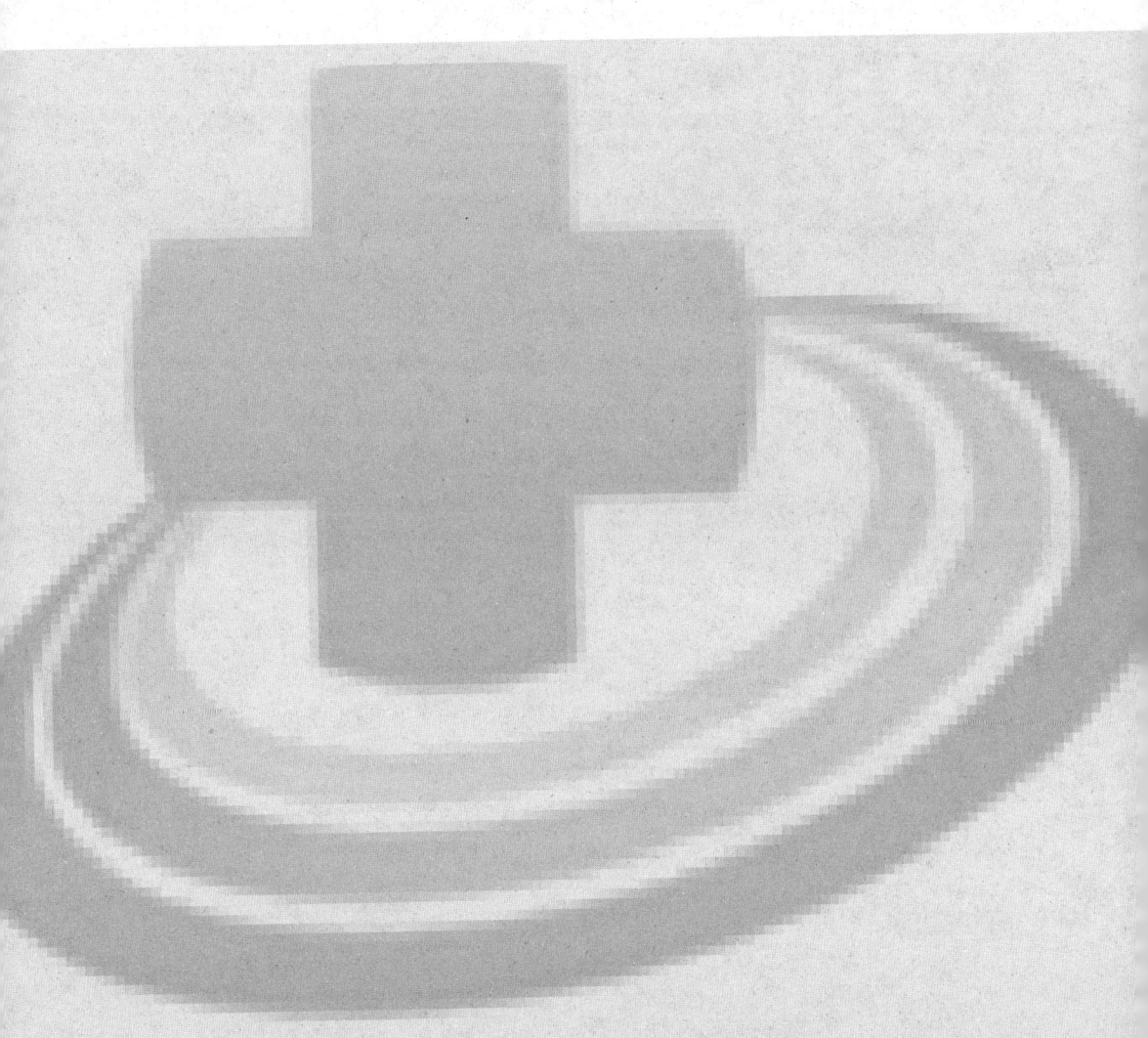

第一节　违反安全保障义务造成损害

149. 如何理解医疗机构的安全保障义务？

安全保障义务，是指公共场所的管理者或集体活动的组织者，在合理限度范围内，对于进入其场所或参加集体活动的人的人身和财产安全所应当承担的保护义务。《侵权责任法》第37条规定："宾馆、商场、银行、车站、娱乐场所等公共场所的管理人或者群众性活动的组织者，未尽到安全保障义务，造成他人损害的，应当承担侵权责任。因第三人的行为造成他人损害的，由第三人承担侵权责任；管理人或者组织者未尽到安全保障义务的，承担相应的补充责任。"该条规定的安全保障义务主体分为两类，第一类是宾馆、商场、银行、车站、娱乐场所等公共场所的管理人。公共场所是以公众，即不特定第三人为对象进行商业性经营或提供某种服务的场所，因此这种安全保障义务也称为"场所责任"。第二类是群众性活动的组织者，群众性活动一词本身并不是一个严谨的法律术语，但是从解释上可以认定为是面向不特定的社会工作而举办的活动，一般而言此类活动参加者人数较多，因此此种安全保障义务也称为"组织责任"。

医疗机构与患者之间的基本法律关系是基于两者之间所缔结的医疗服务合同所形成的合同，在此种合同关系中，医疗机构为患者提供合同所约定的医疗服务合同是合同的主要义务，同时医疗机构还负有诸如对患者进行说明的从义务，以及术后的照顾、提醒等附随义务。根据这一合同关系，医疗机构应当承担起照顾和保护患者人身和财产安全的义务。医务人员属于专业技术人员,因从事医疗行业而在诊疗活动中对患者承担一定的防范危险的义务,如果医务人员不履行这些义务而造成受害人的损害,也应当承担侵权责任。同时,医疗机构都有固定的营业场所,患者尤其是需要住院治疗的患者的人身和财产在诊疗期间都置于医疗机构的经营场所之中,而且医疗机构的营业场所是针对不特定第三人开放的。所以,医疗机构作为一种公共场所的管理人,对患者、患者前来探访的亲友及其他人都负有人身和财产安全的保障义务。

因此,医疗机构负有两方面的安全保障义务,一方面,医疗机构要保护他人免于受到医疗机构本身所造成的侵害。这是指医疗机构不能因自己的行为而直接使他人的人身或财产受到侵害。比如,医疗机构大厅的地板在清洁之后过滑而未采取任何防滑措施,也未放置任何警示提示,导致前来探病的访客滑倒受伤。另一方面,医疗机构还负有防止他人遭受第三人侵害的安全保障义务,这是指医疗机构还应当尽到合理的注意,防止其患者或其他人受到第三人的其他的侵害而受损。

150. 患者住院期间在医疗机构内财物丢失,医疗机构是否承担责任?

根据《侵权责任法》关于安全保障义务的规定,公共场所的管理人未尽到安全保障义务而造成他人损害的,应当承担侵权责任。在安全保障义务的具体承担上,当第三人实施了直接侵权行为时,由该第三人根据侵权责任法的相关规定而承担责任。当因为第三人的行为而使导致受害人遭受侵害时,如果安全保障义务人未能履行保障义务,则应承担相应的补充责任,即首先由直接实施侵权的第三人对受害人进行赔偿,当直接实施侵权行为的第三人不能确定或该第三人没有足够的清偿能力时,由安全保障义务人来承担对受害人的赔偿责任。

医院作为最常见的医疗机构之一,其对外开放、公众可以到达的门诊住院等区域，都属于公共场所，医院的管理人应当对其中的患者及其家属承担安全保障义务。医疗机构有固定的营业场所，患者尤其是需要住院治疗的患者的人身和财产在诊疗期间都置于医疗机构的经营场所之中，而且医疗机构的营业场所是针对不特定第三人开放的。所以，医疗机构作为一种公共场所的管理人，对患者、患者前来探访的亲友及其他人都负有人身和财产安全的保障义务。

住院期间患者在医疗机构内财物丢失的，直接侵权的第三人应当承担财产损失的责任，但是如果第三人不能确定或者没有足够清偿能力，且医院在保护患者及其家属的财产安全上存在一定的纰漏，未能尽到相应的安全保障义务，则应当承担相应的补充责任。

第二节 违反管理规定造成患者损害

151. 如何理解违反药品查对制度的过失？

查对制度对用药的规定最为严格。主要内容有：

（1）开医嘱、处方或进行治疗时，应查对患者姓名、性别、床号、住院号或门诊号。

（2）执行医嘱要进行"三查七对一注意"。三查是在摆药后查；服药、注射、处置前查；服药、注射、处置后查。七对是指对床号、姓名、药名、剂量、浓度、时间和用法。一注意是要注意用药后反应。

（3）清点药品和使用药品前，要检查质量、标签、失效和批号，如不符合要求，不得使用。

（4）给药前，注意询问有无过敏史；使用毒麻、限药时，要经过反复核对；静脉给药要注意瓶口有无松动、裂缝；使用多种药物时要注意配伍禁忌。

（5）为抢救患者执行口头医嘱时，要反复询问，核对后再执行；每日处理完当日医嘱后，应立即进行核对；每日须将全部医嘱进行大核对一遍。

因违反查对制度而错用药物的医疗过失较为常见，可表现为下列几种形式：

（1）查对医嘱失误。如医嘱是用庆大霉素而误用为青霉素。

（2）查对用药患者失误。错将给甲床患者的药物使用到乙床患者身上。

（3）错用给药剂量。如将大剂型药物错看成小剂型、将包装雷同的不同药物混淆或换算含量时计算错误，导致超量用药。

（4）没有认真查对有效期。如误将过期变质药物错用，造成危害。

（5）清点药品未查对标签。造成标签模糊不清、标签与内容不符而盲目用药。

除临床科室违反查对制度可能导致医疗过失外，随着辅助检查越来越广泛地应用，非临床科室如果违反查对制度，也将对医疗的后果产生显著的影响。有些诊断和治疗方案的确立需要依赖辅助检查，如果报告单有错误，可以直接导致下一步的诊疗失误，给患者造成危害。

152. 如何理解违反医生值班制度的过失？

医疗机构各科会在非办公时间及假日，根据病床的多少和科室的大小，安排值班医生，并根据本科情况安排主治医师以上人员或高年住院医担任二线值班。值班医生夜间必须在值班室留宿，不得擅自离开，如有事必须离开时，应向值班护士说明去向，护理人员邀请时应立即前往诊视。

护士的值班制度规定，值班人员应遵照护士长的安排，严格执行本班职责，遵照医嘱对患者进行护理。药房、检验、放射、血库等科室，应根据情况设立值班人员，并努力完成在班时间所有工作，保证临床医疗工作的顺利进行。

在医疗实践中，医务人员如果不认真执行值班制度，擅离职守，一旦患者出现突发情况或危重患者病情恶化，就可能因找不到医生护士而贻误抢救时机，造成严重后果。

值班医生负责各项临时性医疗工作和患者临时情况的处理，对急诊入院患者及时检查书写病历，给予必要的医疗处理。值班医生对危重患者应做好病程记录和医疗措施记录，并扼要记入值班日志。当班医生独立担当着本病区的医疗工作，应严密观察患者，及时处理情况，对当班时来诊的患者做好接诊工作，否则就可能因发现和处理情况不及时而造成医疗过失。

例如，某患儿因腹股沟斜疝嵌顿而来诊，入院后手法复位成功，住院择期手术。第九天夜里再次嵌顿，护理人员向值班医生作了报告，值班医生查看了患者，给予手法复位，但未成功，以后就没有采取其他措施而消极等待。另一名值班医生急诊手术回来后，了解了这一情况，也给患者进行手法复位，也没有成功，即嘱家属让病孩臀部抬高，未给其他处置，就去睡觉了。两医生都没有再观察患者情况，直至翌日上午手术，见已发生了肠坏死。后病孩因中毒休克而死亡。该案两个值班医生当班时发现情况未处理，在手法复位不成功的情况下，不是采取手术等积极的治疗措施，而是拖延等待，交给白班去处理，才导致了这起严重的医疗过失。

153. 护士疏忽大意抱错婴儿，医院是否需要承担赔偿责任？

医务人员因为疏忽大意、违反医院管理规定，抱错婴儿的情况现在已经很少发生了，因为医疗机构做了很多针对性的措施，比如产后需要经产妇确认孩子性别和基本长相，随后要在孩子的脚上套上写有产妇信息和编号的脚环等，以确保婴儿与产妇的信息一致。但是现实中也曾经发生过因抱错婴儿医疗机构承担赔偿责任的情况。

赵某、宫某系夫妻关系。1981年10月29日，原告宫某在被告某医院妇产科顺产一名男婴。按被告的规定，新生儿由院方医护人员在婴儿室看护3日。3日后，原告宫某同被告交予的男婴赵甲一同出院，由二原告抚养至今。2001年4月6日，赵甲在大学参加义务献血时，得知自己的血型为AB型，二原告方知赵甲并非其亲生子。后经多方寻找，并经DNA亲子鉴定，结论为二原告与赵甲无血亲关系，与原告宫某同在被告处生产的李某之子孙乙系二原告亲生子。经多方调查寻找获知，造成这一后果的直接原因是被告疏于管理，导致串子。二原告向法院起诉要求被告医院赔偿精神损害赔偿和抚养费等各项请求。

二审法院认为，宫某在某医院生产，新生儿由院方看护，由于院方疏于管理导致串子，致使其亲生子脱离了监护，严重侵害了二原告对亲生子的监护权，造成了极大的精神痛苦。《精神损害赔偿解释》第8条第2款规定，因侵权致人精神损害的，造成严重后果的，人民法院可以根据受害人一方的请求判令其赔偿相应的精神损害抚慰金。因此，二原告要求通化市人民医院赔偿精神损害抚慰金的诉讼请求，应予支持。精神损害赔偿是侵权人的侵权行为可归责性及道德上的可谴责性所应承担的侵权赔偿的一种责任方式，具有抚慰、惩罚、调整的功能。鉴于二原告的亲生子已找到，法院根据有关因素判决确定医院赔偿赵某、宫某精神损害抚慰金各5万元。由此可见，损害抱错婴儿很有可能在损害后果上并未造成财产上的损失，但是严重侵犯了监护权和亲属权利，造成了巨大的精神损害，可以要求医院赔偿精神损害抚慰金。

第十一章
医疗产品及血液制品的法律问题

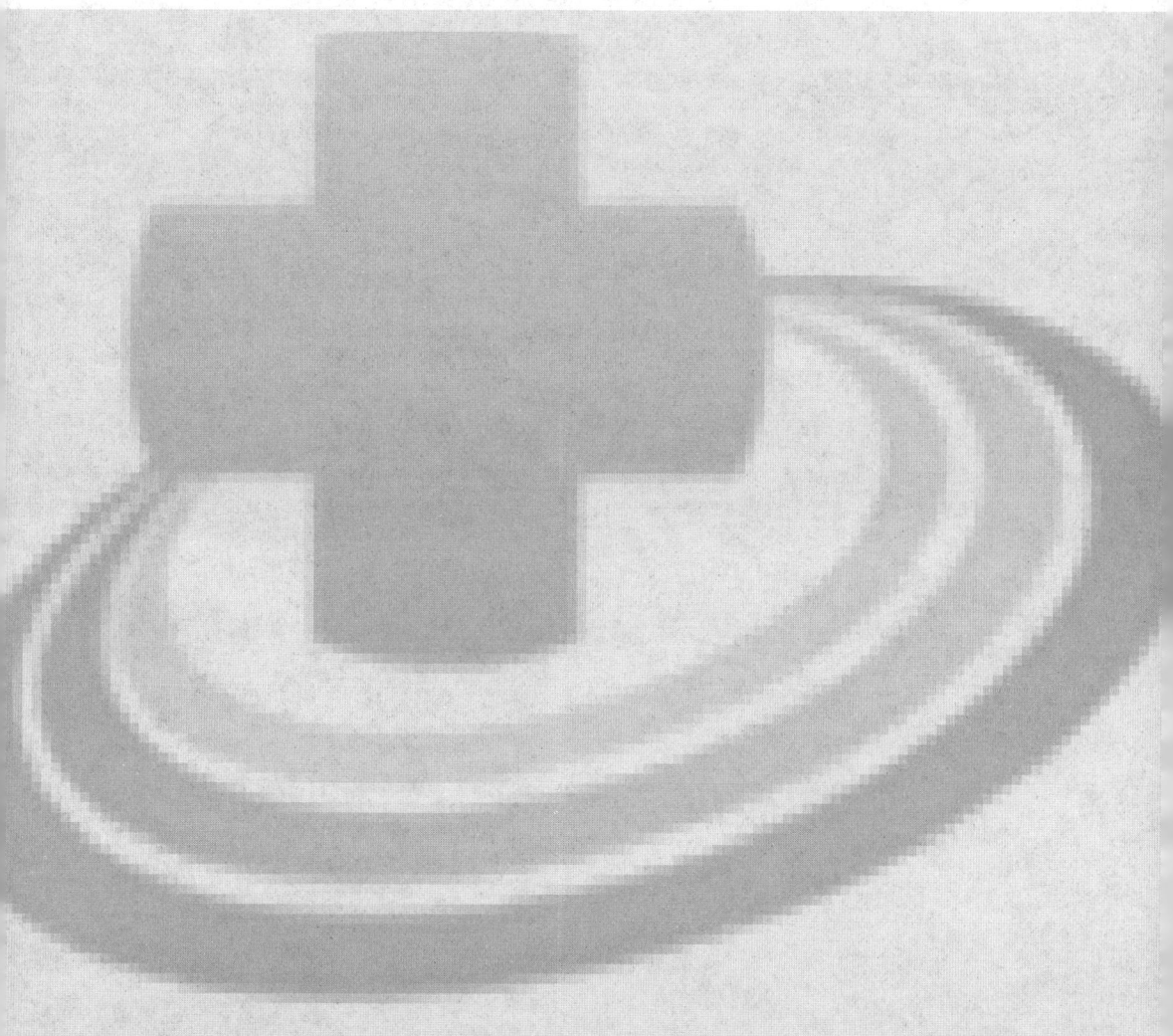

第十一章 医疗产品及血液制品的法律问题

第一节 概 述

 154. 法律上的医疗产品包括哪些?

《侵权责任法》第59条规定:"因药品、消毒药剂、医疗器械的缺陷,或者输入不合格的血液造成患者损害的,患者可以向生产者或者血液提供机构请求赔偿,也可以向医疗机构请求赔偿。患者向医疗机构请求赔偿的,医疗机构赔偿后,有权向负有责任的生产者或者血液提供机构追偿。"《医疗损害责任解释》第25条第2款的明确规定"医疗产品"包括药品、消毒药剂、医疗器械等。从司法解释的规定上看,医疗产品包括药品、消毒药剂和医疗器械,不合格的血液并不属于医疗产品的范畴,但是不合格的血液根据法律拟制规定适用医疗产品责任。

根据《产品质量法》中关于产品的定义,产品一定具有加工和销售的属性。所谓医疗产品,是指医疗行为过程中所使用的产品,属于产品的一种,是经过加工,制作用于销售的物品。所谓血液,是指用于临床的全血、成份血和用于血液制品生产的原料血浆。其中原料血浆是指由单采血浆站采集的专用于血液制品生产原料的血浆。所谓血液制品,则是特指各种人血浆蛋白制品,具体而言它是指将人的血液自供者采出后,用适当方法将其不同成分单个分离制成的各种制剂,从而能按不同需要输送给病人或作其他用途。血液制品主要包括人血丙种蛋球白、人胎盘血蛋白、人胎血丙种球蛋白、冻干健康血浆等。其中血液制品经过加工制作可以属于医疗产品的范畴,目前,血液是否属于医疗产品在理论界存在争议,但是,法律上将输入不合格血液与药品、

223

消毒药剂和医疗器械的一般医疗产品责任进行了适用法律的一致化。

155. 医疗产品缺陷与诊疗过错共同导致患者损害的，责任如何承担？

《医疗损害责任解释》第22条规定："缺陷医疗产品与医疗机构的过错诊疗行为共同造成患者同一损害，患者请求医疗机构与医疗产品的生产者或者销售者承担连带责任的，应予支持。医疗机构或者医疗产品的生产者、销售者承担赔偿责任后，向其他责任主体追偿的，应当根据诊疗行为与缺陷医疗产品造成患者损害的原因力大小确定相应的数额。输入不合格血液与医疗机构的过错诊疗行为共同造成患者同一损害的，参照适用前两款规定。"

由于在医疗产品责任案件中，造成患者最终的人身、财产权益损害的原因往往非常复杂，有时会伴有患者原有疾病状况、自身特异体质、医疗产品存在缺陷，诊疗行为有过错等多种原因。在医疗产品有缺陷，同时医疗机构的诊疗行为也有过错的情况下，就会出现医疗产品的生产者或者销售者与医疗机构责任如何承担的问题。《医疗损害责任解释》依据《侵权责任法》第8条"二人以上共同实施侵权行为，造成他人损害的，应当承担连带责任"、第11条"二人以上分别实施侵权行为造成同一损害，每个人的侵权行为都足以造成全部损害的，行为人承担连带责任"、第12条"二人以上分别实施侵权行为造成同一损害，能够确定责任大小的，各自承担相应的责任；难以确定责任大小的，平均承担赔偿责任"的规定，明确了缺陷医疗产品与医疗机构的过错诊疗行为共同造成患者同一损害，医疗机构与医疗产品的生产者或者销售者应当承担连带责任。至于医疗机构与医疗产品的生产者或者销售者之间的内部责任承担问题，则应当通过行使追偿权的方式解决，上述规则也适用于输入不合格血液的纠纷当中。

第十一章 医疗产品及血液制品的法律问题

156. 医疗机构无法证明医疗产品的合法来源时，是否承担赔偿责任？

《侵权责任法》第42条第2款规定："销售者不能指明缺陷产品的生产者也不能指明缺陷产品的供货者的，销售者应当承担侵权责任。"目前，我们也不能完全将医疗机构定义为纯粹的医疗产品销售者，但是可以将其作为医疗产品的提供者。医疗机构与患者具有直接的医疗服务合同关系，患者在维权时最容易找到就诊的医疗机构，如果医疗机构不能提供相关产品的合法来源或者生产者、销售者的，其应当承担责任。

在医疗产品责任中，在生产者、供货者的情况以及产品的来源、渠道等信息方面，销售者或医疗机构和消费者的信息完全不对称，故销售者或医疗机构有义务向患者提供产品的相关信息，以满足患者的知情权。销售者或医疗机构如不能或不愿提供上游信息，则排除了患者向生产者、供货者等其他潜在责任人要求赔偿的可能，也说明销售者或医疗机构有过错，未能严格把好进货关，应当承担赔偿责任。因此推定销售者或医疗机构存在过错而承担赔偿责任。《产品质量法》第42条也明确规定，销售者应当执行进货检查验收制度，验明产品合格证明和其他标识。如果销售者严格执行了这些规定，则可以指明缺陷产品的生产者或者指明缺陷产品的供货者，从而免除自己的产品责任。

157. 医疗机构承担医疗产品的替代责任后，能否对责任人进行追偿？

《产品质量法》第43条规定："因产品存在缺陷造成人身、他人财产损害的，受害人可以向产品的生产者要求赔偿，也可以向产品的销售者要求赔偿。属于产品的生产者的责任，产品的销售者赔偿的，产品的销售者有权向产品的生产者追偿。属于产品的销售者的责任,产品的生产者赔偿的,产品的生产者有权向产品的销售者追偿。"先行承担责任的一方向缺陷生产者追偿。按照产品责任的最终规则,在有过错的医疗机构承担了赔偿责任之后,也就取得对医疗产品缺陷生产者、销售者的追偿权。

《侵权责任法》第59条规定:"因药品、消毒药剂、医疗器械的缺陷,或者输入不合格的血液造成患者损害的,患者可以向生产者或者血液提供机构请求赔偿,也可以向医疗机构请求赔偿。患者向医疗机构请求赔偿的,医疗机构赔偿后,有权向负有责任的生产者或者血液提供机构追偿。"

《医疗损害责任解释》第21条规定:"因医疗产品的缺陷或者输入不合格血液受到损害,患者请求医疗机构、缺陷医疗产品的生产者、销售者或者血液提供机构承担赔偿责任的,应予支持。医疗机构承担赔偿责任后,向缺陷医疗产品的生产者、销售者或者血液提供机构追偿的,应予支持。因医疗机构的过错使医疗产品存在缺陷或者血液不合格,医疗产品的生产者、销售者或者血液提供机构承担赔偿责任后,向医疗机构追偿的,应予支持。"

上述法律和司法解释规定了医疗机构与产品生产者之间的法律责任的分担。患者有权向医疗机构、产品生产者、血液提供者要求赔偿,医疗机构承担赔偿责任后,可以向生产者、提供者追偿,请求承担因缺陷医疗产品造成损害的赔偿责任。这种赔偿请求权是全额的请求权,包括在前手诉讼中所造成的损失,凡是缺陷医疗产品造成的损害,都有权向生产者或者销售者追偿,只有基于自己的过错造成患者损害的部分,才不能进行追偿。

158. 医疗产品责任和输入不合格血液案件的举证证明责任如何承担?

《医疗损害责任解释》第7条规定:"患者依据侵权责任法第五十九条规定请求赔偿的,应当提交使用医疗产品或者输入血液、受到损害的证据。患者无法提交使用医疗产品或者输入血液与损害之间具有因果关系的证据,依法申请鉴定的,人民法院应予准许。医疗机构,医疗产品的生产者、销售者或者血液提供机构主张不承担责任的,应当对医疗产品不存在缺陷或者血液合格等抗辩事由承担举证证明责任。"

关于医疗产品责任和输入不合格血液责任案件中,如何分配举证证明责任?医疗产品责任属于无过错责任,患者无需对医疗机构或医疗产品生产者有过错承担举证证明责任。除过错不需要受害人举证以外,还有三项要件事实应当由受害人承担举证责任,即"损害、产品缺陷及两者之间的因果关系"。其中损害一项应当由受害人负举证责任,不应有例外。对于产品缺陷及因果关系,通常需要专业技术进行判断,由受害人承担举证证明责任过重。因此,《医疗损害责任解释》规定了因果关系的要件证明困难的,可以依法向人民法院申请鉴定,以尽量减轻受害人的举证证明责任。对于医疗产品或者输入不合格血液的案件,没有要求受害人承担产品缺陷或者血液不合格的举证责任,以减轻其举证负担;对于因果关系要件,明确列为由患者承担举证证明责任,同时解释第7条第2款规定,因果关系可以通过申请鉴定的方式来完成举证。第3款明确医疗机构、医疗产品的生产者、销售者以产品不存在缺陷或者血液合格为由进行抗辩的,要承担举证证明责任,实际上将产品缺陷和血液不合格的举证证明责任分配给了医疗产品的生产者和销售者,缓和了患者的举证负担。

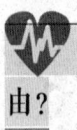
159. 医疗产品导致患者损害时，哪些情况属于法定免责事由？

按照《产品质量法》第41条第2款的规定，生产者能够证明有下列情形之一的，不承担赔偿责任：（1）未将产品投入流通的；（2）产品投入流通时，引起损害的缺陷尚不存在的；（3）将产品投入流通时的科学技术水平尚不能发现缺陷的存在的。

因此，在下列情形下，生产者、医疗机构可以主张免责：（1）生产者未将药品、消毒药剂、医疗器械投入流通的。这是指具有缺陷的药品、消毒药剂、医疗器械尚未出厂、销售，发生了损害，不适用产品质量法的规定。（2）药品、消毒药剂、医疗器械投入流通时，引起损害的缺陷尚不存在的。指药品、消毒药剂、医疗器械缺陷是在生产者脱离对产品的控制以后，在流通领域或者消费过程等其他环节中，由他人或特殊原因造成的。（3）生产者将药品、消毒药剂、医疗器械投入流通时的科学技术水平尚不能发现缺陷的存在。判定生产者是否知道或者应当知道产品投入流通时存在不存在产品缺陷，并不是依据生产者所掌握的科学技术为依据，而是以当时社会所具有的科学技术水平为依据。一般只有当时社会的科技水平尚不能发现产品缺陷的时候，才能免除生产商的侵权赔偿责任。

当然除此之外，医疗产品致害还适用侵权责任法其他的一般法定免责事由，如受害人故意、第三人过失、不可抗力、医疗意外等。

160. 医疗产品是否适用"惩罚性赔偿"？

《医疗损害责任解释》第23条明确了医疗产品责任的惩罚性赔偿的具体适用情形和标准，即"医疗产品的生产者、销售者明知医疗产品存在缺陷仍然生产、销售，造成患者死亡或者健康严重损害，被侵权人请求生产者、销售者赔偿损失及二倍以下惩罚性赔偿的，人民法院应予支持。"需要注意的是，医疗机构并不是惩罚性赔偿的责任主体，患者仅能向明知医疗产品存在缺陷仍然生产、销售的生产者和销售者要求承担"惩罚性赔偿"。

《侵权责任法》第47条规定："明知产品存在缺陷仍然生产、销售，造成他人死亡或者健康严重损害的，被侵权人有权请求相应的惩罚性赔偿。"但是侵权责任法并未明确规定惩罚性赔偿标准问题，司法解释则参照了《消费者权益保护法》第55条第2款"经营者明知商品或者服务存在缺陷，仍然向消费者提供，造成消费者或者其他受害人死亡或者健康严重损害的，受害人有权要求经营者依照本法第四十九条、第五十一条等法律规定赔偿损失，并有权要求所受损失二倍以下的惩罚性赔偿"的规定，将患者视同消费者予以保护，同时基于医疗机构的公益性考虑，将医疗机构排除在承担惩罚性赔偿责任的主体之外，明确规定了医疗产品的生产者明知医疗产品存在缺陷仍然生产或者医疗产品的销售者明知医疗产品存在缺陷仍然销售的，造成患者死亡或者健康严重损害，患者请求生产者或者销售者赔偿损失及所受损失2倍以下的惩罚性赔偿的，人民法院将给予支持。

第二节 医疗器械

**161. 不合格医疗产品导致患者损害,医疗机构是否承担责任?**

根据《产品质量法》第 42、43、44 条的相关规定,由于销售者的过错使产品存在缺陷,造成人身、他人财产损害的,销售者应当承担赔偿责任。销售者不能指明缺陷产品的生产者也不能指明缺陷产品的供货者的,销售者应当承担赔偿责任。因产品存在缺陷造成人身、他人财产损害的,受害人可以向产品的生产者要求赔偿,也可以向产品的销售者要求赔偿。属于产品的生产者的责任,产品的销售者赔偿的,产品的销售者有权向产品的生产者追偿。属于产品的销售者的责任,产品的生产者赔偿的,产品的生产者有权向产品的销售者追偿。因产品存在缺陷造成受害人人身伤害的,侵害人应当赔偿医疗费、因误工减少的收入、残废者生活补助费等费用;造成受害人死亡的,并应当支付丧葬费、抚恤费、死者生前抚养的人必要的生活费等费用。因产品存在缺陷造成受害人财产损失的,侵害人应当恢复原状或者折价赔偿。受害人因此遭受其他重大损失的,侵害人应当赔偿损失。

《医疗损害责任解释》第 3 条规定:"患者因缺陷医疗产品受到损害,起诉部分或者全部医疗产品的生产者、销售者和医疗机构的,应予受理。患者仅起诉医疗产品的生产者、销售者、医疗机构中部分主体,当事人依法申请追加其他主体为共同被告或者第三人的,应予准许。必要时,人民法院可以依法追加相关当事人参加诉讼。患者因输入不合格的血液

第十一章 医疗产品及血液制品的法律问题

受到损害提起侵权诉讼的,参照适用前两款规定。"该条也确定了医疗产品责任和输入不合格血液赔偿案件当事人确定的规则。

在医疗活动中,医疗机构因使用存在缺陷的药品、医疗器械等医疗产品,给患者造成损害的,医疗机构或医疗产品的生产者销售者应当承担相应的赔偿责任。对于销售者承担医疗产品损害责任的情形,我国法律规定了以下两种情况:

(1)销售者可以明确提供医疗产品的生产者,但对损害后果存在过失。

(2)销售者无法指明缺陷产品的生产者。销售者可以明确指明产品生产者的情况下,若患者若追究销售者的医疗产品侵权责任,必须提供证据证明销售者具有过失。销售者销售质量不合格的医疗产品,给患者造成人身损害的,应认定存在过失。据此,在患者可以提供证据证明销售者销售的医疗产品质量不合格、造成其损害的情况下,销售者应承担赔偿责任。同时,医疗机构未尽到必要检查义务的,应当与销售者一起承担连带责任。

162. 有合格证的医疗产品在患者体内断裂的,该产品能否被认定为缺陷产品?

产品责任是因产品缺陷导致人身、财产遭受损害所产生的法律责任。产品缺陷是产品责任成立构成要件之一,只有责任主体生产或销售的产品存在缺陷,才可能构成产品责任。《产品质量法》第46条对产品缺陷定义为:"本法所称缺陷是指产品存在危及人身、他人财产安全的不合理的危险;产品有保障人体健康和人身、财产安全的国家标准、行业标准的,是指不符合该标准。"因此,判断产品是否存在缺陷有两个标准,一是生产标准,二是不合理危险标准。

适用生产标准来判断产品是否存在缺陷具有客观性,也有较强的

可操作性。适用不合理危险标准来判断产品是否存在缺陷时,应当从以下几个因素考虑:

(1)产品是否具备生产者制造产品的预期用途;

(2)产品是否具有一个善良之人在正常情况下对其购买的产品安全性的合理期望;

(3)如产品的各项性能与指标都符合相关强制性标准时,也不能就此认定产品不具不合理危险。

由此可见,以"不合理危险"作为认定产品缺陷的标准,具有较大自由裁量度,需法官根据案件的具体情况认定产品是否具有"不合理之危险",从而认定产品是否存在缺陷。除了医疗机构和生产者不能举证证明产品质量合格外,在正常使用期内医疗产品在人体内发生断裂,不符合消费者对产品安全性的合理期待,具有不合理危险,属于缺陷产品。医院在为患者治疗过程中提供的医疗器械因存在缺陷造成患者人身、财产损害者,应当承担产品质量法规定的产品销售者的责任。

163. 医疗产品在合理使用期间内发生损坏的,医疗机构是否承担责任?

医疗机构为患者植入某种医疗产品,其在合理使用期限内出现质量问题,医疗机构未能证明是患者自身原因导致产品出现问题的,应认定医疗机构使用质量有缺陷的医疗产品为患者治疗,应对患者的损害结果承担赔偿责任。

产品责任,是指因产品存在缺陷造成他人损害所应承担的侵权责任。产品缺陷是产品责任成立构成要件之一。《产品质量法》第46条规定:"本法所称缺陷,是指产品存在危及人身、他人财产安全的不合理的危险;产品有保障人体健康和人身、财产安全的国家标准、行业标准的,是指不符合该标准。"正因为这条规定,有观点认为产品只要符合国家标准,就不存在产品缺陷了。这种理解显然与该法条的立法本意不符,也与现实生活中的情形相违背。对于产品缺陷的认定,国家、行业标准只是国家就某类产品设定的最低标准,如果产品存在国家标准难以预见的不合理危险并给消费者造成损害,即使其"符合"国家、行业标准,生产者也不能免除其损害赔偿责任。换句话说,产品"符合"国家、行业标准,只是免除了产品生产者的行政责任,但并不免除生产者的民事侵权责任。

判断产品在符合国家、行为标准的情形下是否存在缺陷应适用不合理危险标准。应当从以下几个因素考虑:

(1)产品是否具备生产者制造产品的预期用途;

(2)产品是否具有一个善良之人在正常情况下对其购买的产品安全性的合理期望;

(3)如产品的各项性能与指标都符合相关强制性标准时,也不能就此认定产品不具不合理危险。

第三节　血液制品

164. 在什么情况下可以紧急采血使用?

《献血法》第 8 条规定:"血站是采集、提供临床用血的机构,是不以营利为目的的公益性组织。设立血站向公民采集血液,必须经国务院卫生行政部门或者省、自治区、直辖市人民政府卫生行政部门批准。血站应当为献血者提供各种安全、卫生、便利的条件。"由此可见,我国目前将采集血液和使用血液相分离,血站和医疗机构各司其职,但是在实践中经常出现紧急情况医疗机构临时需要用血,血站无法提供或许要异地转送血液的,导致患者延误治疗时机受到损害,那么,医疗机构在紧急情况下能否进行临时采血呢?

《献血法》第15条规定:"为保证应急用血,医疗机构可以临时采集血液,但应当依照本法规定,确保采血用血安全。"另外根据原卫生部《医疗机构临床用血管理办法》第27条:"医疗机构应当制订应急用血工作预案。为保证应急用血,医疗机构可以临时采集血液,但必须同时符合以下条件:(一)危及患者生命,急需输血;(二)所在地血站无法及时提供血液,且无法及时从其他医疗机构调剂血液,而其他医疗措施不能替代输血治疗;(三)具备开展交叉配血及乙型肝炎病毒表面抗原、丙型肝炎病毒抗体、艾滋病病毒抗体和梅毒螺旋体抗体的检测能力;(四)遵守采供血相关操作规程和技术标准。医疗机构应当在临时采集血液后10日内将情况报告县级以上人民政府卫生行政部门。"

由此可见,在上述紧急情况下,医疗机构可以临时采血使用,但是临时采血极易导致输血感染等不良后果,所以规范中强调医疗机构必须具备开展交叉配血及乙型肝炎病毒表面抗原、丙型肝炎病毒抗体、艾滋病病毒抗体和梅毒螺旋体抗体的检测能力,同时该法第19条规定:"医务人员应当认真执行临床输血技术规范,严格掌握临床输血适应证,根据患者病情和实验室检测指标,对输血指证进行综合评估,制订输血治疗方案",临时采血也应当遵循临床输血规范,有过错的也要承担相应的法律责任。

165. 无过错输血造成患者损害,医疗机构是否承担责任?

《侵权责任法》第59条规定:"因药品、消毒药剂、医疗器械的缺陷,或者输入不合格的血液造成患者损害的,患者可以向生产者或者血液提供机构请求赔偿,也可以向医疗机构请求赔偿。患者向医疗机构请求赔偿的,医疗机构赔偿后,有权向负有责任的生产者或者血液提供机构追偿。"这就意味着在输入不合格的血液造成患者损害的,患者可以选择进行赔偿。在医疗机构无过错的情形下,医疗机构非为最终责任人,医疗机构承担赔偿责任后,如果证明是生产者或者血液提供机构的原因造成损害的,则有权向负有责任的生产者或者血液提供机构追偿。根据本条的规定,因输入不合格的血液造成患者损害的,患者可以向血液提供机构请求赔偿,也可以向医疗机构请求赔偿。在医疗机构无过错的情形下,医疗机构非为最终责任人,医疗机构承担赔偿责任后,如果证明是血液提供机构的原因造成损害的,则有权向负有责任的血液提供机构追偿。

无过错输血中的血液显然与不合格的血液不同,所谓"不合格"血液的产生涉及血液的三个环节:第一,为血液的采集、分装等环节,第二,血液的运输环节,第三,医疗机构的贮存环节。侵权责任法规定医疗机构可向血液提供机构进行追偿的前提是医疗机构在输血的过程中没有过错。如果医疗机构有过错,就丧失了追偿的权利。例如规定医疗机构在临床用血中无需对血站提供的血液再进行检测,但在给患者使用前仍须对血液进一步核查。如果医疗机构没有严格按照程序进行核查,没有发现血液过期、血袋破损或血液性状发生改变等,依然要承担赔偿责任。

但是,处在"窗口期"的血液在现有医疗条件下无法检测,医疗机构并无过错造成患者损害,一方面,让医疗机构或者血液提供机构因医学检测局限性而承担赔偿责任显然并不公平;但另一方面接受输血的患者承担责任也是非常残酷的,所以应当适用《侵权责任法》第24条"公平分担损失原则",可以由医疗机构和血液提供机构给予患者一定的补偿,具体补偿标准一般可以按照《人身损害赔偿解释》计算出总的赔偿数额,然后按照适当比例分担。但是应当注意的是,这里的"补偿",不是在承担"赔偿责任"。

166. 因过错输血导致患者损害的，如何承担责任？

因输入不合格的血液造成患者的损害，通常是因为血站或者医疗机构在血液采集或者临床用血过程中未按照有关法律、法规和规范的要求操作。

其中，表现在采供血环节的主要是：未做检测或者未检验出应当检验出的病毒；采血过程中，血液受到污染；保管过程中，因保管措施不当导致血液变质；运输过程中，因设备配置不当导致血液变质等。

表现在临床用血环节的主要是：血液保存、管理不当导致血液受到污染或者变质；使用过期输血器具或者消毒不严使患者受到损害；未考虑患者的特殊体征不当输血导致患者受到损害，如对心功能不全的患者输血过多过快导致心衰等。如果血站和医疗机构的行为存在过错，由其承担侵权损害赔偿责任则理所应当，这也符合"不得损害他人"及"对自己行为负责"之法理。如果血站和医疗机构的行为存在过错，这也意味着行为人的行为存在道德上的可非难性，要求其承担过错赔偿责任可以在救济受害人的同时，实现对加害人的惩戒作用。

《医疗损害责任解释》第3条规定："患者因缺陷医疗产品受到损害，起诉部分或者全部医疗产品的生产者、销售者和医疗机构的，应予受理。患者仅起诉医疗产品的生产者、销售者、医疗机构中部分主体，当事人依法申请追加其他主体为共同被告或者第三人的，应予准许。必要时，人民法院可以依法追加相关当事人参加诉讼。患者因输入不合格的血液受到损害提起侵权诉讼的，参照适用前两款规定。"由此可见，输入不合格的血液适用医疗产品责任的法律规则，应当由血站、医疗机构承担不真正连带责任。如果因医疗机构的过错致使患者受到输血损害的，医疗机构应当承担侵权责任。为了规范指导医疗机构用血，《临床输血技术规范》《医疗机构临床用血管理办法（试行）》等都规定了医疗机构在临床用血的各个环节中应当履行的职责。医疗机构未履行职责，如对血液的储存措施不当、血型核对错误、交叉配血错误、输血后发生不良反应抢救不当等，造成患者损害，应当承担赔偿责任。

第十二章
医疗纠纷的赔偿项目和计算问题

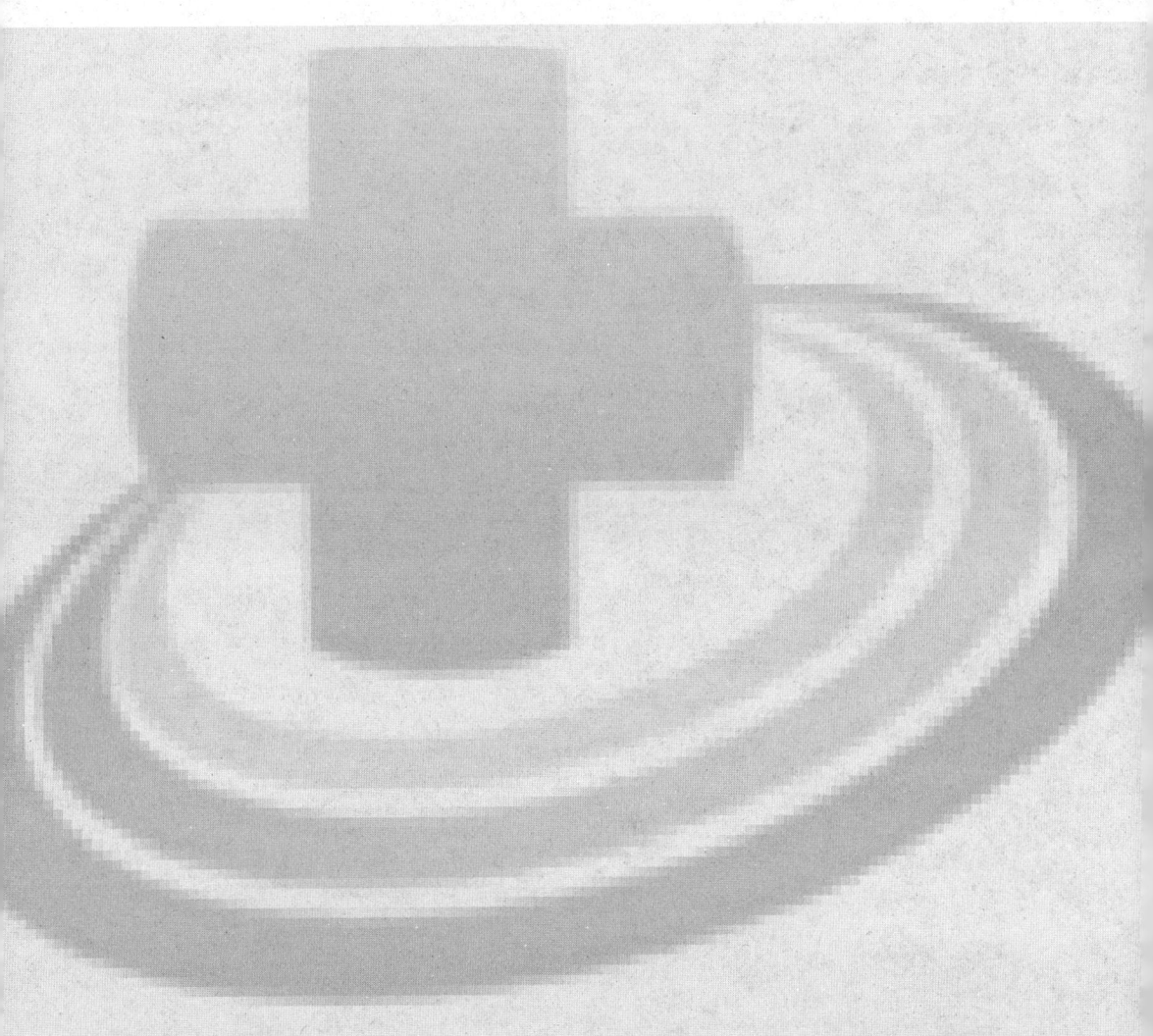

167. 如果需要承担医疗损害责任，那么赔偿的范围是什么？

一旦医疗行为对患者造成了损害，且医疗行为存在过错、与患者的行为之间存在因果关系的，就可以认定构成医疗技术损害，此时，医疗机构就会承担相应的赔偿责任。赔偿责任的确定，实行统一的人身损害赔偿责任标准，也不会因为行政法规有特别规定而减少赔偿责任。

通常情况下，可能涉及的赔偿范围是：

（1）医疗费。受害人为了治疗人体遭受的损害而支付的相关费用。

（2）误工费。受害人因受到损害，往往不能完成或一段时间内不能完成之前曾经从事的工作，从而造成的预期财产利益的损失。

（3）住院伙食费和营养费损失。人身遭受损害以后在住院治疗期间，在伙食费上、必要的营养费上的支出。

（4）护理费。受害人如果因遭受损害而行动不能自理，雇佣他人进行护理而支出的费用。

（5）交通费。受害人在受到伤害以后到医院进行治疗，会支出一定的交通费，需转院治疗的，受害人为转院治疗而支出的交通费也要计算在内。

（6）住宿费。受害人在转院治疗中，以及护理人员在护理过程中支付的住宿费。

（7）造成残疾的收入损失。由于人身损害造成受害人残疾，致使其劳动能力部分或者全部丧失，从而导致的受害人正常收入减少或者丧失的部分。

（8）残疾辅助器具费。受害人因人身损害造成残疾而配置残疾用具所支出的费用，如假肢、轮椅、拐杖等。

（9）被扶养人扶养来源丧失的损失。受害人遭受人身损害造成残疾，全部或者部分丧失劳动能力，减少工资收入，对其以前扶养的人的生活造成损害的，需要作出赔偿。

（10）丧葬费。受害人死亡的，需要支出丧葬费，主要是为寿衣、火化、殡葬、棺椁等支出的费用。

（11）死亡赔偿金。

（12）精神痛苦和身体疼痛损害。侵害生命权，死者的近亲属因为丧失亲人而造成的精神痛苦，侵害健康权，伤害越严重，其精神损害的程度也越重，但不论是侵害生命权还是健康权，都会带来精神上的巨大痛苦和压力，这部分也可能需要作出赔偿。

168. 医疗机构承担医疗损害责任的，通常要按照何种标准赔偿？

人民法院在审理医疗损害赔偿案件时，通常会适用《侵权责任法》《医疗损害责任解释》《精神损害赔偿解释》中关于赔偿的范围和标准的规定，以此确定赔偿标准。

需要注意的是，如果多家医疗机构共同造成了患者残疾或死亡的严重损害后果，患者同时起诉多家医疗机构的，应该如何进行赔偿呢？

《医疗损害责任解释》第 24 条规定："被侵权人同时起诉两个以上医疗机构承担赔偿责任，人民法院经审理，受诉法院所在地的医疗机构依法不承担赔偿责任，其他医疗机构承担赔偿责任的，残疾赔偿金、死亡赔偿金的计算，按下列情形分别处理：（一）一个医疗机构承担责任的，按照该医疗机构所在地的赔偿标准执行；（二）两个以上医疗机构均承担责任的，可以按照其中赔偿标准较高的医疗机构所在地标准执行。"

对于死亡赔偿金、残疾赔偿金的计算标准，《人身损害赔偿解释》第 25 条规定："残疾赔偿金根据受害人丧失劳动能力程度或者伤残等级，按照受诉法院所在地上一年度城镇居民人均可支配收入或者农村居民人均纯收入标准，自定残之日起按二十年计算。但六十周岁以上的，年龄每增加一岁减少一年；七十五周岁以上的，按五年计算。"根据第

29条规定:"死亡赔偿金按照受诉法院所在地上一年度城镇居民人均可支配收入或者农村居民人均纯收入标准,按二十年计算。但六十周岁以上的,年龄每增加一岁减少一年;七十五周岁以上的,按五年计算。"赔偿标准采取了受诉法院所在地上一年度城镇居民人均可支配收入或者农村居民人均纯收入的标准,而不同地区的经济发展不平衡,各地的赔偿标准多有高有低。因此导致在医疗纠纷中,不少患者为获得更高赔偿,通过转院到赔偿标准较高地区的医疗机构就诊的方式,来确定管辖法院,导致到该医疗机构所在地法院起诉的案件屡屡发生。

尤其在受诉法院所在地的医疗机构并不承担责任的情况下,仍然判决原来的医疗机构按照受诉法院所在地的赔偿标准承担责任,不仅加重了该医疗机构的负担,也不利于和谐医患关系的构建。为此,司法解释针对患者同时请求多个医疗机构承担赔偿责任的情形,明确了受诉法院所在地的医疗机构不承担赔偿责任时,不能按照受诉法院所在地的赔偿标准来计算须承担责任的医疗机构的赔偿数额。但若有两个以上医疗机构均承担责任的,基于对患者损害充分救济的考虑,依据"就高不就低"的原则,可以按照其中赔偿标准较高的医疗机构所在地的标准执行。

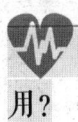

169. 患者受到一般人身伤害的,医疗机构需要赔偿哪些费用?

《人身损害赔偿解释》第17条第1款规定:"受害人遭受人身损害,因就医治疗支出的各项费用以及因误工减少的收入,包括医疗费、误工费、护理费、交通费、住宿费、住院伙食补助费、必要的营养费,赔偿义务人应当予以赔偿。"由此可见,如果受害人受到的为"一般伤害",没有达到残疾或者死亡后果的,赔偿范围包括:

(1)医疗费。《人身损害赔偿解释》第19条规定:"医疗费根据医疗机构出具的医药费、住院费等收款凭证，结合病历和诊断证明等相关证据确定。赔偿义务人对治疗的必要性和合理性有异议的，应当承担相应的举证责任。医疗费的赔偿数额，按照一审法庭辩论终结前实际发生的数额确定。器官功能恢复训练所必要的康复费、适当的整容费以及其他后续治疗费，赔偿权利人可以待实际发生后另行起诉。但根据医疗证明或者鉴定结论确定必然发生的费用，可以与已经发生的医疗费一并予以赔偿。"

（2）误工费。《人身损害赔偿解释》第20条的规定："误工费根据受害人的误工时间和收入状况确定。误工时间根据受害人接受治疗的医疗机构出具的证明确定。受害人因伤致残持续误工的，误工时间可以计算至定残日前一天。受害人有固定收入的，误工费按照实际减少的收入计算。受害人无固定收入的，按照其最近三年的平均收入计算；受害人不能举证证明其最近三年的平均收入状况的，可以参照受诉法院所在地相同或者相近行业上一年度职工的平均工资计算。"

（3）护理费。《人身损害赔偿解释》第21条："护理费根据护理人员的收入状况和护理人数、护理期限确定。护理人员有收入的，参照误工费的规定计算；护理人员没有收入或者雇佣护工的，参照当地护工从事同等级别护理的劳务报酬标准计算。护理期限应计算至受害人恢复生活自理能力时止。"

（4）交通费。《人身损害赔偿解释》第22条规定："交通费根据受害人及其必要的陪护人员因就医或者转院治疗实际发生的费用计算。交通费应当以正式票据为凭；有关凭据应当与就医地点、时间、人数、次数相符合。"

（5）住院伙食补助费。根据《人身损害赔偿解释》第23条第1款的规定，住院伙食补助费可以参照当地国家机关一般工作人员的出差伙食补助标准予以确定。

（6）住宿费。《人身损害赔偿解释》第23条第2款规定："受害人确有必要到外地治疗，因客观原因不能住院，受害人本人及其陪护人

员实际发生的住宿费，其合理部分应当予以赔偿。其数额可以参照事故发生地国家机关一般工作人员的出差住宿标准计算。"

（7）必要的营养费。《人身损害赔偿解释》第 24 条规定："营养费根据受害人伤残情况参照医疗机构的意见确定。"

 170. 患者构成残疾的，医疗机构需要赔偿哪些项目？

《人身损害赔偿解释》第 17 条第 2 款规定："受害人因伤致残的，其因增加生活上需要所支出的必要费用以及因丧失劳动能力导致的收入损失，包括残疾赔偿金、残疾辅助器具费、被扶养人生活费，以及因康复护理、继续治疗实际发生的必要的康复费、护理费、后续治疗费，赔偿义务人也应当予以赔偿。"

需要注意的是，在定残之前，受害人的相关伤害依一般伤害的赔偿范围确定，定残后，赔偿范围如下：

（1）残疾赔偿金。根据《人身损害赔偿解释》第 25 条的规定，残疾赔偿金根据受害人丧失劳动能力程度或者伤残等级，按照受诉法院所在地上一年度城镇居民人均可支配收入或者农村居民人均纯收入标准，自定残之日起按 20 年计算。但 60 周岁以上的，年龄每增加 1 岁减少 1 年；75 周岁以上的，按 5 年计算。受害人因伤致残但实际收入没有减少，或者伤残等级较轻但造成职业妨害严重影响其劳动就业的，可以对残疾赔偿金作相应调整。

（2）残疾辅助费。根据《人身损害赔偿解释》第 26 条的规定，残疾辅助器具费，按照普通适用器具的合理费用标准计算。伤情有特殊需要的，可以参照辅助器具配制机构的意见确定相应的合理费用标准。辅助器具的更换周期和赔偿期限参照配制机构的意见确定。同时，受害人定残后的护理应当根据其护理依赖程度，并结合配制残疾辅助器具的情况，确定护理级别，超过确定的辅助器具费的给付年限，赔偿权利人确需继续配制残疾辅助器具的，人民法院应当判令赔偿义务人继续给付相关费用5至10年，因此对残疾辅助器具费的赔偿要结合全部赔偿费用的计算统筹确定。

（3）被扶养人生活费。根据《人身损害赔偿解释》第28条的规定，被扶养人生活费根据扶养人丧失劳动能力程度，按照受诉法院所在地上一年度城镇居民人均消费性支出和农村居民人均年生活消费支出标准计算。被扶养人为未成年人的，计算至18周岁；被扶养人无劳动能力又无其他生活来源的，计算20年。但60周岁以上的，年龄每增加1岁减少1年；75周岁以上的，按5年计算。被扶养人是指受害人依法应当承担扶养义务的未成年人或者丧失劳动能力又无其他生活来源的成年近亲属。被扶养人还有其他扶养人的，赔偿义务人只赔偿受害人依法应当负担的部分。被扶养人有数人的，年赔偿总额累计不超过上一年度城镇居民人均消费性支出额或者农村居民人均年生活消费支出额。

（4）康复费。康复费的赔偿范围限于因康复护理、继续治疗实际发生的必要的康复费。需要注意的是，对该项康复费的赔偿必须以实际发生的为限，未发生的不予赔偿。而且还应当是必要的康复费，才能进行赔偿。康复费发生在康复护理、继续治疗过程中。在权利的实现方面，可以另行提起诉讼请求赔偿义务人赔偿。

（5）护理费。因伤致残的赔偿范围包括受害人因康复护理、继续治疗实际发生的必要的护理费。根据《人身损害赔偿解释》第21条的规定，受害人因残疾不能恢复生活自理能力的，可以根据其年龄、健康状况等因素确定合理的护理期限，但最长不超过20年。受害人定残后的护理，应当根据其护理依赖程度并结合配制残疾辅助器具的情况确定护理级别。程度较重的伤残者因生活不能自理，必须依赖他人护理者，生活自理能力包括五项内容：进食、翻身、大小便、穿衣洗澡、自我移动，对五项中的三项需要护理的，为一级依赖护理依赖，需专人承担的，一般按当地临时工的工资赔偿；五项中有三项或一项需要护理的，分别为二级和三级护理依赖,护理费的赔偿应当根据实际需要酌情考虑。

(6)后续治疗费。根据《人身损害赔偿解释》第19条第2款的规定,适当的整容费以及器官功能恢复训练所必要的康复费、适当的整容费以及其他后续治疗费,赔偿权利人可以待实际发生后另行起诉。但根据医疗证明或者鉴定结论确定必然发生的费用,可以与已经发生的医疗费一并予以赔偿。对这部分费用的赔偿,既可以大致测算若干年后需要支出的数额,通过协商给予一次性赔偿,也可以协商在每次实际治疗后补偿实际发生的费用。

171. 患者死亡的,医疗机构需要赔偿哪些项目?

《人身损害赔偿解释》第17条第3款规定:"受害人死亡的,赔偿义务人除应当根据抢救治疗情况赔偿本条第一款规定的相关费用外,还应当赔偿丧葬费、被扶养人生活费、死亡补偿费以及受害人亲属办理丧葬事宜支出的交通费、住宿费和误工损失等其他合理费用。"由此可见,除根据抢救治疗情况赔偿一般伤害的相关费用以外,受害人死亡的,医疗机构承担的赔偿范围大致如下:

(1)丧葬费。根据《人身损害赔偿解释》第27条的规定,丧葬费按照受诉法院所在地上一年度职工月平均工资标准,以6个月总额计算。

(2)被扶养人生活费。根据《人身损害赔偿解释》第28条的规定,被扶养人生活费,按照受诉法院所在地上一年度城镇居民人均消费性支出和农村居民人均年生活消费支出标准计算。被扶养人为未成年人的,计算至18周岁;被扶养人无劳动能力又无其他生活来源的,计算20年。但60周岁以上的,年龄每增加1岁减少1年;75周岁以上的,按5年计算。被扶养人是指受害人依法应当承担扶养义务的未成年人或者丧失劳动能力又无其他生活来源的成年近亲属。被扶养人还有其他扶养人的，赔偿义务人只赔偿受害人依法应当负担的部分。被扶养人有数人的，年赔偿总额累计不超过上一年度城镇居民人均消费性支出额或者农村居民人均年生活消费支出额。

（3）死亡赔偿金。根据《人身损害赔偿解释》第29条的规定，死亡赔偿金按照受诉法院所在地上一年度城镇居民人均可支配收入或者农村居民人均纯收入标准，按20年计算。但60周岁以上的，年龄每增加1岁减少1年；75周岁以上的，按5年计算。

（4）交通费。此时的交通费是指受害人亲属办理丧葬事宜所支出的交通费。交通费以实际发生的费用计算，应当与正式票据为凭。有关凭据应当与丧葬地点、时间、人数等相符合。

（5）住宿费。此时的住宿费是指受害人亲属办理丧葬事宜所支出的合理的住宿费。住宿费的标准可以参照一般伤害赔偿范围中的住宿费标准计算。

（6）误工损失。此时的误工损失是指受害人亲属因办理丧葬事宜，耽误了工作而造成的损失。误工损失可以参照一般伤害赔偿范围中的误工费标准计算。

172. 医疗机构应如何审查患者要求赔偿的医疗费？

医疗费，是指医疗侵权对患者造成人身损害后，患者为了接受医学上的检查、治疗和康复所必须支出的费用。医疗费根据医疗机构出具的医药费、住院费等收款凭证，结合病历和诊断证明等相关证据确定。赔偿义务人对治疗的必要性和合理性有异议的，应当承担相应的举证责任。《人身损害赔偿解释》第19条规定："医疗费的赔偿数额，按照一审法庭辩论终结前实际发生的数额确定。器官功能恢复训练所必要的康复费、适当的整容费以及其他后续治疗费，赔偿权利人可以待实际发生后另行起诉。但根据医疗证明或者鉴定结论确定必然发生的费用，

可以与已经发生的医疗费一并予以赔偿。"

医疗费具体包括以下几个方面：

（1）挂号费。如果受害患者需要到其他大医院或专科医院进行治疗，就有可能要支付挂号费，凡是属于为了治疗患者所受人身损害而向医院支付的挂号费，包括医院门诊挂号费，专家门诊挂号费等，都属于医疗费的赔偿范围。

（2）医药费。患者为治疗所受人身伤害而支付的各种药费，包括中草药、中成药和西药。

（3）检查费。患者为治疗所受人身伤害而支付的各种医疗检查费用，如CT检查费用，B超检查费用等。

（4）治疗费。患者为治疗所受人身伤害而支付的各种治疗性费用，如换药、注射、理疗、化疗、矫形的费用。

（5）住院费。患者住院治疗其所受人身伤害而支付的各种相关费用，如住院的床位费，护理费，特护费等。

（6）其他医疗费用。如器官移植有关费用、聘请专家会诊的费用等等。

实践中需要注意的是：

（1）医疗费的计算需要有医疗机构的收费凭证、医生的处方等证据材料。

（2）医疗费不包括患者治疗原发病所产生的医疗费用。所谓原发病医疗费用，是与医疗过错行为无关的、治疗患者原有疾病发生的医疗费费用。这一费用一般不应当由医疗机构承担，但是如果医疗过错行为导致原发病复发或者加重，则应当承担增加的医疗费用。

 173. 患者无收据发票的自购药物，能否算作医疗费？

根据《最高人民法院关于贯彻执行〈中华人民共和国民法通则〉

若干问题的意见（试行）》（以下简称《民法通则意见》）第 144 条的规定："医药费的赔偿，一般应以所在地治疗医院的诊断证明和医药费、住院费的单据为凭。应经医务部门的批准而未获准擅自另找医院治疗的费用，一般不予赔偿；擅自购买与损害无关的药品或者治疗其他疾病的，其费用则不予赔偿。"该条司法解释明确了不予赔偿医药费的范围。另外，如果某医疗机构没有某种药品或患者要求用某种药物，医院认为这种药对于治疗患者的疾病并非必需的情况下，患者私自在市场上的药店里购买的该种药，则不能列入赔偿。但是，如经医疗机构批准后到医药商店购买的医疗药品即可列入赔偿。另外，病人擅自到社会游医、个人诊所、气功门诊、保健门诊等进行的治疗和购买的药品所购买的药品，一律不能列入赔偿。

人民法院在处理或审理医疗损害侵权案件时，会对医药费的合理性、必要性做必要的审查。首先，审查所用的药物是不是用于治疗医疗侵权所造成的伤害、疾病或残疾，凡是治疗与该侵权行为所造成的损伤、疾病或残疾有关的一切药物皆应列入赔偿；其次，审查所应该用的药品的来源、剂量、用量与用药疗程是否能吻合起来，依据用"每日用药剂量 × 用药天数 = 药的消耗总量"这个简单的公式来审查，其目的是避免患者利用该医疗侵权的机会侵占医疗机构的财产。在审查过程中严格掌握，杜绝患者"从疾病中获益"，对与治疗医疗侵权所造成的伤害、残疾或疾病无关的药品一律不予赔偿。在审查用药当中，还会参考卫计委关于自费药品的规定，即凡是规定内的自费药品，原则上不能列入赔偿，除非有些自费药品是医疗之中的必须用的药品，又没有处方药可以代替，才能够允许患者使用。但应严格地控制使用，待伤情稳定后立即停药，或者改用其他同类型的处方药品。此时，必须有科室主任的批准并开处方备查。自费药品中有一部分是滋补品、营养品和食品代用品等，对于这类营养性滋补性药品，不列入医药费赔偿的范围。

在余某某、李某、李某诉重庆某医院医疗损害责任纠纷案中，依据医疗机构对患者使用的药品的医嘱记录，有部分医疗药品系患者家属从他处自行购买，医疗机构对此予以认可，且提供而该医疗药品在该医疗机构的出售价格。患者家属虽然无法提供购买医疗药品的收费凭证，但对医疗机构提供的该药品出售价格予以认可，故患者家属自行购买的部分医用药品费用应计算在患者在医疗机构治疗期间产生的医疗费之中。患者家属就医疗过错主张损害赔偿时，医疗机构对该部分医疗药品费用应承担相应的民事责任。

174. 什么情况下才需要赔偿后续治疗费用？

医疗机构在实施医疗行为时，必须为患者积极履行诊疗义务，尽到合理告知义务，医疗机构应当要对其实施的诊疗行为负责，在医疗损害赔偿诉讼中，如医疗机构未尽到合理诊疗告知义务，或者存在过错行为导致患者出现损害后果，且当事人进行重复治疗或二次治疗，与医疗机构的过错诊疗行为存在因果关系，则二次治疗费用应属于因一次治疗不当所产生的扩大损失，此费用应当由存在医疗过错的医疗机构承担，包括医疗费误工，护理费等。

《人身损害赔偿解释》第19条规定："医疗费根据医疗机构出具的医药费、住院费等收款凭证，结合病历和诊断证明等相关证据确定。赔偿义务人对治疗的必要性和合理性有异议的，应当承担相应的举证责任。医疗费的赔偿数额，按照一审法庭辩论终结前实际发生的数额确定。器官功能恢复训练所必要的康复费、适当的整容费以及其他后续治疗费，赔偿权利人可以待实际发生后另行起诉。但根据医疗证明或者鉴定结论确定必然发生的费用，可以与已经发生的医疗费一并予以赔偿。"这就确定医疗费的赔偿原则是——赔偿义务人赔偿受害人在遭受不法侵害时实际支出的医疗费。人民法院按照医疗机构出具的医药费、住院费等收款凭证，并结合病历和诊断证明等相关证据，确定医疗费的数额。采取"差额赔偿"的方法作为赔偿的标准，既包括已经支出的医疗费，还包括器官功能恢复训练所必需的康复费、适当的整容费以及将来可能发生的后续治疗费等。

赔偿数额包括已经发生的费用，也包括将来发生的费用，采取"差额赔偿"与"定型化赔偿"的折中方案计算损失数额，已经发生的费用计算到一审法庭辩论终结前，将来发生的费用，待实际发生后由权利人另行起诉。这是因为一般情况下，医疗事故对患者造成的人身伤害，不可能在医疗事故解决阶段治疗痊愈，对于医疗事故处理后，患者需要继续治疗所发生的预计医疗费用，也可以计算在内，这部分费用，医疗机构只需要按照基本医疗费用支付即可。

175. 医疗机构应如何审查患者要求赔偿的误工费？

误工费，是指患者因治疗医疗事故造成的损害后果，耽误其工作而损失的收入，《人身损害赔偿解释》第20条对误工费的计算作出了具体规定"误工费根据受害人的误工时间和收入状况确定。误工时间根据受害人接受治疗的医疗机构出具的证明确定。受害人因伤致残持续误工的，误工时间可以计算至定残日前一天。受害人有固定收入的，误工费按照实际减少的收入计算。受害人无固定收入的，按照其最近三年的平均收入计算；受害人不能举证证明其最近三年的平均收入状况的，可以参照受诉法院所在地相同或者相近行业上一年度职工的平均工资计算。"

根据上述司法解释的规定，在审查误工费的赔付范围时，值得注意的有以下几点：

（1）误工费的计算应当以其收入状况乘以误工时间。

（2）误工的时间应当根据受害人自接受治疗到康复所需时间确定，其标准以相应医疗机构出具的证明为依据，受害人因伤致残或者死亡的误工时间，应当计算至定残之日的前一日，或者按照实际误工时间计算。

（3）根据受害人有无固定收入的不同情况，减少的收入既没有固定收入的，以其最近三年的平均收入确定，受害人无法证明其最近三年的平均收入状况的，参照受诉法院所在地相同或者相近行业上一年度职工的平均工资计算。

在有固定收入的受害人"实际减少的收入"时，若患者是单位职工，应由单位出具相应的误工证明，证明上须写明误工期间、月工资标准及实际发生误工而被单位扣除工资的具体数额。需要注意的是，如果误工人员的月工资标准超过个人所得税的起征点，还需要向法院提交缴纳个人所得税的完税证明。具体误工时间可由法院参照单位出具的误工证明时间，结合案件实际情况予以认定。

在确定无固定收入人员的误工费时，按照其最近三年的平均收入计算。比如个体工商户自由职业者等，需要向法院提交相应的完税证明、财务账簿等证据证明收入。受害人不能举证证明其最近三年的平均收入状况的，可以参照受诉法院所在地相同或相近行业上一年度职工的平均工资计算。误工时间由法院根据案件实际情况给予合理认定。

误工费的主体是患者，不包括患者的家属。患者以外的家属因为照顾患者产生的误工应属于护理项目中的费用，为避免重复计算，一般不计入误工费的范畴。

176. 医疗机构应如何审查患者要求赔偿的护理费？

《人身损害赔偿解释》第21条规定："护理费根据护理人员的收入状况和护理人数、护理期限确定。护理人员有收入的，参照误工费的规定计算；护理人员没有收入或者雇佣护工的，参照当地护工从事同等级别护理的劳务报酬标准计算。护理人员原则上为一人，但医疗机构或者鉴定机构有明确意见的，可以参照确定护理人员人数。护理期限应计算至受害人恢复生活自理能力时止。受害人因残疾不能恢复生活自理能力的，可以根据其年龄、健康状况等因素确定合理的护理期限，但最长不超过二十年。受害人定残后的护理，应当根据其护理依赖程度并结合配制残疾辅助器具的情况确定护理级别。"

护理费，是指患者因发生医疗事故受到人身损害而在医疗机构住院治疗中，因缺乏生活自理能力、需要专门雇用相关人员照顾护理其生活而支付的费用，患者住院期间需要专人陪护的，护理费按照医疗事故发生地上一年度职工平均工资计算。在审查护理费的赔付范围时，值得注意的有以下几点：

（1）护理人员有收入的参照误工费的规定计算。护理人员没有收入或者雇佣护工的，参照当地护工从事同等级别护理的劳务报酬标准计算。护理费的计算方法如下："可支持护理费数额=（已经发生的护理费数额+后续护理费数额）×医疗机构的责任系数"，其中已经发生的护理费数额由法院根据患者提交的护理费票据据实认定，后续护理费数额参照当地护理费实际标准，根据护理期限按照患者的实际情况认定，但护理期限最长不超过20年。

（2）护理人员。原则上为1人，情况特殊的，可参照医疗机构或者鉴定机构意见确定护理人数。

（3）护理期限。①患者未构成残疾或未死亡的，或者患者构成残疾但生活可以自理的，护理期限为患者恢复生活自理能力时即停止计算。一般司法实践中会通过护理机构出具的护理人员护理期限予以认定，如果为患者家属护理的，法院将参照其误工时间予以认定。②患者最终构成残疾，且不能恢复生活自理能力的，可以根据其年龄、健康状况等因素确定合理的护理期限，原则上最长不超过20年。需要特别注意的是，在特殊情况下，即超过确定的护理期限、辅助器具费给付年限或者残疾赔偿金给付年限，但受害患者确需继续护理或配置辅助器具，或者没有劳动能力和生活来源的，法院往往会判令赔偿义务人继续给付相关费用5至10年。③患者死亡的，护理期间按患者就诊时间至死亡时间予以计算。

（4）护理级别。应当根据护理依赖程度配制残疾辅助器具的具体情况确定。

177. 医疗机构应如何审查患者要求赔偿的营养费？

《人身损害赔偿解释》第 24 条规定："营养费根据受害人伤残情况参照医疗机构的意见确定。"

营养费，是指增加营养品作为对身体补充所支出的费用。对于伤害情况较为严重的受害人，人民法院可以根据伤残情况、治疗机构意见及受害人的请求决定是否给予赔偿，用于补偿受害人在治疗、恢复期间为补充营养而支出的费用。在审查营养费的赔付范围时，值得注意的有以下几点：

（1）营养费不是随意进入赔偿范围的，对它的限制比较严格，大多数情况下对患者加强营养的过程都可以通过伙食、用药等完成，因此，要在确有必要的情况下才能考虑营养费的赔偿。

（2）确定是否进入赔偿范围时需要参照医疗机构的意见。因此医疗机构可以就营养费的合理性提出抗辩。如果患者不能提交相应的专业机构的明确医嘱等证明文件作为主张营养费的依据，法院一般不支持营养费的请求。

（3）对于专业医疗机构医生的意见，患者一方需要对专业医疗机构的资质承担相应的举证责任。如果患者提交的是个人营养师意见，则患者还需要证明营养师具备相应的从业资格。

（4）营养费的计算方法为根据受害人的伤残情况参照医疗机构的意见确定。

178. 医疗机构应如何审查患者要求赔偿的交通费？

《人身损害赔偿解释》第22条规定："交通费根据受害人及其必要的陪护人员因就医或者转院治疗实际发生的费用计算。交通费应当以正式票据为凭；有关凭据应当与就医地点、时间、人数、次数相符合。"

交通费，是指损害事故发生后，受害人和必要的护理人员在前往就医和转院治疗过程中以及受害人亲属参与事故处理过程中实际发生的合理、必要的乘坐交通工具的费用。在审查交通费的赔付范围时应注意以下几点：

（1）以受害人和必要的护理人员在前往就医和转院治疗过程中，以及受害人亲属参与事故处理过程中实际发生的合理、必要的乘坐交通工具的费用才能交通费的赔偿范围。

（2）交通费支出以乘坐一般交通工具为主，同时需要综合考虑受害人身体状况、紧急情况下的天气状况等因素。出租汽车、飞机不在一般交通工具之列，只有在特殊情况下乘坐上述两种交通工具的支出，才可以作为合理的交通费支出。比如，患者年纪较大、所患疾病较为严重，或者因医疗事故及医疗差错导致了较为严重的伤残，或突发疾病等情况较为紧急时，为其就诊所支出的出租车费用可以作为合理的交通费损失。

（3）与误工费的计算相同，交通费的支出也存在人数上的限制，一般控制在1至3人。

 179. 医疗机构应如何审查患者要求赔偿的残疾辅助器具费？

残疾辅助器具，是患者因医疗事故造成残疾而需要配置补偿功能器具所发生的费用，如假肢、义眼、助听器、轮椅等辅助工具的费用，既包括残疾用具的购入费，也包括安装费，如果残疾用具在将来需要

第十二章 医疗纠纷的赔偿项目和计算问题

更换的则应当将更换的费用计算在内。在审查残疾辅助器具费的时候应注意以下几点：

《人身损害赔偿解释》第26条规定："残疾辅助器具费按照普通适用器具的合理费用标准计算。伤情有特殊需要的，可以参照辅助器具配制机构的意见确定相应的合理费用标准。辅助器具的更换周期和赔偿期限参照配制机构的意见确定。"通常情况下，如果没有特殊需要，通常按照国内中档价位品牌的器具予以认定。有特殊需要的，法院也会参照鉴定机构的意见予以认定。

根据上述司法解释第21条的规定，受害人定残后的护理应当根据其护理依赖程度，并结合配制残疾辅助器具的情况，确定护理级别，因此对残疾辅助器具费的赔偿要结合全部赔偿费用的计算统筹确定。根据上述司法解释第32条的规定，超过确定的辅助器具费的给付年限，赔偿权利人确需继续配制残疾辅助器具的，人民法院应当判令赔偿义务人继续给付相关费用5至10年，该规定了兼顾赔偿权利人和赔偿义务人双方利益的，绝对的一次性赔偿有所不同。一般情况下，残疾辅助器具费的计算方法如下："人民法院可支持残疾辅助器具费＝法院认定的残疾辅助器具费总额医疗机构的责任系数。"

180. 医疗机构应该如何审查残疾生活补助费？

《人身损害赔偿解释》第25条规定："残疾赔偿金根据受害人丧失劳动能力程度或者伤残等级，按照受诉法院所在地上一年度城镇居民人均可支配收入或者农村居民人均纯收入标准，自定残之日起按二十年计算。但六十周岁以上的，年龄每增加一岁减少一年；七十五周岁以上的，按五年计算。受害人因伤致残但实际收入没有减少，或者伤残等级较轻但造成职业妨害严重影响其劳动就业的，可以对残疾赔偿金作相应调整。"

257

残疾生活补助费，是指对受害人因损害损失造成伤害而丧失劳动能力，给予的一种长期性、综合性的赔偿，这种赔偿包括物质方面的误工费、营养费、交通费、护理费等，也包括对受害人的精神痛苦的抚慰。在审查残疾生活补助费时，值得注意以下几点：

（1）计算的起点为"定残之日"。

（2）赔偿的计算公式为：残疾赔偿金＝年赔偿标准×赔偿年限×伤残系数。其中，年赔偿标准是指受诉法院所在地上一年城镇居民人均可支配收入或农村人均纯收入，赔偿年限为定残之日起 20 年，60 岁周岁以上的，年龄每增加 1 岁，赔偿年限就减少 1 年，75 周岁以上的，按 5 年计算。

 **181. 生效裁判确定的定期金赔偿，能否根据实际情况适时调整？**

《人身损害赔偿解释》第 33 条规定："赔偿义务人请求以定期金方式给付残疾赔偿金、被扶养人生活费、残疾辅助器具费的，应当提供相应的担保。人民法院可以根据赔偿义务人的给付能力和提供担保的情况，确定以定期金方式给付相关费用。但一审法庭辩论终结前已经发生的费用、死亡赔偿金以及精神损害抚慰金，应当一次性给付。"第 34 条规定："人民法院应当在法律文书中明确定期金的给付时间、方式以及每期给付标准。执行期间有关统计数据发生变化的，给付金额应当适时进行相应调整。定期金按照赔偿权利人的实际生存年限给付，不受本解释有关赔偿期限的限制。"在定期金赔偿的问题上，值得注意的有以下几点：

第一，定期金给付是人民法院判决赔偿义务人在未来的一定时间按照一定期限向赔偿权利人支付赔偿金的方式。由于是在未来的一定期限内给付，因此，人民法院会在法律文书中写明是按月支付、按季支

第十二章 医疗纠纷的赔偿项目和计算问题

付还是按年支付,每一个给付期内是先予给付还是后予给付;给付方式是通过银行划款、邮局汇款,还是送款上门;每一期赔偿金的给付金额是固定数额,还是按照一定的标准给付。

第二,如果是按照一定的标准给付,在有关统计数据发生变化时,应当据此对给付金额进行适当的调整。定期金的给付年限不受最长20年的限制,按照赔偿权利人的实际生存年限给付。

第三,按照前述司法解释第25条、第26条、第28条的规定,残疾赔偿金和被扶养人生活费的最长给付年限为20年,残疾辅助器具费的赔偿期限参照配置机构的意见确定。在一次性给付的前提下,根据司法解释第32条的规定,残疾赔偿金和辅助器具费超过确定的给付年限,赔偿权利人可以继续向人民法院提起诉讼,被扶养人生活费超过给付年限的,也可以向人民法院继续提起诉讼。这是因为,超过确定的期限,赔偿权利人仍然生存,因此损害后果依然存在,其理应再获得赔偿。无论是一次性给付,还是定期金给付,原则上都是以赔偿权利人的生存为限,但定期金给付是按照赔偿权利人的生存年限按期支付赔偿金,而不是由法律或判决确定每一次的给付年限,因而与赔偿权利人的生存年限更为接近。

第四,定期金的给付可以免除当事人多次诉讼的讼累,也可以避免一次性给付带来的赔偿数额的相对不确切性和由于赔偿权利人生存年限的不确定而导致其可能于给付期限内死亡而多支付的赔偿金不能索回的情况。

 182. 精神损害抚慰金的通常是如何确定的?

《侵权责任法》第22条规定:"侵害他人人身权益,造成他人严重精神损害的,被侵权人可以请求精神损害赔偿。"

根据《精神损害赔偿解释》第10条的规定,医疗损害责任中精神

259

损害赔偿考虑的因素包括：

（1）侵权人的过错程度，法律另有规定的除外。它反映了行为人对于自己行为所持的心理状态，是故意还是过失。在民法中区别故意和过失的意义在于行为人的主观故意或过失对受害人所产生精神损害有轻重之分。

（2）侵害的手段、场合、行为方式等具体情节。一般说来，手段恶劣、在公开场所进行侵害以及积极的作为去侵害他人较之手段温和、在私蔽的空间、用不作为的方式侵权要容易得到谅解，当然，拒绝履行职责的不作为方式除外。因此，上述因素在确定赔偿额时也要有所考虑。

（3）侵权行为所造成的后果，即受害人的人身受害程度和受精神损害的程度和后果。审判实践中，认定受害人精神痛苦的程度是很困难的，因此，我们可以从两个方面进行分析和判断：一方面，从受害人的生理、心理反应判断其所受伤害的轻重，比如伤残程度鉴定结论；另一方面，从社会影响判断其所受伤害的大小，比如损害的影响范围和社会知晓程度。

（4）侵权人的获利情况。在某些情况下，侵权人可以从侵权行为中获利，在此情况下，获利的多寡就可以成为确定赔偿额的一项参照标准。赔偿额的确定考虑到侵权人的获利情况，根据其获利的程度和规模来确定其赔偿额度，体现了精神损害的惩罚功能。

（5）侵权人承担责任的经济能力。不同的加害人，其经济地位不同，对损害后果的实际赔偿能力也不同，应该区别加以对待，这是赔偿制度从平均的正义走向分配的正义的要求。在决定实际执行数额时，应当通盘考虑到侵权人的实际情况和本地审理的一般情形。

（6）受诉法院所在地平均生活水平。即从社会的角度来确定精神损害赔偿的数额。所要考虑的是侵权地的实际生活水平等，包括侵害人和受害人所在地的经济发展水平和社会普遍生活水准，这是确定赔偿额的重要参照依据。我国幅员广阔，地域差别较大，京沪、广东、沿海地区与西部内陆地区的生活水准差别是比较显著的，城乡差别也是

第十二章 医疗纠纷的赔偿项目和计算问题

较为明显的，由于这种不同的地区居民平均生活水平和社会收入程度不同，将直接影响到精神损害赔偿的具体数额。鉴于我国经济、社会和文化发展所固有的地区不平衡性，应由各地法院根据当地一般生活标准酌定，精神损害赔偿应当从受害人实际生活的地区标准为主、兼顾损害发生地的生活标准综合平衡确定。毕竟，精神损害赔偿作为一种物质赔偿，其基本功能是抚慰与惩罚，既不能成为受害人获取不当利益的工具，也不能对加害人无足轻重，丧失其惩罚性。

在确定精神损害抚慰金时，还需要注意以下几点：

第一，赔偿主体的适用范围，不仅包括直接受害人本人，还包括间接受害人，即受害人的近亲属。患者伤残的，由患者本人或者法定代理人提出权利请求；患者死亡的，则由其近亲属提出请求。

第二，医疗损害责任中精神损害赔偿的客体范围包括：身体权、生命权和健康权生命权、健康权、身体权，是姓名权、肖像权、名誉权、荣誉权等"精神性人格权"赖以存在的前提和物质基础，其受到侵害往往伴随巨大的甚至是终身不可逆转的精神损害。侵害生命健康权，除赔偿经济损失外，死亡者的亲属及伤残者本人有权要求精神损害赔偿。

第三，隐私权的保护。针对通过诊疗活动获得的第一手的资料，医疗机构有义务为患者保守，不得随意公开；同时，患者的身体也是患者隐私的一部分，由于医疗的需要，有可能向医务人员展示，或者同意医务人员在身体上进行相关检测、探查等，医务人员在从事这些职务行为时应当注意尊重患者隐私，在言语、动作等方面要切实保障患者的隐私，不做不必要的检查和询问，在未经患者同意的情况下，不要在他人在场的情况下进行检查（会诊除外），不要在公开场合讨论来做与医学无关的推测，否则很容易引起争议，导致患者因为隐私权受到侵害而要求精神损害赔偿。

第四，侵害自然人的姓名权、肖像权、名誉权、荣誉权。如果医疗机构或者医务人员擅自使用患者的肖像做宣传，或者由于误诊并泄漏误诊结果，导致患者名誉权受损等，也可能会承担一定的精神损害赔偿责任。

第五，《精神损害赔偿解释》第11条规定："受害人对损害事实和损害后果的发生有过错的，可以根据其过错程度减轻或者免除侵权人的精神损害赔偿责任。"如果受害人对损害结果的发生也存在主观上的故意或者过失，则医疗机构可以以此抗辩。

第六，根据司法解释的规定，受害人精神损害赔偿的请求的条件是精神损害达到一定的严重程度，然而目前对于严重程度的判定没有进一步的解释和标准，只能依靠法官的判断，这个酌定因素也会直接影响到精神损害赔偿的给付与否。

183. 精神损害抚慰金，是否按医患双方责任比例分担？

精神损害是与医疗过错有因果关系的损害结果导致的，与医疗过错程度无关，因此，确定医疗机构应承担的精神损害赔偿数额后，医疗机构不再依照医疗过错程度按比例支付，而应单独计算并全额支付。法律规定，侵害他人人身权益，造成他人严重精神损害的，被侵权人可以请求精神损害赔偿。因侵权致人精神损害，造成严重后果的，人民法院除判令侵权人承担停止侵害、恢复名誉、消除影响、赔礼道歉等民事责任外，可以根据受害人一方的请求判令其赔偿相应的精神损害抚慰金。按照司法解释相关规定，精神损害抚慰金包括以下方式：

（1）致人残疾的，为残疾赔偿金；

（2）致人死亡的，为死亡赔偿金；

（3）其他损害情形的精神抚慰金。

精神损害的赔偿数额根据以下因素确定：

（1）侵权人的过错程度，法律另有规定的除外；

（2）侵害的手段、场合、行为方式等具体情节；

（3）侵权行为所造成的后果；

（4）侵权人的获利情况；

（5）侵权人承担责任的经济能力；

（6）受诉法院所在地平均生活水平。

第十三章
医疗纠纷的非诉化解问题

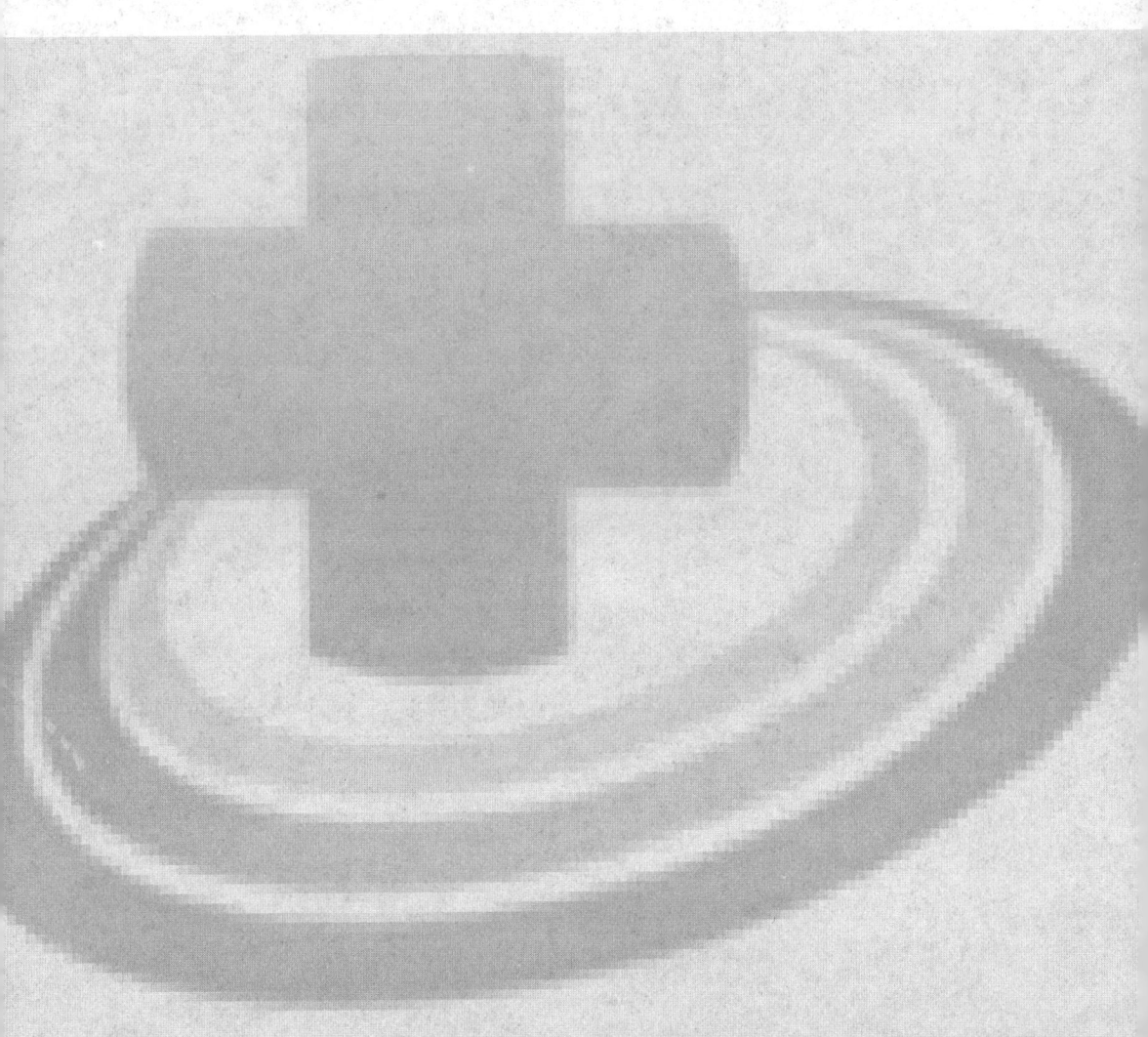

第十三章 医疗纠纷的非诉化解问题

184. 发生医疗纠纷后，与患者协商解决时应注意哪些问题？

医疗纠纷与医疗事故属于民事纠纷，具有民事纠纷的基本法律属性。按照我国法律的规定，民事纠纷的当事人有自由处分民事权利和确认民事义务的自主权。因此，医患双方在协商时，不论对方提出何种条件和解决方案，都可以完全依靠自己的真实意愿决定接受还是拒绝。不过在实际的协商过程中，为了能够达成一致意见，难免要求双方相互让步，或者某一方做些让步。

医疗机构在与患者协商时，应该注意遵循以下原则：

（1）双方自愿原则。既不强迫、欺骗、胁迫或勉强患者一方进行协商，也不要因患者一方的过激行为而违背己方利益或意愿而进行协商。

（2）平等、公平原则。即在协商过程中，双方地位和权利平等，承担的民事责任应该合理，符合承担方履行赔偿的能力。

（3）合法原则。即协商达成的协议必须符合有关法律、法规的规定，不能损害国家和社会的公共利益，不得侵犯他人的合法权益。

（4）真实原则。即对纠纷或争议涉及的主要事实与双方主要观点要陈述与记录真实。

185. 如果与患者协商解决医疗纠纷，双方签订的协议书应该主要包括哪些内容？

自行协商解决的双方当事人，应该达成协议书。一般情况下，协议书应该包括以下内容：

（1）双方当事人的基本情况。如医疗机构的名称、法定代理人、患者姓名、年龄、性别、住址、职业等。

（2）纠纷或者争议的简要事实。应该包括患者所患疾病、就诊与诊治的简要经过、不良医疗后果，以及双方对纠纷或争议的认识与观点等，要求真实地陈述与记录。

（3）双方协商后达成的共识。这是协议最重要的部分，应该详细明确写清楚，包括纠纷或者争议问题的原因和性质、是否构成医疗事故和事故的等级、医疗事故或医疗过失伤害明确时给患者的赔偿，或者纠纷与争议性质不明确时给患方的补偿数额、给付的时间与方式等等。

（4）协议生效后，双方涉及该纠纷或争议的有关权利、义务的影响或应该履行的责任。

（5）达成协议的时间、地点、生效的日期，医疗机构盖章，双方当事人或全权代表签名确认等。

另外，协议书应该一式两份，双方各自保存一份。

186. 什么是人民调解？

人民调解是我国法治建设中的一项独特制度，是现行调解制度的一个重要组成部分，它是指在人民调解委员会的主持下，依法对民间纠纷当事人说服劝解，消除纷争的一种群众自治活动。医疗纠纷是平等民事主体之间发生的一类民事纠纷，属于人民调解委员会调解的工作范畴。通过人民调解解决医疗纠纷的优点主要如下：

（1）快捷便利。人民调解组织遍布全国，而且通常在短时间内可以调解结案，如果不能接受调解结果的，也可以随时终止，这对当事人而言非常便捷。

（2）不收取费用。

（3）人民调解组织比较正规。人民调解组织是由司法行政部门批准，司法行政部门对人民调解组织会行使一定的管理权。人民调解组织的操作有一定的程序、运行有一定的规范，例如《人民调解委员会组织条例》《人民调解工作若干规定》《最高人民法院、司法部关于进一步加强新时期人民调解工作的意见》《医疗损害责任解释》《最高人民法院关

于审理涉及人民调解协议的民事案件的若干规定》《中华全国人民调解员协会章程》等行政法规、规章司法解释以及规范性文件来规范。

（4）社会公信力高。双方在人民调解委员会的主持下自愿达成协议后容易履行。

（5）协议书具有一定的法律效力。根据《医疗损害责任解释》《最高人民法院关于审理涉及人民调解协议的民事案件的若干规定》的规定，经人民调解委员会调解达成的具有民事权利义务的内容并由双方当事人签字或者盖章的调解协议，具有民事合同性质。当事人应当按照约定履行自己的义务，不得擅自变更或者解除调解协议。当然，在医疗纠纷人民调解委员会主持下达成的协议不具有强制执行的效力，不能向人民法院申请强制执行。

（6）能够与诉讼程序相衔接。经过调解，当事人未能达成协议或者达成协议后又反悔的，任何一方可以请求基层人民政府处理，也可以向人民法院起诉。因此，并不是说签订了人民调解协议就不能够再向人民法院起诉。不过，在达成调解协议后又诉讼的，人民法院主要是针对调解协议的履行、变更、撤销来审理。同时调解过程中，专家对于医学和法律知识的见解，有利于弥补患者医疗信息不对称，法律常识不足等缺陷，有利于增强患者的诉讼能力。

 187. 人民调解的程序是什么样的？

人民调解委员会的调解程序主要如下：

（1）程序启动。当事人可以向人民调解委员会申请调解；人民调解委员会也可以主动调解。当事人一方明确拒绝调解的，不得调解。基层人民法院、公安机关对适宜通过人民调解方式解决纠纷，可以在受理前告知当事人向人们调解委员会申请调解。

（2）确定调解员。人民调解委员会根据调解纠纷的需要，可以指定一名或者数名人民调解员进行调解,也可以由当事人选择一名或者数名人民调解员进行调解。

(3)权利义务告知。向医疗纠纷当事人告知调解的性质、原则、效力及权利义务。其中,当事人在人民调解活动中享有的权利主要有:选择或者接受人民调解员;接受调解、拒绝调解或者要求终止调解;要求调解公开进行或者不公开进行;自主表达意愿、自愿达成调解协议。承担的义务主要有:如实陈述纠纷事实;遵守调解现场秩序、尊重人民调解员;尊重对方当事人行使权利。

(4)提交相关材料。根据调解需要,人民调解委员会可以要求双方当事人提交必要材料和相关法律手续,如病历、身份证明、委托书等。

(5)邀请专家评判。由于医疗纠纷涉及医学专业知识,因此,人民调解委员会在调解过程中常会邀请专家对相关专业问题进行评判。但是人们调解委员会并不依据应邀专家的专业意见确认是否构成医疗事故以及医院过错责任比例等法律事实,而是在专家评判的基础上为医疗纠纷双方当事人如何形成合理的赔偿提供意见和建议。

(6)出具调解建议。医疗纠纷中,主要是就医疗纠纷双方当事人如何形成合理的赔偿提供意见和建议。

(7)制作人民调解协议书或终止调解。经人民调解委员会调解,双方当事人达成一致意见的,人民调解委员会可以制作人民调解协议书,当事人认为无须制作调解协议书的,可以采取口头协议方式,人民调解员应当记录协议内容。一般而言,调解协议书可以载明当事人的基本情况,纠纷的主要事实、争议事实以及各方当事人的责任,当事人达成调解协议的内容、履行方式、期限。当事人要求进行司法确认的,人民调解委员会应该予以协助,未达成一致意见的人民调解委员会感到依法通过诉讼程序解决纠纷。

188. 发生医疗纠纷时，应该如何向卫生行政部门提出医疗事故处理申请？

依据《医疗事故处理条例》第 37 条的规定，"发生医疗事故争议，当事人申请卫生行政部门处理的，应当提出书面申请。申请书应当载明申请人的基本情况、有关事实、具体请求及理由等。"医疗纠纷发生以后，医患双方当事人均可以向卫生行政部门提出申请，由卫生行政部门予以处理。医方提出申请时，可以由医疗机构提出，也可以由相关医务人员提出。

医方提出申请的，应当载明以下内容：

（1）申请人的基本情况。申请人是医疗机构的，应当写清楚医疗机构名称、地址、《医疗机构执业许可证》复印件；申请人时医务人员的，应当写清楚申请人姓名、性别、年龄、工作单位、身份证号码、专业、专业技术任职资格、具备合法执业资格的证书。

（2）有关事实。申请人要详细的写明事件经过，特别是与医疗纠纷有关的诊疗过程，要做到事实清楚，证据确凿，有理有据。

（3）具体请求。对诊疗过程的说明，是否属于医疗事故，对过错方进行处理等。

（4）理由。申请人要详细阐明提出具体请求的法律依据和医学原理。

第十四章
医疗纠纷的诉讼法律问题

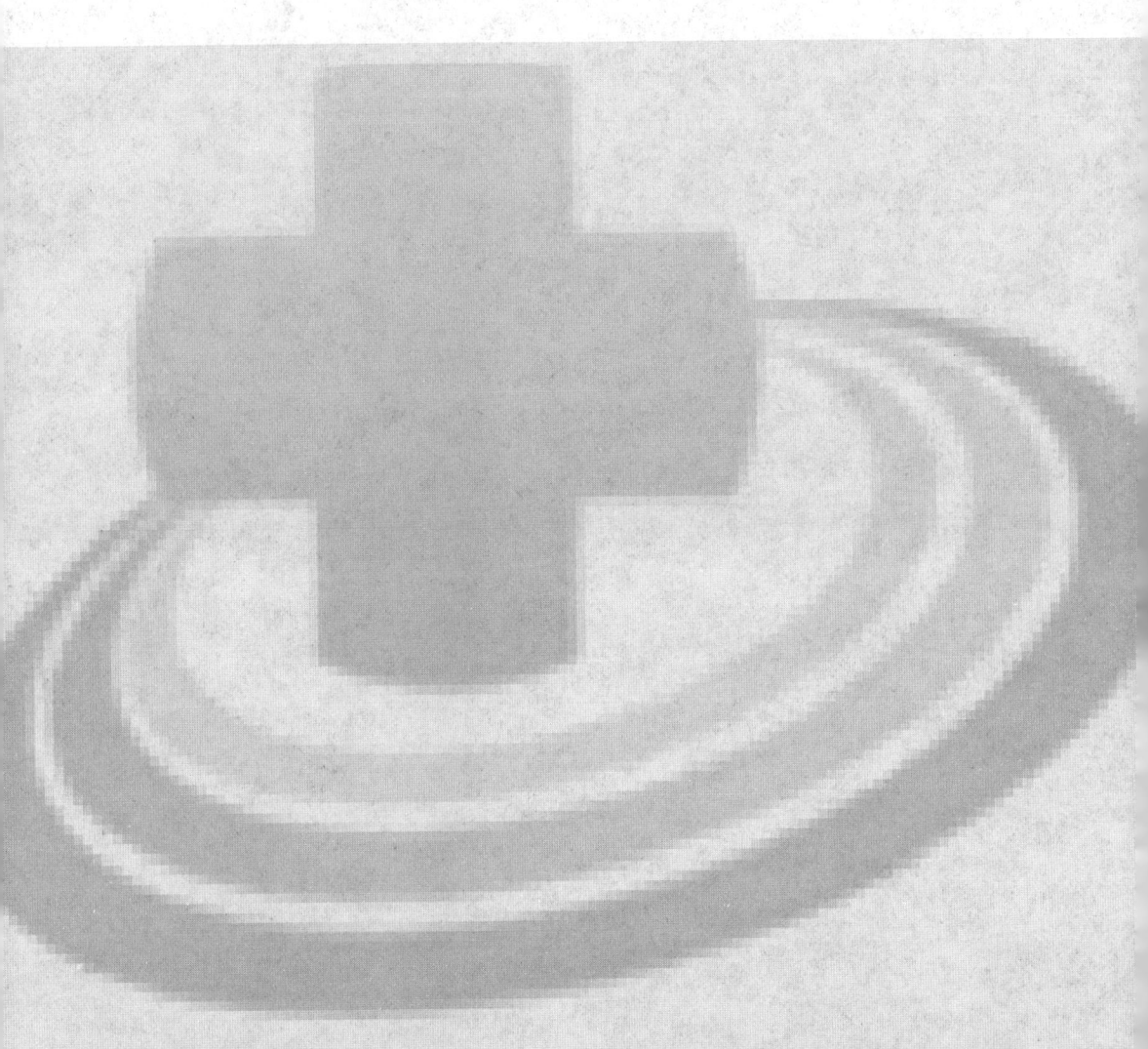

第十四章 医疗纠纷的诉讼法律问题

 189. 医疗纠纷一般涉及哪些案由？

根据《民事案件案由规定》，最高人民法院在民事案件案由规定中设置了医疗纠纷专属的两个案由，即医疗损害责任纠纷和医疗服务合同纠纷。《最高人民法院印发〈关于修改《民事案件案由规定》的决定〉的通知》在第二级案由"三十、侵权责任纠纷"项下增加了"351、医疗损害责任纠纷"这一案由，该案由下设（1）侵害患者知情同意权责任纠纷；（2）医疗产品责任纠纷两个子案由。医疗伦理损害侵害患者人身权利、名誉权、隐私权的，可以按照"侵害患者知情同意权责任纠纷"或一般人格权纠纷的案由进行起诉，属于医疗产品侵权的可以按照医疗产品责任纠纷案由，还有一些其他的医疗纠纷类型，比如安全保障义务、一般的生命权、健康权、身体权纠纷等案由，均需要患者根据医疗纠纷发生的客观情况，在诉讼时选择适用不同的诉讼案由。

 190. 诉讼时效如何中止、中断？

《民法总则》第194条规定："在诉讼时效期间的最后6个月内，因下列障碍，不能行使请求权的，诉讼时效中止：（一）不可抗力；（二）无民事行为能力人或者限制民事行为能力人没有法定代理人，或者法定代理人死亡、丧失民事行为能力、丧失代理权；（三）继承开始后未确定继承人或者遗产管理人；（四）权利人被义务人或者其他人控制；（五）其他导致权利人不能行使请求权的障碍。自中止时效的原因消除之日起满六个月，诉讼时效期间届满。"

根据《民法总则》第195条的规定"有下列情形之一的，诉讼时效中断，从中断、有关程序终结时起，诉讼时效期间重新计算：（一）权利人向义务人提出履行请求；（二）义务人同意履行义务；（三）权利人提起诉讼或者申请仲裁；（四）与提起诉讼或者申请仲裁具有同等效力的其他情形。"第196条："下列请求权不适用诉讼时效的规定：（一）请求停止侵害、排除妨碍、消除危险；（二）不动产物权和登记的动产物权的权利人请求返还财产；（三）请求支付抚养费、赡养费或者扶养费；（四）依法不适用诉讼时效的其他请求权。"

需要注意的是：诉讼时效的期间、计算方法以及中止、中断的事由均由法律规定，当事人约定无效。当事人对诉讼时效利益的预先放弃也无效。法律对仲裁时效有规定的，依照其规定；没有规定的，适用诉讼时效的规定。法律规定或者当事人约定的撤销权、解除权等权利的存续期间，除法律另有规定外，自权利人知道或者应当知道权利产生之日起计算，不适用有关诉讼时效中止、中断和延长的规定。存续期间届满，撤销权、解除权等权利消灭。

191. 患者在治疗之后多年才起诉的，是否诉讼时效已过？

根据《民法总则》和《侵权责任法》的相关规定，公民享有生命健康权。公民的人身权利受法律保护，侵害公民人身权利造成伤害的，赔偿权利人有权要求赔偿义务人赔偿相关损失。患者在诊疗活动中受到损害，医疗机构及其医务人员有过错的，由医疗机构承担赔偿责任。据此，在医疗损害责任纠纷中，患者因病到医疗机构治疗，因医疗机构的医疗过错行为导致患者出现损害后果，医疗机构的医疗行为与患者的损害后果存在因果关系的，在患者要求医疗机构承担损害赔偿责任时，医疗机构应就其过错行为给患者带来的损害承担赔偿责任。

《民法总则》第188条规定："向人民法院请求保护民事权利的诉讼时效期间为三年。法律另有规定的，依照其规定。诉讼时效期间自权利人知道或者应当知道权利受到损害以及义务人之日起计算。法律另有规定的，依照其规定。但是自权利受到损害之日起超过二十年的，人民法院不予保护；有特殊情况的，人民法院可以根据权利人的申请决定延长。"这一规定改变了《民法通则》中关于人身损害赔偿的诉讼时效期间为1年的规定，有利于受害人更好的维护自己的权利。因此，在医疗事故中，受害人身体受到伤害要求赔偿的，诉讼时效期间为3年。

在医疗损害纠纷中，医疗机构的诊疗行为具有一定的专业性，普通患者不能对其接受的医疗行为的正确性、合理性作出正确判断，甚至对医疗机构实施的诊疗行为并不明确，所以很难对医疗机构对其进行的诊疗行为与其事后发生的相关损害具有一定的因果关系进行判断，也难以对医疗机构侵害其人身权利的行为作出及时的判断。因此，当患者因医疗机构的诊疗行为导致人身损失后，因患者尚不知晓损害的发生，故不能按照一般的诉讼期间计算患者因受损害而主张诉讼权利的期间。结合法律关于"人身损害赔偿的诉讼时效期间，伤害明显的，从受伤害之日起算；伤害当时未曾发现，后经检查确诊并能证明是由侵害引起的，从伤势确诊之日起算"的规定，患者因医疗机构的诊疗行为导致损害，且当时不知晓该损害发生的，患者有权在知道或被确诊后依法向医疗机构主张损害赔偿责任，且诉讼期间从知道或伤势被确诊之日起计算。

患者在医疗机构接受相关诊疗后，先后患上其他疾病，造成了严重的人身损害。但患者并不知晓其在后所患疾病系因为医疗机构的诊疗行为存在过错导致。事隔多年后，经权威部门鉴定，患者才知晓其在后所患疾病均系在医疗机构进行诊疗时导致的并发症，此时，患者有权在知晓其接受的医疗行为存在过错后，向医疗机构主张损害赔偿责任。

例如，患者因病到医疗机构就诊，医疗机构的医疗行为存在过错，错误地摘除了患者的身体器官，给患者造成损害后果。上述行为发生3年后，患者在继续诊疗过程中，得知损害后果存在，但其对医疗机构给其造成的损害后果是否侵犯自己的权利并不知晓。后经鉴定机构鉴定，医疗机构实施医疗行为过程中误摘除患者器官具有医疗过错，患者的损害后果与医疗机构的过错摘除器官行为具有直接因果关系，结论表明医疗机构摘除患者身体器官的行为属于医疗事故,构成侵权。患者此时向医疗机构主张损害赔偿责任未超过法定诉讼时效期间,并未丧失胜诉权,医疗机构应向患者承担医疗损害赔偿责任,赔偿患者损失。

192. 参与会诊的医疗机构是否会成为共同被告?

《医疗损害责任解释》第20条规定:"医疗机构邀请本单位以外的医务人员对患者进行诊疗,因受邀医务人员的过错造成患者损害的,由邀请医疗机构承担赔偿责任。"诊疗机构在对患者实施诊疗行为过程中,会涉及邀请其他医疗机构执业的医务人员参与病情诊断、讨论的情况,如果因为参与会诊的医疗机构或医务人员的过失行为,导致患者权益受损,将由邀请医疗机构承担赔偿责任。这是出于便利患者提起诉讼的考虑,因为对于患者而言,院外的医务人员不容易进行查证,同时,院外医务人员或者医疗机构与发出邀请的医疗机构一方之间的会诊合作协议,并不能对抗合同第三人即患者。患者要求邀请会诊的医疗机构承担赔偿责任,至于邀请医疗机构与被邀请的医疗机构或者个人之间的法律责任,则另行处理。

193. 医生护士等医务人员能否会成为共同被告?

《侵权责任法》第54条的规定:"患者在诊疗活动中受到损害,医疗机构及其医务人员有过错的,由医疗机构承担赔偿责任。"同时,《侵权责任法》第34条规定:"用人单位的工作人员因执行工作任务造成他人损害的,由用人单位承担侵权责任。"由此可见,尽管医生、护士是诊疗行为的实际实施者,但医疗损害责任案件以实施过错诊疗行为的医务人员所在的医疗机构为被告,由医疗机构替代医务人员的职务行为承担侵权责任。这是因为,医务人员的诊疗行为属于职务行为,医疗机构作为一个组织,无法自己实施医疗行为,必须由医务人员来实施,因此产生的侵权行为,自然应由医疗机构承担民事责任。

194. 外聘医师发生诊疗过错,责任由谁来承担?

《医疗损害责任解释》第20条规定:"医疗机构邀请本单位以外的医务人员对患者进行诊疗,因受邀医务人员的过错造成患者损害的,由邀请医疗机构承担赔偿责任。"原卫生部颁布的《医师外出会诊管理暂行规定》第14条规定:"医师在外出会诊过程中发生的医疗事故争议,由邀请医疗机构按照《医疗事故处理条例》的规定进行处理。必要时,会诊医疗机构应当协助处理。"

2000年中共中央组织部、人事部、卫生部联合下发了《关于深入卫生事业单位人事制度改革的实施意见》,规定医疗机构可以根据工作需要采取专职与兼职相结合的方式,聘请部分兼职技术骨干。实践中,由于大医院专家多、但往往床位有限,小医院医疗技术水平相对较低,但就诊人数少、床位空闲,因此医疗专家在不同医院之间合理流动,一方面有利于解决患者看病难问题,另一方面也有利于医疗资源的充分利用。但是,如果超出《医师职业资格证》上注明的医生执业的注册地点,又未经所注册的医院同意,擅自到外院出诊,发生诊疗过错的,由医生本人和外院承担连带责任。

195. 科室承包、项目合作的情况下,谁应当成被告?

科室承包,包给本单位职工的,属于内部承包;包给非本单位职工,属于外部承包。内部承包的，医务人员的诊疗过错由发包医疗机构承担责任。外部承包是非法的，给患者造成的损害，应该由发包的医疗机构和承包方对外承担连带赔偿责任，对内按照他们之间的合同约定各自承担责任。

因此，内部承包的，依然是由医疗机构作为被告，承包方如不隶属于发包方，则发包的医疗机构也应该在诉讼中成为共同被告。

196. 医疗纠纷是否可以申请不公开审理？

按照《民事诉讼法》第10条的相关规定，人民法院审理民事案件，依照法律规定实行合议、回避、公开审判和两审终审制度。因此，人民法院审理案件应当公开审理，允许案件无关的人员旁听。但是，如果案件涉及国家秘密、商业秘密、个人隐私的，当事人可以申请不公开审理。案件不公开审理的，旁听人员不得旁听。对于在审判过程中获悉的国家秘密、商业秘密、个人隐私，任何人不得泄露，否则应当承担相应法律责任，如果案件本身不具有少数不公开审理情形，只是部分证据材料涉及的，可以对有关证据材料进行不公开质证，除此之外，双方当事人均无权要求他人不得旁听案件。医疗损害责任纠纷中可能涉及医疗机构的商业秘密、患者个人隐私等，因此可以申请不公开审理。

197. 医疗诉讼举证期限有无时限要求？

民事诉讼提交证据有一定的期限，该期限即当事人向人民法院履行提供证据责任的期限，法律上称为"举证期间"。在举证期间内当事人应当向人民法院提交证据材料，当事人在举证期间内不提交的，视为放弃举证权利。规定举证时限可以防止一方当事人随时提出证据，

或者在庭审中搞突然袭击，造成案件争议无法确定、法院重复开庭、程序动荡不定的后果，还可以调动当事人提交证据的主动性，促使其积极履行举证义务，从而有利于案件的审理和纠纷的解决。

与当事人逾期提交的证据材料，人民法院审理时不组织质证，就是说如果逾期提交证据材料，哪怕这个证据材料对一方特别有利，法院审理时也不组织质证，这个证据材料也不能作为能够被法院认可的证据来使用，那么就有可能使这一方遭受败诉的风险，不过为体现诉讼契约精神，尊重对方当事人权利，在对方当事人同意的情况下，人民法院仍然可以组织对该证据的质证。但是，如果对一方有利而对对方有害的证据材料，对方当事人很少会同意对逾期提交的证据材料进行质证。所以，一定要掌握好举证时限的日期，及时将对自己有利的证据在举证期限内向法院提交。

因此，在诉讼程序中，人民法院为双方当事人设定举证期限后，当事人应该积极、全面、诚实地完成搜集、整理证据，并且搜集、整理证据均应在举证期限届满前完成。当事人逾期提供证据的，应当向人民法院说明理由，拒不说明理由或者理由不成立的，人民法院根据不同情形对逾期提交的证据可以不予采纳，或者因为逾期提供的证据是认定案件事实的关键证据，人民法院采纳逾期提供的证据的，将会对逾期提供证据的一方当事人予以训诫，情节严重的可以进行罚款。

现实中，如果由于各种各样的原因，在举证期限内提供证据有困难，此时可以向人民法院申请延长举证期，人民法院会根据当事人的申请决定是否延长。需要强调的是，法律并未规定可以延长期限的具体法定事由，而是由法官根据案件的具体审理情况，在审理时限允许的情况下，对举证期限进行适当延长，以确保当事人的诉讼权利，保障当事人的合法利益。此外，一方当事人申请延长举证期限经人民法院准许的，为平等保护双方当事人诉讼权利，延长的举证期限适用于其他当事人。

198. 医疗纠纷审理时限一般如何规定?

人民法院在立案后,如果按照简易程序受理,通常会在3个月内审结,由1位法官独任审理。但是,医疗纠纷案件一般比较复杂,审理难度较大,超过3个月还没有审结,就会转为普通程序。如果按照普通程序审理,从立案那天起算,通常在6个月内审结,由3人组成合议庭审理,合议庭可以由3名法官组成,也可以由法官和人民陪审员共同组成。

如果有特殊情况6个月还不能审结,需要延长时间的,需要由受理诉讼的法院院长批准,此时可以延长6个月。如果案件还无法审理结束,还需要延长的,则需要报请受诉法院的上级人民法院批准。

需要说明的是,公告期间、鉴定期间、审理当事人提出的管辖权异议以及处理人民法院之间的管辖争议期间,都不计算在上述审理期间之内。

199. 人民法院能否依职权委托医疗鉴定?

《医疗损害责任解释》第8条规定:"当事人依法申请对医疗损害责任纠纷中的专门性问题进行鉴定的,应予准许。当事人未申请鉴定,人民法院对前款规定的专门性问题认为需要鉴定的,应当依职权委托鉴定。"由此可见,一般情况下医疗鉴定由负有举证责任的一方当事人申请,但是如果当事人未申请鉴定,人民法院对前款规定的专门性问题认为需要鉴定的,法院应当依职权委托鉴定。

医患双方针对各自的举证责任范畴提出申请,从而启动医疗鉴定程序本来是各自完成其举证义务的必要方式,人民法院不需要主动介入或干预。但是,医疗损害责任的构成涉及医疗伦理、技术及常规等领域的专业判断,法官不通过医疗鉴定结论往往无法查清医疗损害的事实进而作出正确的法律判断。所以，涉及前述专业领域的医疗案件，必须进行医疗鉴定。

如果医患双方均不通过申请的方式启动医疗鉴定程序，就可能使案件审理直接面临事实情况无法查清的困境。因此，《民事诉讼法》赋予人民法院依职权调查的权利，主审法官可以依职权启动医疗鉴定程序，以此作为当事人申请鉴定申请权的必要补充或补救。

具体而言，就是由人民法院依职权启动鉴定程序，指定鉴定费预交义务人，并释明双方配合医疗鉴定的义务及后果，强制医患双方配合进行医疗鉴定程序。值得注意的是，此时，如果拒绝或者怠于配合鉴定工作，可能要承担无法获得鉴定意见的不利后果，法院依职权委托鉴定前，会就此对双方进行充分的告知。

200. 医疗机构不服一审判决应如何上诉？

（1）上诉法院。当事人不服地方人民法院第一审裁判的，可以在上诉期内向上一级人民法院提起上诉。

（2）上诉的期限。不服地方人民法院第一审判决的，在判决书送达之日起到 15 日内提起上诉；不服地方人民法院第一审裁定的，在裁定书送达之日起 10 日内提起上诉。上诉期间为自然日，即上诉期内不扣减计算节假日，但如果上诉期届满的最后一天为节假日的，顺延至第一个工作日。

（3）上诉费的缴纳：当事人提起上诉的，应当在收到缴费通知之日起 7 日内缴纳上诉费，逾期缴纳的，按撤回上诉处理。

（4）上诉状的提交：上诉状应当通过原审人民法院提出，并按照对方当事人或者代表人的人数提出副本，当事人直接向第二审人民法院上诉的，第二审人民法院应当在 5 日内将上诉状移交原审人民法院。

（5）上诉状的内容：上诉应当递交上诉状，上诉状的内容应当包括当事人的姓名、法人的名称及其法定代表人的姓名、或者其他组织的名称及其主要负责人的姓名、原审人民法院的名称、案件的编号和案由、上诉的请求和理由。其中，当事人包括上诉人、被上诉人和其他原审当事人，对于其他原审当事人应在上诉状中写清楚其原审诉讼地位。需要说明的是，上诉人应当对上述事项享有上诉利益，也就是其上诉的内容需要是判决中对其有消极影响的部分，这并不限于判决主文，如果当事人认为判决书中认定的事实对其不利，也可以提起上诉。但其不得针对判决中与其无关的部分提起上诉。此外，诉讼费的负担方式属于司法行政行为，该部分内容既不得上诉，也不得以此为由抗诉或申请再审。

201. 上诉人在二审期间能否撤回上诉？

二审人民法院判决宣告前，上诉人申请撤回上诉的，应当提交撤诉申请书，是否准许由第二人民法院裁定。

裁定准许撤诉的，一审判决为生效判决，有多个上诉人的，其中一个或多个上诉人撤回上诉，对其他上诉人没有影响。如果上诉人已经提交上诉状，但未缴纳上诉费，由一审法院告知其准许撤回上诉，记入笔录，并通知其他一审当事人。

202. 二审的审理结果有哪些？

二审的审理结果包括以下几种：

（1）调解。由于已经有了一审判决，客观上为当事人提供了案件处理结果的预期，因此二审阶段仍然有较大的调解空间。因为一方面，上诉人希望与被上诉人达成和解，以减少损失，另一方面被上诉人也

希望通过与尚存的核减免去执行之累，调解达成协议的，由二审法院制作调解书，原来的一审判决在调解书送达后，即视为撤销。

（2）维持。原判决、裁定认定事实清楚，适用法律正确的，以判决、裁定方式，驳回上诉，维持原判决裁定。

（3）撤销或者变更。原判决、裁定认定事实错误或者适用法律错误的，以判决裁定方式，依法改判、撤销或者变更。

（4）发回重审或改判。原判决认定基本事实不清的，裁定撤销原判决，发回原审人民法院重审，或者查清事实后改判。

（5）发回重审。原判决遗漏当事人或者违法缺席判决等严重违反法定程序的，裁定撤销原判决，发回原审人民法院程重审。

二审人民法院的裁判文书为终审判决、终审裁定，自送达当事人之日起生效。

 203. 医疗机构对终审判决不服，如何申请再审？

《民事诉讼法》第199条规定："当事人对已经发生法律效力的判决裁定，当事人认为有错误的，可以向上一级人民法院申请再审。当事人一方人数众多，或者当事人双方为公民的案件，也可以向原审人民法院申请再审。"

当事人申请再审的，应当提交再审申请书有关证据材料等，并按对方当事人数量提供申请书副本。

根据《民事诉讼法》第200条、第205条的规定，当事人申请再审的，应当在判决、裁定发生法律效力后6个月内提出，但在如下情况下，自知道或应当知道之日起6个月内提出：

（1）新的证据足以推翻原判决裁定的；

（2）原判决裁定认定事实的主要证据是伪造的；

（3）据以作出原判决裁定的法律文书被撤销或者变更的；

（4）审判人员审理该案件时有贪污受贿，徇私舞弊枉法裁判行为的。

需要着重指出的是，所谓"原审法院"，指的是作出生效裁判的法院。如果双方当事人对一审判决、裁定均未上诉，但事后申请再审的，原审法院为一审法院；如果一审宣判后，一方或双方当事人提起上诉，二审维持或改判的，原审法院为二审法院。

204. 人民法院启动再审程序的条件是？

人民法院应当自收到再审申请书之日起3个月内审查，符合民事诉讼法规定的，裁定再审；不符合本法规定的，裁定驳回申请。

《民事诉讼法》第200条的规定："当事人的再审申请符合下列情形之一的，人民法院应当再审：

（一）有新的证据，足以推翻原判决、裁定的；

（二）原判决、裁定认定的基本事实缺乏证据证明的；

（三）原判决、裁定认定事实的主要证据是伪造的；

（四）原判决、裁定认定事实的主要证据未经质证的；

（五）对审理案件需要的主要证据，当事人因客观原因不能自行收集，书面申请人民法院调查收集，人民法院未调查收集的；

（六）原判决、裁定适用法律确有错误的；

（七）审判组织的组成不合法或者依法应当回避的审判人员没有回避的；

（八）无诉讼行为能力人未经法定代理人代为诉讼或者应当参加诉讼的当事人，因不能归责于本人或者其诉讼代理人的事由，未参加诉讼的；

（九）违反法律规定，剥夺当事人辩论权利的；

（十）未经传票传唤，缺席判决的；

（十一）原判决、裁定遗漏或者超出诉讼请求的；

第十四章 医疗纠纷的诉讼法律问题

（十二）据以作出原判决、裁定的法律文书被撤销或者变更的；

（十三）审判人员审理该案件时有贪污受贿，徇私舞弊，枉法裁判行为的。"

205. 除了申请再审，还有其他审判监督的手段吗？

《民事诉讼法》第209条规定："有下列情形之一的，当事人可以向人民检察院申请检察建议或者抗诉：（一）人民法院驳回再审申请的；（二）人民法院逾期未对再审申请作出裁定的；（三）再审判决、裁定有明显错误的。人民检察院对当事人的申请应当在三个月内进行审查，作出提出或者不予提出检察建议或者抗诉的决定。当事人不得再次向人民检察院申请检察建议或者抗诉。"根据上述规定，当事人向人民法院申请再审，是向人民检察院提出申请的前置程序，当事人不得自己选择进行。

需要说明的是，检察建议不具有提起再审的强制性效力，人民法院收到检察建议后，需再审查是否应进行再审。与此相对，人民检察院向人民法院抗诉的，接受抗诉的人民法院应当自收到抗诉书之日起30日内作出再审的裁定，人民检察院审查当事人申请的期限为3个月。

206. 申请鉴定人员出庭接受质询，是否需要交纳费用？

一般情况下，鉴定人出庭需要满足两个基本条件：一是当事人对鉴定意见有异议，二是人民法院依法通知。所以，申请鉴定人出庭应当由对鉴定意见有异议的当事人在开庭前一定时间内向人民法院申请，由人民法院通知。

《诉讼费用交纳办法》第6条规定："当事人应当向人民法院交纳

的诉讼费用包括：（一）案件受理费；（二）申请费；（三）证人、鉴定人、翻译人员、理算人员在人民法院指定日期出庭发生的交通费、住宿费、生活费和误工补贴"；第11条规定"证人、鉴定人、翻译人员、理算人员在人民法院指定日期出庭发生的交通费、住宿费、生活费和误工补贴，由人民法院按照国家规定标准代为收取"；第12条规定："诉讼过程中因鉴定、公告、勘验、翻译、评估、拍卖、变卖、仓储、保管、运输、船舶监管等发生的依法应当由当事人负担的费用，人民法院根据谁主张、谁负担的原则，决定由当事人直接支付给有关机构或者单位，人民法院不得代收代付。"

由此可见，鉴定人员出庭费用属于鉴定费用支出，鉴定费属于诉讼费用的范畴，应由当事人预付，最终由败诉方承担。鉴定人因出庭作证而支出的交通、住宿、就餐等费用以及误工损失，当事人对鉴定结论有异议的，由当事人承担，人民法院要求出庭的，由最终败诉的一方当事人负担。

 207. 申请证人出庭作证是否需要支付费用？

证人可以分为普通证人和专家证人。

（1）申请普通证人出庭。《民事诉讼法解释》第118条规定："民事诉讼法第七十四条规定的证人因履行出庭作证义务而支出的交通、住宿、就餐等必要费用，按照机关事业单位工作人员差旅费用和补贴标准计算；误工损失按照国家上年度职工日平均工资标准计算。人民法院准许证人出庭作证申请的，应当通知申请人预缴证人出庭作证费用。"当事人申请证人出庭的，应当在举证期限届满10日前提出，并经人民法院许可。人民法院对当事人的申请予以准许的，应当在开庭审理前通知证人出庭作证，并告知其应当如实作证及作伪证的法律后果。

（2）申请专家证人出庭。《民事诉讼法解释》第122条第3款规定:"人民法院准许当事人申请的,相关费用由提出申请的当事人负担。"专家证人出庭的费用由申请其出庭的当事人承担。当事人可以申请法院通知有专门知识的人出庭,就鉴定人作出的鉴定意见或者专业问题提出意见,法院准许其申请的,有关费用由提出申请的当事人负担。审判人员和当事人可以对出庭的、具有专门知识的人员进行询问,经法院准许,可以由当事人各自申请的、具有专门知识的人员就有关案件中的问题进行对质。具有专门知识的人员可以对鉴定人进行询问,申请专家证人出庭应诉需要法院准许。相应的,法院需要对如下两方面问题进行审查:首先,审查专家证人出庭的必要性,决定是否准许。其次,审查专家证人的资质,其专业资格是否在该领域具有一定权威性,决定是否准许当事人申请的专家证人出庭。

 **208. 医务人员的专家意见或证人证言,能否作为证据予以采信?**

医务人员针对医疗纠纷中的事实问题提供的证人证言,能否作为证据认定,要具体问题具体分析。

首先,如果是涉诉医疗机构的医务人员对医疗损害事实中的一些关键事实的陈述和作证,则可以作为证人证言。因为《民事诉讼法》第72条规定:"凡是知道案件情况的单位和个人,都有义务出庭作证。有关单位的负责人应当支持证人作证。不能正确表达意思的人,不能作证。"由此可见,证人证言是一种客观事实的陈述,一般情况下,只要是知道案件事实的人,能够正确的表达就可以成为证人作证。但是《民事诉讼证据规定》第77条规定:"人民法院就数个证据对同一事实的证明力,可以依照下列原则认定:证人提供的对与其有亲属或者其他密切关系的当事人有利的证言,其证明力一般小于其他证人证言。"由此可见,医疗机构内的医务人员所做的证人证言可以作为证据使用,但是因为存在一定的利害关系,所以证人证言的证明力要比无利害关系的证人证言要弱。

其次,对于其他医疗机构中的医务人员发表的意见,由于他们并非是直接知道案件事实的人,所以其发表的意见不属于证人证言的范畴,而属于一种专业性的意见。依据《民事诉讼法》第79条的规定,"当事人可以申请人民法院通知有专门知识的人出庭,就鉴定人作出的鉴定意见或者专业问题提出意见。"另外,根据《医疗损害责任解释》第14条的规定:"当事人申请通知一至二名具有医学专门知识的人出庭,对鉴定意见或者案件的其他专门性事实问题提出意见,人民法院准许的,应当通知具有医学专门知识的人出庭。前款规定的具有医学专门知识的人提出的意见,视为当事人的陈述,经质证可以作为认定案件事实的根据。"严格意义上来说只能作为一种参考,但是如果是当事人申请"具有专门知识的人"出庭发表的专业性意见则具有一定的证据效力,视为当事人的陈述,经质证可以作为认定案件事实的根据。

209. 法院送达诉讼文书的方式主要有哪些?

人民法院送达文书的方式主要有以下几种:

(1) 集中送达。指由人民法院指派专人把诉讼文书直接交给受送达人。一般直接送达受送达人,受送达人是公民的,本人不在时交他同住的成年家属签收;受送达人是法人或者其他组织的,应当由该法人的法定代表人、其他组织的主要负责人或者该法人组织的办公室、收发室、值班室等负责收件的人签收或者盖章;有诉讼代理人的,可以送交其诉讼代理人签收;受送达人已向人民法院指定代收人的,送交代收人签收。

(2) 留置送达。指受送达人拒绝收受诉讼文书的情况下,将诉讼文书留于受送达人的住所的送达方式。留置送达必须是受送达人或者同住成年家属拒收诉讼文书；此外，还要邀请有关基层组织的代表或者所在单位的代表到场，说明情况，并在送达回证上证明拒收事由和日期；送达人、见证人还应签名、盖章，见证人拒签的，由受送达人在送达回证上证明情况，留置送达。

（3）委托送达。指受诉人民法院把应当送给受送达人的诉讼文书，委托有关人员或者有关单位代为交给受送达人。直接送达有困难的，可以委托当地人民法院代为送达；受送达人是军人的，人民法院应通过起所在部队团以上单位的政治机关转交本人；受送达人是被监禁的人的，人民法院应通过监所和劳改单位转交给本人；受送达人是被劳动教养人的，人民法院应通过劳教单位转交给本人。

（4）邮寄送达。就是人民法院通过邮局把诉讼文书用挂号寄给受送达人，这种方式一般在直接送达有困难时才用，邮寄送达以邮件回执上注明的收件日期为送达的日期

（5）公告送达。人民法院以张贴公告，登报等办法通知受送达人在规定的期间和指定的地点，受领应送达文书的送达方式，公告送达一般在受送达人下落不明，或以其他方法无法送达的情况下使用。

第十五章
医患关系的相关问题

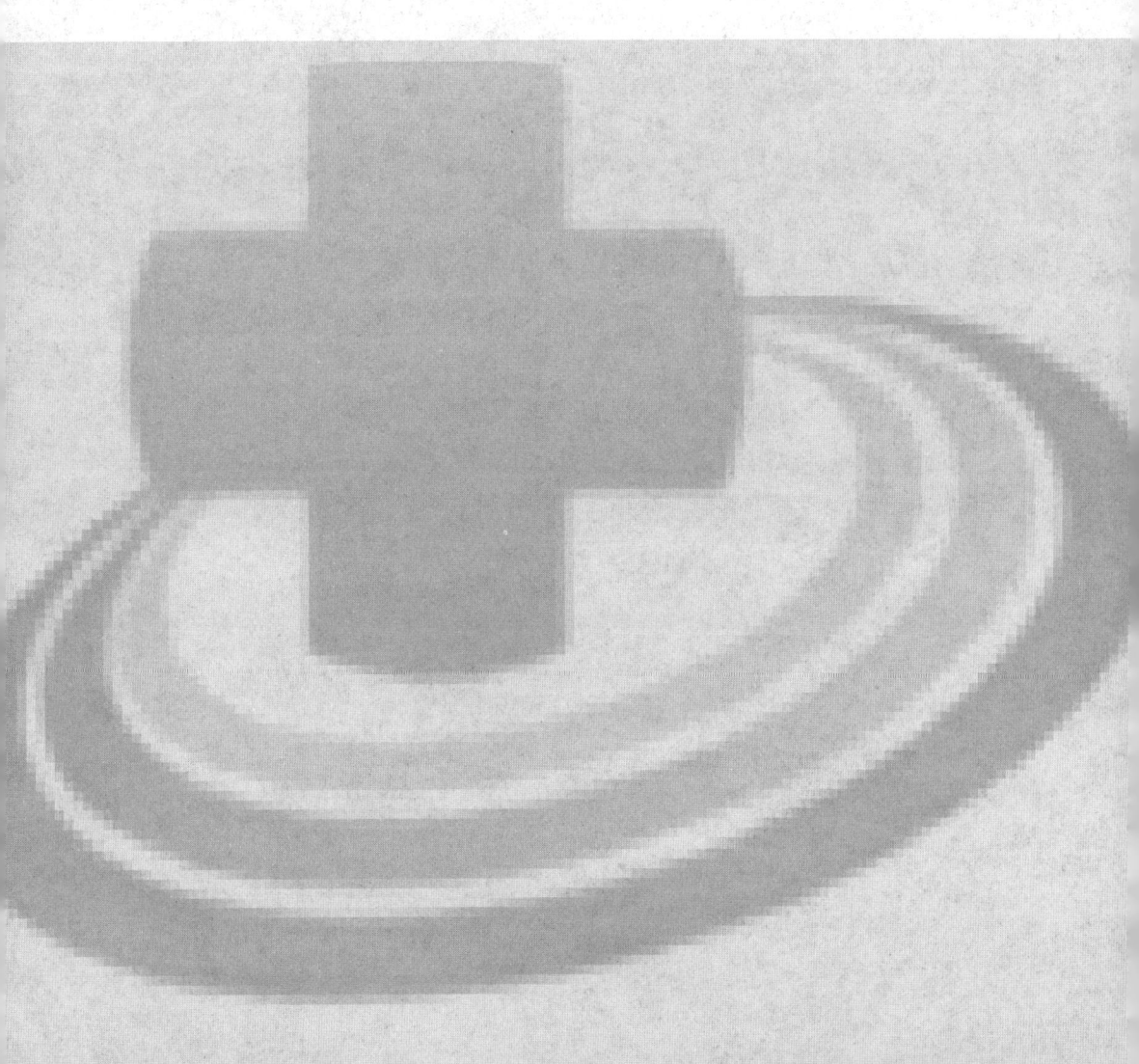

210. 医疗机构如何理解和维护医患关系？

医患关系是指"医"与"患"之间的关系。"医"包括医疗机构、医务人员（医方）；"患"包括病人、病人的家属以及除家属以外的病人的监护人（患方）。"医"是指各级医务工作者，"患"是指接受诊疗的病人。

医患关系的实质是"利益共同体"。因为"医"和"患"不仅有着"战胜病魔、早日康复"的共同目标，而且战胜病魔既要靠医生精湛的医术，又要靠患者战胜疾病的信心和积极配合。对抗疾病是医患双方的共同责任，只有医患双方共同配合，积极治疗，才能获得比较良好的治疗效果。医患双方在抵御和治疗疾病的过程中都处于关键位置，患者康复的愿望要通过医方去实现，医方也在诊疗疾病的过程中加深对医学科学的理解和认识，提升诊疗技能。在疾病面前，医患双方是同盟军，医患双方要相互鼓励，共同战胜疾病。

维护医患这对利益共同体的良好关系，需要医患双方的共同努力。一则故事可以借鉴，唐代药王孙思邈外出采药，遇一只母虎张口拦路，随从以为虎欲噬人而逃，孙思邈却看出虎有难言之疾。原来这母虎被一长骨卡住了喉咙，是来拦路求医。孙思邈为其将异物取出，虎欣然离去。数日后孙思邈在返程中途经此地，那虎与虎崽恭候路旁向他致意。故事反映出了"医者仁心"的大义，即使是吃人的猛虎患病，医生也应本着仁义之心为它治疗，何况是生了病的人。从某种意义上说，相互尊重、相互配合、相互依存正是医患关系的最基本特点。

日趋紧张的医患关系不仅正在严重冲击着医疗服务市场，而且已成为社会不和谐的因素。当前和谐医患关系越来越受到重视，医护人员同时承担着管理者、沟通者、照顾者、代言者、保护者及教育者等多重角色。因此，医护工作者不仅要有良好的政治素质、心理素质，而且要有高深的专业素质、广博的人文素养。知情、同意、自由、不伤害、最优化，这是国际社会认同的医学道德的最基本原则，同时人们应该以感恩的心来看待医患关系。

 211. 从医患关系来看，医疗纠纷发生的原因有哪些？

在医患关系中，医疗纠纷是医患关系中的一个"心结"，而在医疗纠纷中，首先，由于医生的服务态度、医术水平、负责精神等方面因素引起的医疗纠纷最为常见。

其次，最常涉及医疗纠纷的是护士，她们负责治疗的具体操作和护理工作，如果粗心大意、操作失误、擅离职守也易导致医疗纠纷。

第三，医疗单位的管理人员有时也会成为医疗纠纷的"肇事者"，常见的有管理工作未尽职尽责，使医疗环节脱档而给病人造成损害；或者医疗单位的领导瞎指挥，硬性要求主治医生使用或不使用某种药物及诊疗措施，导致不应有的危害后果。

影响医患关系的主要原因，往往在于医生和患者之间缺乏良好的沟通和信任基础。大部分医疗纠纷诉讼中的医护人员和患者均认为，医患之间的沟通一般或者基本上没有沟通。在一定程度上说明医患之间缺乏基本的信任度。不论是患者还是医护人员都不同程度的认为医患关系不和谐，其主要原因大致如下：

（1）我国现行的医疗保障体系及相关的法律、法规没有及时跟上市场经济的步伐。政府对医院的投入严重不足，医院自负盈亏的体制，都促使患者承担了过多的诊疗费用。同时，社会贫富分化、矛盾加剧的问题在费用高昂的诊疗过程中被激化。

（2）医患沟通不够、医疗纠纷增加,是医患关系不和谐的重要因素。基层医疗资源不足，水平欠缺，经常发生误诊的现象，使得病人为寻求可靠的诊疗而向大城市的三甲医院集中。医生超负荷的工作使其无力完善与患者的沟通。同时，医疗教育的制度并未在医患沟通技能中

给予学生强化训练，使得医生缺乏良好的沟通技能。

（3）诊疗活动缺少人文关怀，加剧了医患关系不和谐的情况。治病、救人原是一体的，但有些医生却只重视"病"不重视人。

（4）患者申诉和维护权益渠道不畅通，是影响医患关系的直接原因。医疗纠纷发生之后，诉讼程序漫长，鉴定成本高，技术难度大，患者维护权益成本太高。

（5）医患之间缺乏信任，是造成医患矛盾的一个重要原因。新闻媒体不够详实的报道，促使医患之间缺乏信任、理解，不能换位思考。部分医务人员没有设身处地替患者着想，而是较多地考虑医疗机构和自身的利益。而有些患者对医务人员也缺乏理解，不了解医学的复杂性。

212. 如何用法律武器打击医闹行为？

近年来，"医闹"问题使得医患关系如鲠在喉，特别是职业"医闹"造成的影响更加恶劣，严重扰乱着医疗秩序。但是，"医闹"问题的根本原因在于医患矛盾中双方博弈能力的不均等，出现争执后患者常处于非常弱势的境地，由于了解到的医疗信息不对称，患者虽感觉治疗有问题，但很难掌握证据。在患者的传统思维中，医院仍然是主动方，所以导致患者寻求非法手段进行所谓的"维权"。想要从根本上解决医闹问题，需要引导患者通过合法途径表达诉求，并且保障其诉求能得到公开、透明、合理的解决。

《刑法修正案（九）》将"聚众扰乱公共、交通秩序罪"，变更为"聚众扰乱社会秩序罪"，情节认定包括了"致使工作、生产、营业和教学、科研、医疗无法进行，造成严重损失"，这就意味着"医闹"行为情节严重的将被追究刑事责任，"医闹"的首要分子可处三年以上七年以下有期徒刑。

2014年4月，最高人民法院、最高人民检察院、公安部、司法部、国家卫生和计划生育委员会等联合公布了《关于依法惩处涉医违法犯罪维护正常医疗秩序的意见》，明确对六类涉医违法犯罪行为将依法惩处。这六类涉医违法犯罪行为包括：

（1）在医疗机构内殴打医务人员或者故意伤害医务人员身体、故意损毁公私财物，尚未造成严重后果的。

（2）在医疗机构私设灵堂、摆放花圈、焚烧纸钱、悬挂横幅、堵塞大门或者以其他方式扰乱医疗秩序的。

（3）以不准离开工作场所等方式非法限制医务人员人身自由的。

（4）公然侮辱、恐吓医务人员的。

（5）非法携带枪支、弹药、管制器具或者爆炸性、放射性、毒害性、腐蚀性物品进入医疗机构的。

（6）对于故意扩大事态，教唆他人实施针对医疗机构或者医务人员的违法犯罪行为，或者以受他人委托处理医疗纠纷为名实施敲诈勒索、寻衅滋事等行为的，依照治安管理处罚法和刑法的有关规定从严惩处。

《关于依法惩处涉医违法犯罪维护正常医疗秩序的意见》明确了处理医疗纠纷的三个渠道：从设立专门的投诉管理部门来畅通投诉渠道，到引入第三方调解机制，再到启用诉讼程序，三条线层层递进，为医患纠纷找到了合法、合情、合理的解决途径，最终将解决问题的途径规范在法治轨道上，以期彻底根除"医闹"毒瘤。

2016年7月，国家卫生计生委、中央综治办、中央宣传部、中央网信办、最高人民法院、最高人民检察院、公安部、司法部、中国保监会等9部门联合印发了《关于严厉打击涉医违法犯罪专项行动方案》，在全国范围内开展为期1年的专项行动，严打医闹。其中要求公安机关对医疗机构的报警求助要快速反应，果断处置，坚决制止，特别是对正在实施伤害医务人员行为的，必须采取果断措施坚决制止，必要时依法使用武器、警械。

2017年7月，由国家卫计委办公厅、公安部办公厅、国家中医药管理局办公室等联合印发的《严密防控涉医违法犯罪维护正常医疗秩序的意见》在网上公布，旨在从打击涉医违法犯罪行为，进一步向严控防范涉医违法犯罪行为转变，做到"防范于未然"，加强医疗机构的安全保卫力量，合理预测相关人员风险并加以防范，有效控制和审核相关信息渠道，加强卫生计生行政管理部门、医疗机构与公安机关的合作，有效防范涉医违法犯罪的发生。再次强调加大医疗机构安检和安保措施。

213. 如何预防暴力伤医事件的发生？

近年来，我国一些地方相继发生了暴力杀医、伤医以及在医疗机构聚众滋事、扰序等违法犯罪活动，造成了恶劣的社会影响。诸如"暴力伤医生""医院设灵堂"等典型"医闹"行为已成为社会高度关注的现象，亟待法律出手进行制裁。

根据最高人民法院、最高人民检察院、公安部、司法部、国家卫生和计划生育委员会等联合公布的《关于依法惩处涉医违法犯罪维护正常医疗秩序的意见》规定："在医疗机构内殴打医务人员或者故意伤害医务人员身体、故意损毁公私财物，尚未造成严重后果的，分别依照治安管理处罚法第43条、第49条的规定处罚；故意杀害医务人员，或者故意伤害医务人员造成轻伤以上严重后果，或者随意殴打医务人员情节恶劣、任意损毁公私财物情节严重，构成故意杀人罪、故意伤害罪、故意毁坏财物罪、寻衅滋事罪的，依照刑法的有关规定定罪处罚。"

由此可见，暴力伤医、杀医的行为将涉嫌构成刑法上的故意伤害罪和故意杀人罪，对于伤害后果并未达到刑法规定的"轻伤"以上结果的，也可以按照《治安管理处罚法》的规定对其进行行政处罚。

聚众扰乱社会秩序罪，是指聚众扰乱社会秩序，情节严重，致工作、生产、营业、教学、科研和医疗无法进行，造成严重损失的行为。依据我国刑法第290条规定，聚众扰乱社会秩序，情节严重，致使工作、生产、营业和教学、科研无法进行，造成严重损失的，对首要分子，处三年以上七年以下有期徒刑；对其他积极参加的，处三年以下有期徒刑、拘役、管制或者剥夺政治权利。

但从根本上说，打击并不是目的，谁都不想看到暴力伤医杀医的悲剧再次发生，所以，对于暴力伤医而言更重要的是预防，应当从以下几个方面着手，从根本上预防暴力伤医：

（1）完善公共卫生体制，合理利用第三方调解机制。"医闹"的出现，是在正当法律救济程序缺失下产生的畸形怪胎，对于当今的和谐社会有害无利。在美国，每年约有9.8万人死于可预防的医疗差错，远超过工伤、交通事故和艾滋病死亡人数，造成损失高达290亿美元，但是患者很少选择暴力解决医患矛盾，因为法律是解决纠纷的最好途径。政府应加大公共卫生经费投入，深化医疗体制改革，解决群众看病难、看病贵问题是缓和医患关系，减少医患纠纷有效的方法。

（2）加强医疗机构自身建设、完善医患沟通 切实提高医务人员的业务能力、法律意识和服务意识。推行全国住院医师规范化教育和建立专科培训及准入制度，建立好医患沟通机制和医疗纠纷处理机制，在发生医疗纠纷后，力争阻止事态恶化。

（3）健全医疗卫生法制建设和解决途径。加强解决医疗纠纷途径建设、简化途径程序、降低成本，使其更高效、更通畅。引入第三方调解机制，消除患者的不信任，引导患者通过合法途径解决医疗纠纷。

（4）多部门联合加大对"医闹"打击力度。近些年"医闹"猖獗，医护人员屡屡被伤。对"医闹"的处理公开曝光，让企图通过"医闹"解决医疗纠纷的患者看到法律的威严和政府部门打击"医闹"的决心。加强院方与医生群体自身增加法律维权意识。加强对医暴、医闹，执法部门的处罚力度与执行力度不足。

（5）发挥医疗行业协会、医学社团在解决医患纠纷中的作用。行业协会应敢于站出来，特别是当医生的权益受到侵害的时候，医学行业

协会应当为医生和医院提供必要的支持,共筑职业共同体。

(6)切实提高医生待遇、关注医生健康。医疗机构不应鼓励医生带病坚持工作,这既影响医疗安全,也不利于医生自身健康;要严格控制医务人员连续工作时间,强制休息;同时要有强制带薪休假制度,让医务人员有合理的休息时间才能提供优质医疗服务。李克强总理在十二届全国人大三次会议的政府工作报告中指出:"破除以药养医,减低虚高药价,合理调整医疗服务价格。"未来将医生的服务价格与其技能水平挂钩,使医生收入更加合理化。

(7)发挥社会舆论的正确导向作用。首先,社会舆论要对医疗行业现状和医疗技术的发展情况做出详实报道,让患者了解到现行医疗体制和医疗行业发展的现状;了解到医疗行业的高风险、高不确定性;了解到医务工作者的巨大工作压力和无私奉献。让患者对医疗现状有更深入的了解。其次,社会舆论要弘扬和谐医患关系,引导患者通过合法途径解决医疗纠纷,批评非法的"医闹"行为。再次,社会舆论对医疗过程中医方出现的过错,在充分了解事实的情况下充分报道。

 214. 换位思考:医疗机构和医务人员应当为优化医患关系做哪些努力?

在这里建议医生们尽力做到"有时去治愈;常常去帮助;总是去安慰"。

如今,虽然科技发展迅猛,但医学和医疗依然如故,并不能治愈所有疾病,不能治愈每一位病人,对人体和疾病的认识在某些方面还很有限。我们不能盲目相信医学的"无所不能"。但是给病人以援助,在平等的基础上传递人性的安慰,则是我们所有医生所肩负的义务和责任。

在萨斯-荷伦德医患关系模式中,医患关系被分为"主动-被动型""指导－合作型"和"共同参与型",现在的医疗实践中,医生和患者的关系往往是"指导－合作型"关系,医生在关系中占据主导地位,所以在这种模式的情况下,医患关系的改善更重要的依赖于医生群体的改变,而医生能为医患关系所做的就是拥有一个良好的医德。

除了培育良好的医德,医疗机构和医务人员在处理医患关系时还应当注意以下几点:

(1)增强责任心。医疗行业是一个高风险的行业,在对待患者时候,我们要有强烈的责任使命感,想患者之所想,急患者之所急,对自己接诊患者的病情做到了如指掌或是心中有数,只有这样把患者的病情放在心上,才会使得医患关系向着健康的方向发展。

(2)耐心地沟通。正确处理医患关系还需要医务人员耐心沟通。患者来自不同地域,因为受教育水平的不同,文化水平的差异,理解能力就不一样,这就要求医务人员进行有耐心的有效沟通。

(3)精湛的医疗技术。正确处理医患关系,还需要医务工作者有精湛的医疗技术。患者都希望自己接触到的都是对自己的疾病诊断准确、治疗效果显著的医生。因此,需要我们医务人员通过不断的学习新知识、新技术,外出进修学习,将自己的医疗技术水平不断提升,降低误诊率的发生。

(4)加强医德医风建设的学习。医德医风,是当下老百姓关心的热点话题之一。这就需要医疗机构加强医德医风的建设,制定各项的规章制度;同时,医务人员也要牢固树立全心全意为人民服务的思想,为患者服务,为大众的健康护航,实现自己的人生价值。

(5)增加便民措施。正确处理医患关系,还需要一些便民措施的保障。医院可以为患者提供便民措施,来方便患者就诊,比如为患者免费提供休息的地方,在病区里提供针线、笔和纸张等,为广大的就诊患者服务。

(6)互相信任。正确处理医患关系,医务人员和患者之间要做到相互的信任。我是医者,我为患者负责,我是患者,我相信我的主治医生，只有建立在互相信任的基础上，才能使得医患关系朝着健康的方向发展。

（7）舆论的正确导向和医院的宣传。正确处理医患关系，还需要舆论的正确导向和加强医院的宣传工作。作为医院的管理者，要有大局的意识，把握医院的宣传方向，一切宣传必须以实际事实为基础，将优秀的医务工作者的先进事迹展现出来，让人民看到医者仁心。

参考书目

1. 沈德咏、杜万华主编：《最高人民法院医疗损害赔偿责任司法解释理解与适用》，人民法院出版社 2017 年版。

2. 最高人民法院侵权责任法研究小组编著：《中华人民共和国侵权责任法条文理解与适用》，人民法院出版社 2016 年版。

3. 沈德咏主编：《〈中华人民共和国民法总则〉条文理解与适用》，人民法院出版社 2017 年版。

4. 杜万华主编：《第八次全国法院民事商事审判工作会议（民事部分）纪要》，人民法院出版社 2017 年版。

5. 沈德咏主编：《最高人民法院民事诉讼法司法解释理解与适用》，人民法院出版社 2015 年版。

6. 唐德华主编：《最高人民法院关于确定民事侵权精神损害赔偿责任若干问题的解释的理解与适用》（重印精选本），人民法院出版社 2015 年版。

7. 最高人民法院民一庭编著：《最高人民法院人身损害赔偿司法解释的理解与适用》（重印精选本），人民法院出版社 2015 年版。

8. 鲁为主编：《医疗损害责任纠纷诉讼指引与实务解答》，法律出版社 2014 年版。

9. 王胜明主编：《中华人民共和国侵权责任法解读》，中国法制出版社 2010 年版。

10. 王利明主编：《中国民法典学者建议稿及立法理由：侵权行为编》，法律出版社 2005 年版。

11. 王利明：《中华人民共和国侵权责任法释义》，中国法制出版社 2010 年版。

12. 杨立新：《中华人民共和国侵权责任法精解》，知识产权出版社 2010 年版。

13. 杨立新：《医疗损害责任研究》，法律出版社 2009 年版。

14. 张新宝：《侵权责任法原理》，中国人民大学出版社 2005 年版。

15. 林文学：《医疗纠纷解决机制研究》，法律出版社 2008 年版。

16. 陈志华：《医疗安全核心制度及案例精析》，人民卫生出版社 2016 年版。

17. 郑雪倩：《医疗纠纷典型案例与医院告知文书》，北京大学医学出版社 2006 年版。

18. 陈特：《医事法纂解与疑案评析》，知识产权出版社 2015 年版。

19. 樊荣：《医院法律实务札记》，北京大学医学出版社 2017 年版。

20. 杨丹：《医疗刑法研究》，中国人民大学出版社 2010 年版。

21. 朱士俊：《医院管理学质量管理分册》，人民卫生出版社 2003 年版。

22. 吴素香：《医学伦理学》，广东高等教育出版社 2013 年版。

23. 李振良：《医患之间从医疗纠纷到公众理解医学》，中国经济出版社 2016 年版。

24. 吴高盛主编：《中华人民共和国侵权责任法释义及实用指南》，中国民主法制出版社 2014 年版。

25. 仇永贵：《医疗机构法律实务》，浙江工商大学出版社，2016 年版。

26. 石旭雯：《医疗侵权责任的认定及类型化研究》，知识产权出版社 2017 年版。

27. 王康：《医疗纠纷案例精析》，上海交通大学出版社 2017 年版。

28. 医疗事故处理条例起草小组：《医疗事故处理条例释义》，中国法制出版社 2002 年版。

29. 中国法制出版社编：《中华人民共和国侵权责任法配套解读与案例注释》，中国法制出版社 2013 年版。

后 记

我与张广是同在北京法院系统的夫妻，在理论研究方面各有所长，一起完成了多篇论文和文章。我们一直关注医疗纠纷领域，结合工作实际，对诸多细节问题进行过探讨，但能有机会将自己所学所知以读本形式系统地展现，还是深感惶恐和惊喜。

新书付梓之际，内心感慨颇多，首先要感谢北大医学部王岳教授、北京协和医学院睢素利教授、北京市华卫律师事务所郑雪倩主任、北京市陈志华律师事务所陈志华主任，四位前辈百忙之中欣然作序，让我们感动；感谢北京积水潭医院医患办陈伟主任、北大国际医院刘宇主任，二位将患者安全作为毕生追求的事业，让我们深受鼓舞；感谢北京中医药大学王梅红院长、中国人民大学张勇凡教授、中国社科院大学刘映春教授，恩师们在学生时代给予的教导，至今仍深刻影响着我们。写作时，常向最高人民法院、北京市法院系统的诸位法官请教；常同首都医科大学刘炫麟教授、专门从事医疗纠纷诉讼的纪磊律师等专业人士沟通；也常与各地医专委、患安委、律师界的同仁交流，感谢同仁们的支持。高山仰止，各位前辈、老师、法官永远是我们学习的榜样，对我们的指导和帮助，我们将永记于心。还要特别感谢北京市四中院和北京市门头沟区法院领导同事们的关心和帮助，是你们的信任和支持，让我们有勇气走得更远。其次要感谢人民法院出版社郭继良主任和王婷、陈思两位编辑，他们为本书的精心策划和制作付出了大量心血。最后要感谢我们的父母和女儿，女儿年幼尚不足两岁，乖巧懂事，已经知道爸爸妈妈工作时不可以打扰；父母放弃退休生活倾心全力帮助我们照顾孩子，这份养育之恩、扶助之情，恐一生也不足以报答。

两年来，我们对读本进行了反复修改调整，但能力水平有限，最终呈现在广大读者面前的读本仍不免有所疏漏，衷心欢迎各位读者批评指正。